Authors of the KANKI BUSINESS DOJO SERIES are all businessmen, active at the forefront of their respective fields and familiar with the demands of the workplace.
The series' concept is"Transforming knowledge into practical skills."
The books are intended to systematize knowledge, develop skills, and improve overall business performance.

事業化に成功するための10のステップ

ビジネスプラン策定シナリオ

HRインスティテュート――著
野口吉昭――編

▶ 高い志、緻密な仕組み・仕掛けをロジカルにまとめる

かんき
ビジネス
道場

成功する事業のビジネスプランは、わかりやすい。

ロジックが通っている。思いが素直に伝わる。

「このアイデアが本当に市場に受け入れられるのか」

「新しい価値を創造できるのか」の冷静な判断と緻密な仕組み・

仕掛けが必要なのである。

かんき出版

はじめに

コンサルタントにとって、ビジネスプランに関わるコンサルティングは、かなりエキサイティングなものだ。なんと言っても今までにない事業を立ち上げたり、これまでの既存事業を大きく変えたりする。まさしく、価値創造だから興奮するし、力が入る。

「ビジネスの立ち上げを簡単に考えないで欲しい！ 自分で考え、自分で売り尽くす覚悟でやらなくてどうするんですか！ 事業の責任者が、ビジネスの本質をまとめるのに人に頼んでどうするんですか！」と、クライアントとやりあったことも何度もある。

私自身、コンサルタントとしてベンチャービジネスの立ち上げも既存企業の社内ベンチャー立ち上げも、数多く支援させていただいている。ボツになったビジネスプランを含めれば、１０００件は、何らかの形で見ており、数多くのビジネス立ち上げのシーンに参画させていただいている。

環境ビジネス、エネルギービジネス、ネットビジネス、エンターテインメント・ビジネス、アミューズメント・ビジネス、ＩＴビジネス、癒し系ビジネス、金融ビジネス……と数多くのカテゴリーを担当させていただいた。2足歩行ロボットビジネスも色々と議論させていただいた。

こんな経験の中で、どんなビジネスプランでのビジネスが事業化に成功し、どんなビジネスプランでのビジネスが事業化に失敗したかが、次第にわかるようになってきた。

一言で言えば、成功するビジネスのビジネスプランは、わかりやすい。「なるほど!」とうなるのだ。では、どんなビジネスプランが、人をうならせるのか? それは、硬く言えば、ロジックが通っているもの。軟らかく言えば、思いが素直に伝わるもの。

すでに資金をベンチャーキャピタルから受けていて、パイロットなどのスタッフを採用していたエアライン会社の立ち上げを途中から支援し、ビジネスプランを構築しようとしたことがあるが、時すでに遅く、結局、自己破産でコンサルティング・フィーをいただけなかったケースもある。ロジックは薄く、思いは伝わったが素直には伝わらなかった。ひとりよがりだった。

ビジネスの立ち上げを甘くみてはいけない。かといって、慎重になりすぎてもいけない。石橋を叩いた後に、思い切って渡るからベンチャービジネスであり、渡らなかったらビジネスは始まらない。

成功の秘訣は、「大胆さと客観性の統合」「ホットとクールを併せ持つ」——この2つである。つまり、切れ味あるアイデアは、あくまで差別的優位性が前提になるし、このアイデアが、本当に受容されるのか、新しい価値を創出できるのかの冷静な判断・緻密な仕組み&仕掛けが必要なのだ。思いが詰まったロジックでなければならないのだ。

一方、新規事業の失敗も、既存事業の再構築の失敗も共通するのは、「自分の思いだけで、ユーザの立場、ユーザのベネフィット、ユーザの利用シーンをしっかり見つめていない」「競合状況を把握しないで、ひとり芝居を演じている〜他社への競争優位性が見えない」「絶対に売り尽くしてやる!という売りのパワーが見えない〜売れる仕組みと仕掛けがない」といったものだ。簡単に言うと「ひとり芝居」なのである。

ビジネスには相手がある。顧客であり、仲間であり、協力者がいるものだ。常に、パートナーシップが、あちこちに見え隠れしなければならない。資金を出してくれるパートナー、モノやコンテンツを形にしてくれるパートナー、販売してくれるパートナー、一緒に考え、苦労も喜びも共にしてくれるビジネスのパートナー……。そして、最大のパートナーは、自分たちの商品・サービスを買ってくれるお客様だ。

ビジネスプランとは、これらのパートナーが、より自分たちのファンになってもらうためのラブレターだ。自分たちの高き志、考え、仕組み、仕掛けを熱い思いでロジカルにまとめたものだ。思いだけでも不十分。データだけでも不十分。思いと客観化の統合が、求められるのだ。この意味でビジネスプランは、「客観的〝志〟！」と言える。

事業成功者には共通する話し方がある。それは、「私は、＊＊がしたい！」という言葉だ。したいこと・すべきこと・できること――スタートは、したいこと！だ。しかし、したいことだけではなく、できることと、すべきことの擦り合わせは不可欠だ。この擦り合わせこそが、ビジネスプランなのだ。

本書で、ぜひビジネスプラン策定のスキルと同時に、真なるビジネス・マインドも一緒に学んでいただけると幸いである。「客観的〝志〟！」が、ビジネスプランだからだ。

２００１年９月

株式会社ＨＲインスティテュート　代表　野口吉昭

目次

CONTENTS

第3章●コンセプトの仮説を検証する

第5章●ドメインを決定する

第6章●市場規模を算定する

第7章●ビジネス・ビジョンを設定する

プロローグ

ビジネスプラン策定の手順

1 ビジネスモデルとは何か？

**ビジネスモデルとは事業推進の本質であり、
その事業自体の独自性を表すものだ。
「らしさ、ならでは、市場への仕掛け！」と言える。**

◎ビジネスモデルはビジネスプランの一部であり本質である

ビジネスモデル・ブームは、ビジネスモデル特許ブームだったと言える。ちなみにアメリカでは、日本で言うビジネスモデル特許はビジネスメソッドパテントと言われている。デルコンピュータのデル・ダイレクトモデルのモデルが日本ではビジネスモデル特許となった説が一般的だ。ビジネスモデルという言葉・意味に近いワードとして左ページの図にある6つがあげられ、さらに大きく3つにくくられる。

①ビジネスの概要を示すもの（ビジネススキーム・ビジネスシステム）②ビジネスの特性を示すもの（ビジネス戦略・ビジネスコンセプト）③その両方（ビジネスモデル・ビジネスプラン）――ビジネスプランとは、ビジネスモデルを含んだビジネス展開のシナリオ。ビジネスモデルは、ビジネスプランのエッセンス（本質）を意味する。ビジネススキーム、ビジネスシステムは、ビジネスの概要を表現してはいるが、そのビジネス自体のフレームにすぎず、差別的優位性を示すには、少々物足りない。ビジネス戦略・ビジネスコンセプトは、ビジネスの特徴・特性・競争優位性を示すものだが、ビジネスの

ビジネス○○○の定義一覧

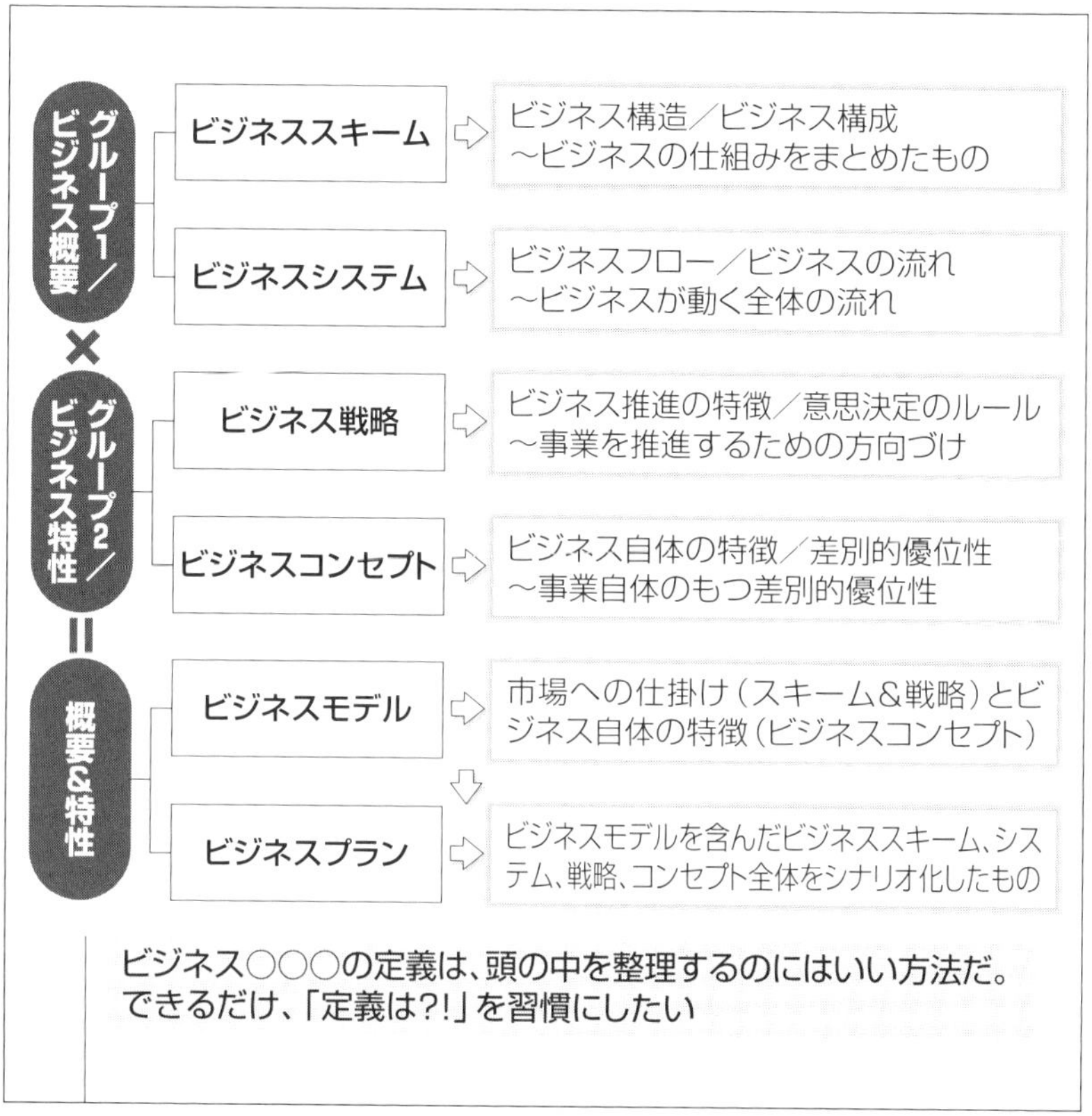

構造・概要を示すものとしては、言葉足らず。その両方を表現し、まとめたのが、ビジネスモデルであり、ビジネスプランなのである。

　ビジネスモデルは、ビジネス概要とビジネス特性のエキスをまとめたもの。ビジネスプランは、ビジネスモデルをいかに実現し、いかに成功させるかのシナリオだ。したがって、ビジネスプランのなかには、必ずビジネスモデルが明記されていなければならないのだ。

　ビジネス概要とビジネス特性のエッセンスであるビジネスモデルをよりわかりやすく表現すると「らしさ・ならでは・市場への仕掛け！」となる。

ビジネスモデルとビジネスプランの関係性

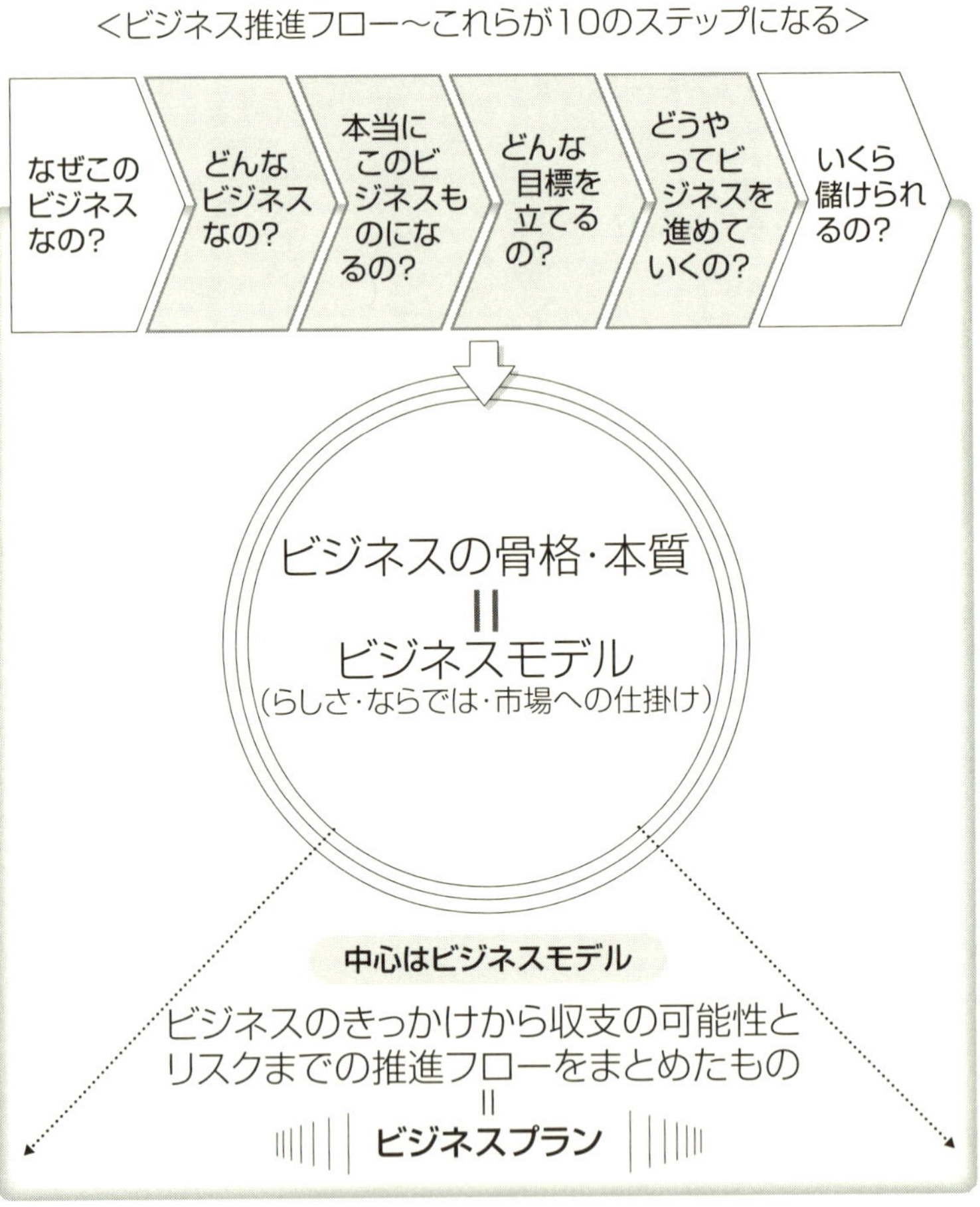

ビジネスプランの中心はビジネスモデル(らしさ・ならでは・市場への仕掛け)である

2 ビジネスプランの種類と策定のタイミング

ビジネスプランは、事業がどこまで進んでいるか、
市場がすでにあるかどうか、
強者か弱者かといった軸でその種類は分けられる。

◎—ビジネスプランとは事業企画書のことである

ビジネスプランに近い言葉は、色々な形で飛び交っている。経営計画書も事業計画書も営業提案書もビジネスプランといえば、そう言える。もっと広くビジネスプランを考えると「企画書」というあいまいなものもビジネスプランになる。こうなると、なんでもかんでもビジネスプランとなってしまう。では、あえてこの広い意味をもつ企画書を整理してみよう。23ページの図をごらんいただきたい。整理するときの軸は、大きく2つ。

①誰にプレゼンテーションする企画書なのか？（ターゲット軸）
②どの目的のどのレベル（内容）の企画書なのか？（コンテンツ軸）

①のターゲット軸は、大きく3つに分けられる。ひとつは社内向け。新事業の投資決定のための事業企画書、戦略的商品の企画案、今秋の販売計画書といったものだ。企業活動の中心的存在である戦略シナリオノート・経営計画書・事業計画書もあくまで社内向けだ。2つ目は社外向け。ベンチャーキャピ

タルへの事業企画書、銀行への融資依頼の事業企画・経営計画書、顧客への営業提案書などだ。３つ目が、この中間。グループ関係会社に提示する事業計画書、代理店に提示するマーケティング戦略ノート・新製品展開企画書、合弁企業への事業計画書案、技術提携先への開発計画ノートなどである。

②のコンテンツ軸は、ビジネス・ヒエラルキーと重ねると整理しやすい。通常、ビジネス・ヒエラルキーは、企業活動の最上位としてのミッション・ビジョンから戦略・計画そして仕事の現場における管理・業務の各レイヤーごとにテーマ（コンテンツ）が存在する。

ビジョンノート、経営戦略シナリオ、中期経営計画書、単年度予算書、商品企画書、販売計画書、営業展開ノート、新事業企画書、既存事業変革プラン、ビジネスプラン、社内ベンチャービジネス企画書、イベント計画書、チャネル構造計画書、マーケティング戦略ノート……といった、ありとあらゆるものが考えられる。

では、ビジネスモデル、そしてビジネスプランとは、どこにポジショニングされるのか？

それは、事業企画書・製品（商品）企画書のことだ。つまり、ある事業テーマ・製品（商品）テーマについての事業化・製品（商品）化企画である。新規事業・新規製品（商品）が中心になるが、既存事業・既存製品（商品）の再構成・リストラクチャリングの企画もビジネスモデル＆ビジネスプランに含まれる。

◎――ビジネスモデル＆ビジネスプランの種類

では次に、ビジネスモデル＆ビジネスプランの種類には、どんなものがあるか整理してみよう。25ペ

企画書の体系図

企画書は、ターゲット軸とコンテンツ・ヒエラルキー軸のマトリックスで体系化できる。ビジネスモデル&ビジネスプランはどのターゲットにも存在する

ージの図のように「既存事業・新規事業軸」「既存市場・新市場軸」――この2軸で整理するのが簡単だ。全部で4つのセルが出てくる。「既存事業・既存市場」「既存事業・新規市場」「新規事業・既存市場」「新規事業・新規市場」の4つだ。

社内ベンチャーのビジネスモデル&ビジネスプランは、「新規事業・既存市場」と「新規事業・新規市場」のケースが多い。事務用品の「アスクル」は、事務用品メーカーのプラスが放った、新規事業・既存市場の成功例だ。アスクルは、ＦＡＸ・電話でも対応するのでクリック&モルタルと言える。

いわゆるベンチャーを起業するときは、新規事業・新規市場になる。概して、事業は、「新」がつけばつくほど難しくなる。新事業・新市場・新チャネルは、その価値が定着するまでどうしても時間と資金がかかる。それに比して、「既」がいくつかついていると、比較的事業展開が楽である。

新規事業・新規市場の立ち上げは、夢も希望も大きい。しかし、自分たちのやりたいことを市場に知らしめ、自分たちの価値を理解してもらうのは、相当大変だ。アメリカのようにチャレンジング・マインド、アントレプレナー・スピリッツを尊敬する文化があれば、まだ少しはやりやすい。しかし、日本では、無名・新価値・実力のみ・肩書きなしを理解してもらうには、困難な壁が数多くたちはだかる。その意味からも、新規事業よりも新規市場への展開のほうが、より難しい。

新規事業・新規市場のなかには、さらに難しいものがある。それは、新規事業・新規市場で市場自体が存在していないケースだ。まったく新しいアイデア、まったく新しい価値。ピュアプレイヤー（ネットのみの企業）の代表であるインターネット検索サイトのＹａｈｏｏ！やインターネット・オークションのｅＢａｙなどは、それまでなかったビジネスだ。だからこそ、可能性は大きい。しかし、その価値

ビジネスモデル＆ビジネスプランの種類

事業・商品＼市場	既存	新規
既存	パターンA 既存市場での既存商品展開 〜再構築・再構成	パターンC 既存商品を新規市場へ展開 〜営業戦略の色彩大
新規	パターンB 既存市場での新規商品展開 〜新商品の拡大化	パターンD 新規市場に新規商品展開 〜新規ビジネス展開

パターンDがビジネスモデル＆ビジネスプランの色が濃いが、パターンAもBもCもビジネスモデル＆ビジネスプランの範ちゅうに入る

を知らしめるのは、かなり困難を極める。

　Ｙａｈｏｏ！は、学生の趣味の延長、ｅＢａｙは自分の仕事以外のゆとりでの遊び。この２つの事業の立ち上がりは、こうだった。そして、口コミが口コミを呼び、いつのまにか事業化され、いつのまにか大きなビジネスとなっていった。概して成功とは、こういうものかもしれない。「さあ！　事業を立ち上げるぞ！　世界初だ！」――では、肩に力がはいって成功しないかもしれない。それよりも、「お遊びでやってみたらすごく人気が出てきたから、いっそのことビジネスにしてしまえ！」というスタイルのほうが、後で大化けす

るようだ。学生時代に仲間内でイベント情報を小冊子にしていたら、人気が出て、やがて起業化していった「ぴあ」もはじめから、起業を十分意識したものではない。

はじめから起業を意識してはならないということではない。実際、ベンチャー企業を起こすことは、はじめから起業するケースのほうが圧倒的に多い。起業は、ベンチャーブームと言われるほど簡単ではなく、しっかりとしたビジネスモデル＆ビジネスプランが必要だと言っているのだ。

◎——ビジネスモデル＆ビジネスプラン策定のタイミング

では、いったいどんなタイミングでビジネスモデル＆ビジネスプランを策定するべきか？　簡単に言えば、「つくりたい！」と思うときにつくればいい。そして「つくらねばならない！」ときもつくり時だ。

一般的には、自分が起業するとき〈ケース１〉と社内ベンチャーや新事業立ち上げなどのように組織の中での〈ケース２〉の２つが考えられる。

〈ケース1／独立型〉

◎新しく事業を考えていて、うまくいきそうなら起業したいと思い始めているとき
◎新しく会社を起業し、資金や人材を集め始めようとしているとき
◎会社を起業し、事業をまさに進めようとするとき
◎事業をすでにスタートして、さらなる資金集め、人材集めの第２段階に入ろうというとき
◎事業を立ち上げたのだが、今ひとつうまくいっていないので軌道修正したいとき

〈ケース２／社内型〉

◎アイデアをまとめて新規事業として既存事業部門の中で進める意思決定をもらうとき

◎社内ベンチャー制度に応募して選ばれ社内ベンチャーとして進めていいかどうかの審査を受けるとき

◎アイデアをまとめて一定のＧＯ！　の意思決定をもらい、または社内ベンチャーの審査が通り、さらに深く進めようとしたとき

◎まったく新しい部門・新しい関連会社をつくろうとしたとき。そしてその意思決定をもらうとき

◎既存事業や新規事業を進めていく中での軌道修正をしようとするとき

　多くの社内ベンチャー制度支援のコンサルティングをしているが、「よくぞ、このようなビジネスプランで（コンサルティングに入る前の段階で）億の単位の投資を決めているなあ！」と思うことがよくある。だから、コンサルタントは招聘されるのかもしれないが、概して、日本においては、ビジネスモデル＆ビジネスプランは、軽く見られている。ビジネスの本質そのものなのだが、どうもまだ、重要視されているとは、言い難い。というのも、ビジネスモデルやビジネスプランの精度よりも「根性」「やる気」を重視する風土が強いからだろう。

　とにかく、ビジネスプランは、思い立ったらすぐつくるべきだ。そして壁にぶつかったらすぐビジネスプランを見直す。このままＧＯ！　か、プランを見直すのか？　その結論は、いつも自分でつくったビジネスプラン上で決めるべきなのだ。ビジネスプランは、事業のバイブルであり、自分自身のバイブルでもあるのだ。

3

良いビジネスプランはどこが優れているのか？

良いビジネスプランは、相手が見える。シーンが見える。
悪いビジネスプランは、自分勝手。
シーンが見えない。

◎ビジネスプランのよしあしは30秒でわかる

おかげ様でこれまで１０００本以上のビジネスプランを見ている。30秒あれば、たいていの評価はできる。良いビジネスプランと悪いビジネスプランはいったい何が違うのか？　一言で言えば、良いビジネスプランには、心がある。禅問答的なのでもう少し、具体的に説明していこう。

まずは、よくある悪いビジネスプランの共通項を見てみよう。良いビジネスプランは、この裏腹となる。悪いビジネスプランの特徴は、

①どんな事業なのか、どんな製品（商品・サービス）なのかが、よくわからない
②どんなターゲットなのか、どんな形での使われ方がされるのか（シーンが）わからない
③どれだけの市場規模を考えているのか？　どんな算定基準で市場規模を算出しているのかが見えない
④やたらある部分だけが細かく、全体像が見えない
⑤特徴・優位性が伝わってこない

⑥競合を調べていない（競合が鼻からないと勘違いしている）
⑦市場調査を全然やっていない
⑧ミッション・ビジョンが感じられない
⑨戦略体系がなく、みんな計画ばかりになっている
⑩誰がどんな役割で進めていくのかの現実性が伝わってこない
⑪「死んでも私が売りぬいてやる」という迫力がない
⑫事業収支の算定基準が甘い・やっていない
⑬リスクマネジメントを押さえていない
⑭修正・撤退などといった変更するマイルストーン（↓223ページ参照）という考え方がない

といったものだ。とくに多いのが、①②⑤⑥⑪⑬といったところだ。悪いビジネスプランは、「あっ、これうまくいかないな！」と簡単に思わせる。プレゼンテーションを聞かなくても結果は同じというケースが多い。悪いビジネスプランは社内ベンチャー制度の第1次審査をするとき（簡単なビジネスプランを見て審査）、当人のプレゼンテーションを受ける前にわかってしまうものだ。その中から、「ひょっとしたら……」と思ってプレゼンテーションを受けてみたら、やっぱりだめだったと思うことが、ほとんどだからだ。それだけ、ビジネスプランは、ビジネスの本質を表しているし、成功の是非を決定してしまっているのだ。

新しいビジネスの成功には、ビジネスプランのよしあしが第1次成功の登竜門である。そして、その優れたビジネスプランを抱いて、事業のスタートという次のステップに進むべきなのだ。

良いビジネスプランは、エレベーターの中で採用される

アメリカのベンチャーキャピタリストたちの言葉のなかに、「エレベーター・ステイトメント」というものがある。これは、「忙しいベンチャーキャピタリストへのプレゼンテーションは30秒で！」という意味だ。エレベーターの中での昇降の間に自分のビジネスの説明をできなければだめだという意味だ。つまり、それだけ簡単に！　明瞭に！　特徴を説明できなければ、資金をつけてくれないというのだ。

多少、極端なレベルかもしれないが、これは、私の経験からも言える。30秒で50ページのビジネスプランは、十分見ることができ、評価できるものだ。もちろんこれもシンボリックな言い方をしているだけだ。しっかりとビジネスプランを評価するには、しっかりとプレゼンテーションを受けて、しっかりディスカッションしなければならない。しかし、「何を言っているのかわからない！」「当たり前のことを何度もくどくど言わないように！」と途中で口をはさみたくなるビジネスプランがどれほど多いことか。

ぜひ、本書でしっかりとした、わかりやすい、特徴のある、ロジカルなビジネスプランをつくっていただきたい。

良いビジネスプランには多くのベネフィットを感じる

良いビジネスプランは、悪いビジネスプランの反対側にある。少々くどいが念のために記しておこう。

①どんな事業なのか、どんな製品（商品・サービス）なのかが、よくわかる

②どんなターゲットなのか、どんな形での使われ方がされるのか（シーンが）よくわかる

良いビジネスプラン・悪いビジネスプラン

良いビジネスプラン

・商品が明確・事業が明確
なるほど
・ターゲットは○○ね
なるほど
・可能性は○○あるのね
なるほど
・全体像がわかるよ
なるほど
・特徴が見えるよ
なるほど
・ライバルは○○と○○ね
なるほど
・調査結果は理解できた
なるほど
・ミッション／ビジョンを感じるね
なるほど
・戦略的だね
なるほど
・役割分担は明確!
なるほど
・売りぬく迫力あるね
なるほど
・収支は客観的だね
なるほど
・リスクも明記されているね
なるほど
・マイルストーンがしっかりしているね
なるほど

WIN-WINがロジカルに伝わらないと良いビジネスプランとは言えない!

悪いビジネスプラン

・どんな商品なの? どんな事業なの?
よくわからない!
・誰に売るの? どんな使われ方なの?
よくわからない!
・どれだけの可能性(市場規模)なの?
よくわからない!
・細部にこだわりすぎ! 全体はどうなっているの?
よくわからない!
・特徴は何なの?
よくわからない!
・ライバルは誰なの? どこなの?
よくわからない!
・調査やったの?
よくわからない!
・ミッションは? ビジョンは?
よくわからない!
・戦略は?
よくわからない!
・役割分担は?
よくわからない!
・あなたが売りぬいてくれるの?
よくわからない!
・収支が甘くない?
よくわからない!
・リスクはないの?
よくわからない!
・修正はどういう時にやるの?
よくわからない!

③どれだけの市場規模を考えているのか？　どんな算定基準で市場規模を算出しているのかが見える
④やたら、ある部分だけが細かいということはなく、全体像が見える
⑤特徴・優位性が伝わってくる
⑥競合を調べている（競合をしっかり押さえている）
⑦市場調査をキチンとやっている
⑧ミッション・ビジョンが感じられる
⑨戦略体系がしっかりしていて、計画もしっかりしている
⑩誰がどんな役割で進めていくのかの現実性が伝わってくる
⑪「死んでも私が売りぬいてやる」という迫力がある
⑫事業収支の算定基準がしっかりしていて、綿密だ
⑬リスクマネジメントを押さえている
⑭修正・撤退などの変更するマイルストーンという考え方がある

これらが揃っていると〝心ある〟ビジネスプランになる。そして、その結果、ユーザや事業協力者・事業の当事者にとってのベネフィット（プラス面・得すること）が、感じ取れるようになるのだ。いわば、Ｗｉｎ‐Ｗｉｎ‐Ｗｉｎの関係が成立するのである。

4

10のステップでビジネスプランを策定する

ビジネスモデル＆ビジネスプラン策定には、10のステップがある。
確実にこれらをまとめることができれば、
かなりのビジネスプランができるはず。

◎10のステップは大きく5つのフェーズに分けられる

本書では具体的なアウトプットイメージを添付して、よりわかりやすく全体像が把握できるようにしたい。その前に、本書でいうビジネスプラン策定の10ステップを説明しておきたい。

35ページの図のように、10の策定ステップは、さらにくくって5つのフェーズに分けられる。

【フェーズ1】ビジネスモデル・コンセプトを決定する

STEP1：ビジネスモデルの背景・問題意識を明確にする
STEP2：ビジネスモデル・コンセプトを仮説化する

【フェーズ2】仮説検証サイクルを回す

STEP3：コンセプトの仮説を検証する
STEP4：ベンチマーキング分析＆ベストプラクティスを実施する
STEP5：ドメインを決定する

【フェーズ3】戦略的目標としてのビジネス・ビジョンを設定する
STEP6：市場規模を算定する
STEP7：ビジネス・ビジョンを設定する
【フェーズ4】ビジネス戦略を体系化し、そのプランをツリーで構築する
STEP8：ビジネス戦略体系を構築する
STEP9：ビジネス戦略をアクションに落とし込む
【フェーズ5】事業収支／事業評価／ビジネス・リスクのシナリオを作成する
STEP10：事業収支と事業評価を想定する

◎「仮説を設定し検証する」というサイクルで精緻化をはかる

では5つのフェーズ、10のステップを説明していきたい。

まずは、「どんな事業か?」「なぜ、この事業なのか?」「誰がターゲットか?」「利用シーンは?」「どんな商品群にするのか?」「差別的優位性は何なのか?」「収益構造は何をメインにするのか?」といった仮説を明らかにする「ビジネスモデル・コンセプトの決定」である。時代環境、自分自身の問題意識、ビジネスモデルの特徴をコンセプトという形で仮説化する。

では、どのような仮説が必要になるのだろうか? 仮説の内容、項目としては、37ページの図のようなものがある。これらの項目には、戦略レベルと計画レベルとの両方がある。仮説は、ぜひ具体的な内

ビジネスモデル&ビジネスプラン10のStep

フェーズ1　ビジネスモデル・コンセプトを決定する

- Step 1：ビジネスモデルの背景・問題意識を明確にする
- Step 2：ビジネスモデル・コンセプトを仮説化する

フェーズ2　仮説検証サイクルを回す

- Step 3：コンセプトの仮説を検証する
- Step 4：ベンチマーキング分析&ベストプラクティスを実施する
- Step 5：ドメインを決定する

フェーズ3　戦略的目標としてのビジネス・ビジョンを設定する

- Step 6：市場規模を算定する
- Step 7：ビジネス・ビジョンを設定する

フェーズ4　ビジネス戦略を体系化し、そのプランをツリーで構築する

- Step 8：ビジネス戦略体系を構築する
- Step 9：ビジネス戦略をアクションに落とし込む

フェーズ5　事業収支／事業評価／ビジネス・リスクのシナリオを作成する

- Step 10：事業収支と事業評価を想定する

ビジネスモデル&ビジネスプランは5のフェーズ、10のステップに分けることが可能。ただし、仮説構築&仮説検証サイクルはステップを何度も「いったりきたり」するものである容にしたい。具体的でなければ、検証しても修正しえない。精緻化できないからだ。

◎仮説検証はできるだけ自分でやるべき

次に、このビジネスモデル・コンセプトの仮説を検証するフェーズだ。市場調査のパートだ。外部の調査会社やコンサルタントに外注することもありうるが、仮説検証は、できるだけ自分たちで実施してほしい。なんといっても自分たちの事業だ。しかも、直接、自分たちのコンセプトをユーザに聞いて歩くのだ。これほど仮説検証の絶好のチャンス、仮説修正の最高のチャンスはない。

もし、外部に調査を発注するとしても、必ず仮説の構築とメインの調査には参画してほしい。とくにメインターゲットへのヒアリングは、絶対に自分たちでも実施してほしい。死んでも自分で売りぬくスピリッツの必然性を考えたら、当然である。

市場調査の概略を説明しておこう。市場調査には、大きく既存データを収集・解析するデスクリサーチと、直接自分たちで調査するフィールドリサーチがある。前者によるデータをセカンダリデータといい、後者のデータをプライマリデータという。両方とも重要である。

しかし、一般的には、どうしても後者のフィールドリサーチを重視したがる傾向にある。それは、仕方ない。が、前者のデスクリサーチでもかなりのものが可能であることは、再認識していただきたい。仮説の精緻化、仮説の検証を考えると、できれば、このデスクリサーチをしっかりとやってほしい。しかも、インターネットによる調査なら、きわめて効率的で効果的なリサーチが瞬時にできるので、ぜひともネッ

仮説の内容・項目

◎事業概要
◎製品（商品・サービス）イメージ
◎製品（商品・サービス）の定義
◎ターゲットの定義
◎利用シーン
◎事業ロードマップ
◎製品ロードマップ
◎価格帯
◎付帯サービス
◎販売チャネル
◎ブランドポジショニング
◎競合との差別化・優位性の客観化
◎コア・コンピタンス
◎原価・利益〜収益構造
◎プロモーション方法
◎営業方法
◎想定リスク
◎市場規模
など

トサーフィンに慣れてほしい。

後者のフィールドリサーチは、さらに定量調査と定性調査に分けられる。定量調査は、アンケートだ。定性調査は、個別インタビュー・観察・テストマーケティングなどに分けられる。一般的に「調査と言えば、フィールドリサーチ。そして、フィールドリサーチと言えば、アンケート」と思いがちだ。たしかに市場規模の算出などには、定量調査もほしい。しかし、「1000人の烏合の衆より1人の有識者（キーパーソン）」だ。とくに、新しい事業であればあるほど、定性調査が重要になる。たった一人のキーパーソンの言葉に、事業の本質を示すケースがあるからだ。定量調査よりも圧倒的に定性調査が重要である。参考企業や競合企業を分析するベンチマーキング分析&ベストプラクティスなどによる仮説検証サイクルもかなり大切だ。

調査をしたら色々な形での分析に入る。3C分析、SWOT分析、PPM分析、コア・コンピタンス分析などをはじめとして、もっとも事業特性に合致した分析を実施していただきたい。詳細は、第3章、4章で述べる。そしてこれらの分析によって、仮説で提示した各項目の精緻化、修正をはかり、次の戦略的目標に続くのだ。

◎――ビジネス・ビジョンは志の表れ、思いを十分に込める

調査・分析をすれば、仮説検証が一定終了する。そこで、あらためて事業の定義・ドメイン・ロードマップ・ターゲットなどを精緻化しておかなければならない。そして、次に来るのが、戦略的目標としてのビジネス・ビジョンだ。ビジネス・ビジョンには次の4つの項目が必要だ。

①ビジネス理念（何のための本事業なのか、起業自体であれば存在意義と行動理念）
②市場規模
③定量目標（売上・粗利・経常利益・キャッシュフロー・訪問者数・客単価などの数値になる目標）
④定性目標（ブランドイメージ・マーケットでのポジショニング・差別的優位性など数値になりにくい目標）

ビジネス・ビジョンとは、夢や希望、志そのものだ。ビジネス理念も含めてぜひ、高き志として十分、

チームを引っ張れるものにしたい。

◎ 戦略体系がしっかりつくれれば成功の足がかりになる

ビジネスモデル&ビジネスプランで戦略体系をしっかりつくるケースは、実は稀である。しかし、オンラインショッピング一つとっても、その事業コンセプトは、他の企業と同じになる可能性がある。

数あるオンラインショッピングのなかでも、楽天市場が成功したのは、この戦略体系に競争優位性があったからだ。事業概要・ビジネス構造・品揃え・価格帯・プロモーションなどといった事業特性をみても、それほど他社と大きな差はない。しかし、楽天市場の基本戦略である（と想定できる）「2つの顧客（商店主・消費者）に対するユーザインタフェース（出店料が安い・ウェブが使いやすい）の質の高さを武器に、顧客満足の仕掛けを進化し続ける」ことこそが、楽天市場の魅力を生み出している。とくに、出店者に対するフォロー体制は、社会的ミッションというレベルになっている。戦略体系とは、「戦略オプション」「基本戦略」「個別戦略（市場・商品・価格・チャネル・顧客サービス・営業・生産・開発など）」「個別戦略をブレイクダウンした計画（ビジネスモデル特許も含む）」を意味する。この部分は、戦略シナリオそのものになる。

どうしてもビジネスプランを策定するあたりで、息切れする。しかし、何度も言うが、この戦略体系は、それまでのビジネスモデル・コンセプトを成功させる可能性を増大させる。最後まで手を抜かないでいただきたい。

◎——収支シミュレーションとリスクマネジメントが最後の砦

さて、ここまでくれば、ほぼ全体像は固まる。しかし、社内ベンチャーの審査や新規事業の意思決定、ベンチャーキャピタリストの事業評価などで常に重視され、常に議論されるパートが、この収支シミュレーションだ。いったい、どのくらいの投資で、どのくらいの売上・利益が見込めるのか？　単年度黒字になるのは、いつなのか？　累積赤字が一掃されるのは、何年後なのか？　本当にそれだけの売上が、上がるのか？　それは、どんな根拠によるのだ？　と、いった質問が飛び交う。

「いったい、これまでのプレゼンテーションで何を聞いていたんだ。市場規模がこうで、売上の可能性は、こういう調査結果で、こういう理由と言ったじゃないか？」——プレゼンテーションの途中を全然聞かないで、最後だけ聞くというケースが、おそろしく多い。

せっかくの事業コンセプト、ビジネス・ビジョン、戦略体系をしっかりつくっておいても、事業評価に対する客観性、それと想定されるリスクとそのマネジメントをキチンとしておかなければ、それまでの苦労が水泡に帰する。それほど、企業のトップやベンチャーキャピタリストは、この事業評価・事業収支シミュレーションが重要だと思っている。

本来は、数値以上にその数値が生まれるビジネスモデルや戦略体系に、意識がいくべきなのだが、どうしても出資する立場にある人々は、直接的な数値の事業収支シミュレーションを重視する。

ぜひともロジカルで、客観的かつ戦略的な収支シミュレーションを完成させていただきたい。

5

ビジネスモデル＆ビジネスプランのプラットフォーム

聴き手、とくにキーパーソンの問題意識および賛同意識によって、ビジネスプランの各章のページ数は、大きく変わる。変えなくてはならない！

◎事前に、提案相手の心理＆意識をつかんでいるか？

ビジネスプランは、社内向けと社外向け、または用途によって多少の違いはあるが、ある程度標準パターンとして雛型をつくることができる。この章では、実際にパワーポイントを使ってつくったフォーマット・サンプルをのせているので参考にしてほしい。

目次は、広く浅く全体の流れを網羅している。

①なぜ今、本企画なのか
②本企画に関わる仮説の検証
③本企画のビジネス・ビジョン
④本企画のビジネス戦略
⑤ビジネス展開のアクション・プラン

実際のビジネスプランの中では、「本企画」「本事業」というような味気ない言葉は使わないこと。仮のネーミングをつけて、その新事業名や新商品名をことあるごとに使う。すると、自然と親しみがわいてくる。見えない事業を提案する際には、できるだけ見える形に置き換えるようにすると、現実味がでてくる。

実際は、必要に応じて各パートの深さ（＝ページ数）が変わる。具体的には、提案相手（とくにキーパーソン＝意思決定者）のタイプによって変えるということだ。

このあとのフォーマット・サンプルを例にして言えば、ＷＢＴ（Web Based Training）に対して、キーパーソンがどのようなスタンスでいるか、ということが重要だ。

Ａ．大いに興味をもっている　Ｂ．まあ興味をもっている　Ｃ．どちらとも言えない

Ｄ．あまり興味がない　Ｅ．否定的である

キーパーソンの問題意識や賛同意識によって、ビジネスプランの重要ポイントが変わってくる。ＡとＢのタイプであれば、目次の「1．なぜ今、本企画なのか……」は少なくてすむ。取り巻く環境や背景などを、一から説明する必要がないからだ。

反対にＣ、Ｄ、Ｅのタイプなら、仮説やビジョンについて語る前に、しっかりとＷＢＴの必要性を、企業を取り巻く社内外の環境から、示さなくては納得してもらえない。

興味も問題意識も高く、すでに自分なりに事業の仮説をもっているタイプであれば、前半は軽くして、後半のビジョンや戦略やアクション・プランを重くする。ディスカッションを喚起できるような投げかけを取り入れて、「やる／やらない」ではなく、「どう実行していくのか」というところをスタート地点にすることが可能だ。

47ページからのフォーマット・サンプルは、すでにＷＢＴ事業に興味をもっているキーマンへ、具体的にプランを提示する目的でまとめている。アクションに関してディスカッションができるレベル。みんなが実際にフォーマットを参考にして、ビジネスプランをつくる際には、事前にキーパーソンの問題意識と賛同意識をしっかりと把握した上で、シナリオ構成を考えることをお勧めする。把握する視点としては、

①新規事業の必要性への問題意識・危機意識・当事者意識
②本企画（例：ＷＢＴ事業）への問題意識・賛同意識・当事者意識
③本企画（例：ＷＢＴ事業）のスペック・戦略の方向性への個人的仮説
④本企画（例：ＷＢＴ事業）の進め方への個人的仮説

以上を可能な限り、押さえておいたほうがいい。どんなにすばらしいビジネスプランでも、たった一人では具現化できない。自分の周り、とくにキーパーソンを動かすことに、まずは注力することだ。

◎ビジネスプランのフォーマット・サンプル

パワーポイントを使った効果的な提案資料のつくり方については、弊著『プレゼンテーションのノウハウ・ドゥハウ』（ＰＨＰ研究所）が参考になる。細かいテクニックについては、その本に任せることとして、ここでは全体の流れと構成を押さえよう。

フォーマット・サンプルの前提として、

◎ビジネスプランのテーマは、社内向け「ＷＢＴ事業」
◎約40ページ。松竹梅の竹（松は80ページ以上、梅は1枚サマリー）
◎前提の共有よりも、具体的な展開中心（キーパーソンは意欲あり）
◎ビジュアル飾りやチャートの工夫は、最小限（本番は、もっと見栄えあり）

　という点を理解した上で参考にしてほしい。

　たとえば、ＷＢＴ事業の意義／目的／背景を、フォーマットでは2ページでシンプルに箇条書きでまとめている。しかし、その根拠を各々提示する必要があれば、一つ一つチャートで説明が入る。それだけで、ページ数は6～8ページに膨らむ。

「表紙」は重要。聴く気にさせるかどうかは、最初の3枚にかかっている。何のためなのか、目的が伝わるサブタイトル。そして、2ページ目の「はじめに」には、このビジネスプランのエッセンスが凝縮され、志や思い、情熱が表れていること。

「目次」は大きめにくくる。あまり細かく書くと、ウンザリさせてしまう。ここでは、これからのプレゼンの流れと全体像を、頭の中にマップ化してもらうことが目的。

　5つのパートに分かれるが、今回は紙面の都合上、中表紙を抜いている。実際のときは、中表紙を入れたほうが親切だし、メリハリがつく。仮説検証パートの調査結果も抜粋のみ。フィージビリティ・スタディなどしっかり行った場合は、別冊として「マーケティング調査報告」を作成し、ここにはそのファインディングのみをまとめるほうがいい。

◎ベンチャー向けビジネスプランの場合

社外向けでは、

①ビジネス・パートナー向け
②投資家向け

が主たるターゲットだ。とくに②の投資家向けの場合には、ビジネスプランの頭に、

◎ビジネスプランのエグゼクティブ・サマリー
◎会社概要とマネジメント紹介（中心メンバーの学歴、経歴など）

をつけるのが、マナー。忙しいベンチャーキャピタリストたちは、この2つを見て投資を決定すると言っても過言ではない。

卓越したビジネスモデルも、やはり最後は人間力。経営や技術開発の中心となるメンバーの実力とポテンシャル、賭けてみたい連中かどうか、ということが値踏みされるのだ。もしも海外のベンチャー・キャピタルへのプレゼンテーションの機会が与えられたのなら、徹底的なリハーサルをすること。それも、役者になったかのごとく徹底的に、だ。

さて、フォーマット・サンプルの流れと項目を確認したら、いざビジネスプラン策定のプロセスへ。スタートは、あらゆる角度からの「なぜ？」に答えられるだけの情報武装である。まず、自分が心底必要性を感じることができなければ、人を説得することはできないのだから。

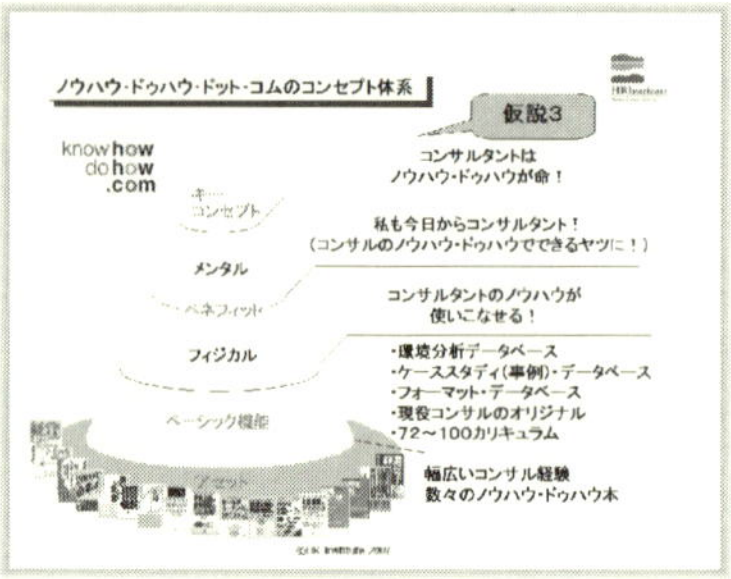
ノウハウ・ドゥハウ・ドット・コムのコンセプト体系
仮説3
knowhow
dohow
.com
コンサルタントは
ノウハウ・ドゥハウが命！
私も今日からコンサルタント！
（コンサルのノウハウ・ドゥハウでできるヤツに！）
メンタル
コンサルタントのノウハウが
使いこなせる！
フィジカル
・環境分析データベース
・ケーススタディ（事例）・データベース
・フォーマット・データベース
・現役コンサルのオリジナル
・72〜100カリキュラム
幅広いコンサル経験
数々のノウハウ・ドゥハウ本

7

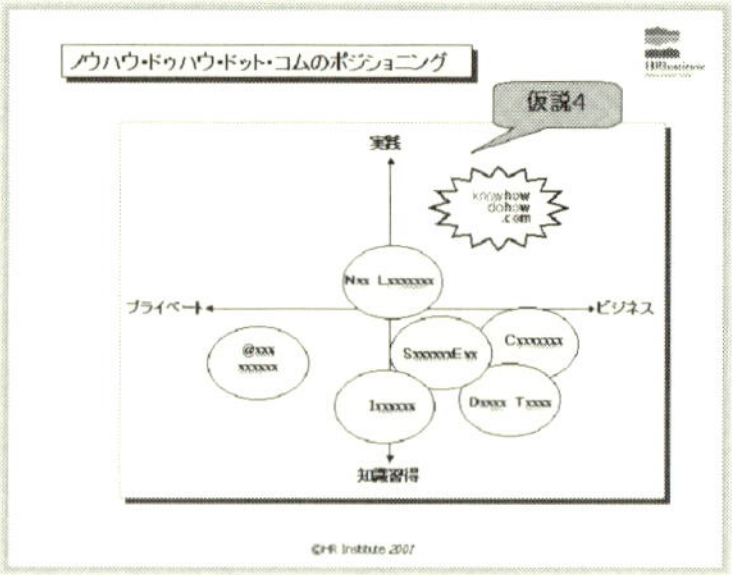
ノウハウ・ドゥハウ・ドット・コムのポジショニング
仮説4
実践
knowhow
dohow
.com
Nxx Lxxxxxxx
プライベート
ビジネス
@xxx
xxxxxx
SxxxxxxExx
Cxxxxxxx
Ixxxxxx
Dxxxx Txxxx
知識習得
©HR Institute 2001

8

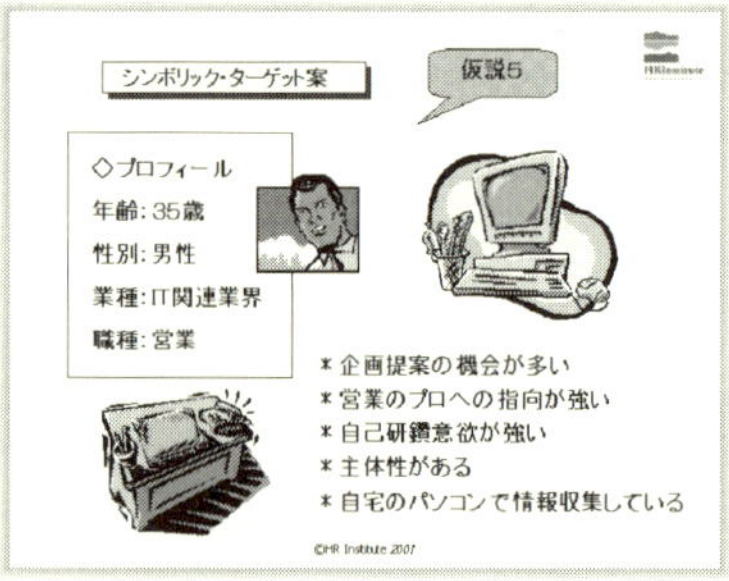
シンボリック・ターゲット案
仮説5
◇プロフィール
年齢：35歳
性別：男性
業種：IT関連業界
職種：営業
＊企画提案の機会が多い
＊営業のプロへの指向が強い
＊自己研鑽意欲が強い
＊主体性がある
＊自宅のパソコンで情報収集している
©HR Institute 2001

9

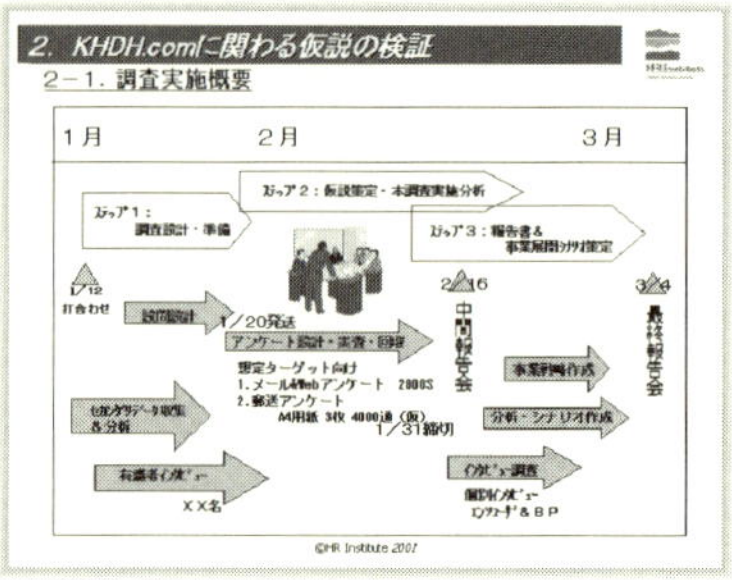
2. KHDH.comに関わる仮説の検証
2－1. 調査実施概要
1月
2月
3月
ステップ2：仮説策定・本調査実施分析
ステップ1：
調査設計・準備
ステップ3：報告書＆
事業展開シナリオ策定
1/12
打合わせ
2/16
中間報告会
3/4
最終報告会
1／20発送
アンケート設計・実査・回収
想定ターゲット向け
1.メール＆Webアンケート 2000S
2.郵送アンケート
A4用紙 3枚 4000通（仮）
1／31締切
事業計画作成
分析・シナリオ作成
インタビュー調査
XX名
©HR Institute 2001

10

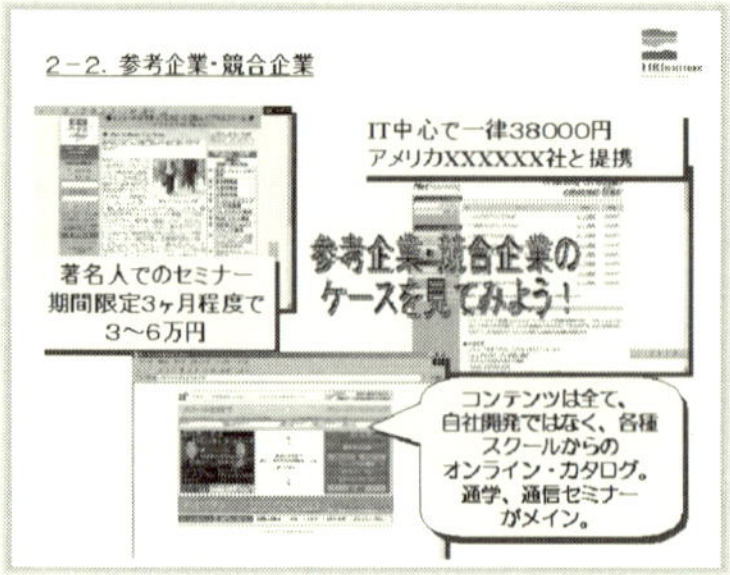
2－2. 参考企業・競合企業
IT中心で一律38000円
アメリカXXXXXX社と提携
著名人でのセミナー
期間限定3ヶ月程度で
3〜6万円
参考企業・競合企業の
ケースを見てみよう！
コンテンツは全て、
自社開発ではなく、各種
スクールからの
オンライン・カタログ。
通学、通信セミナー
がメイン。

11

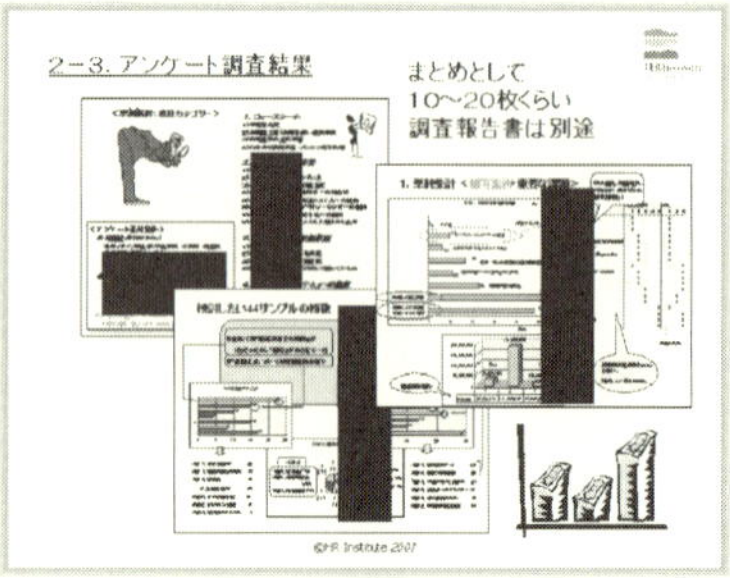
2－3. アンケート調査結果
まとめとして
10〜20枚くらい
調査報告書は別途
©HR Institute 2001

12

ビジネスプランのフォーマット・サンプル①

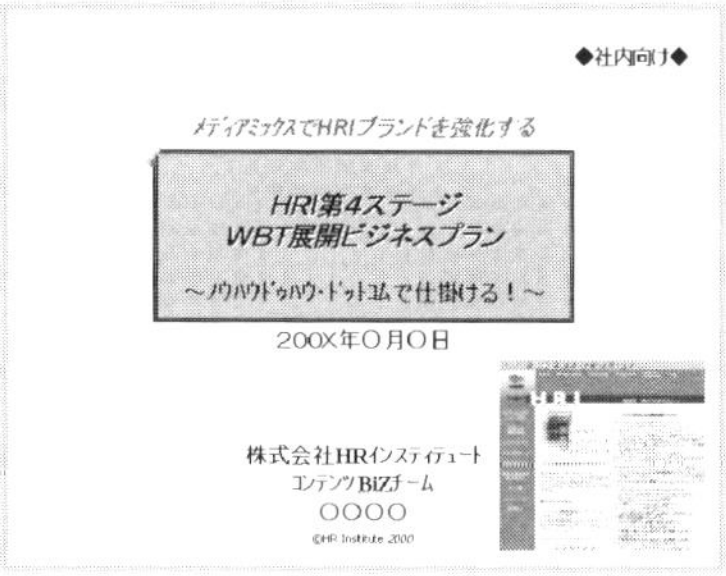

1

2

3

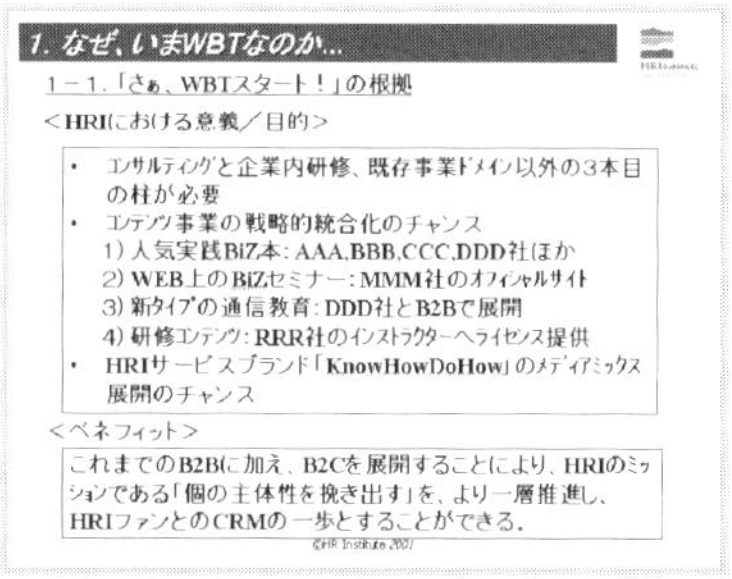

4

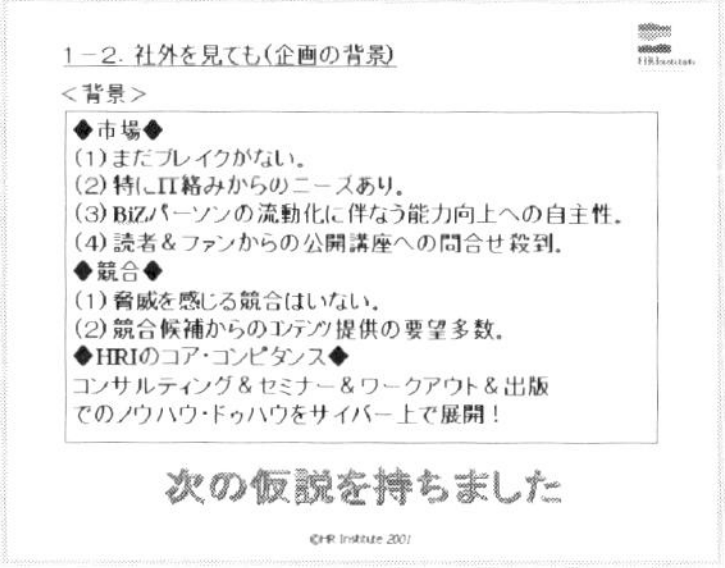

5

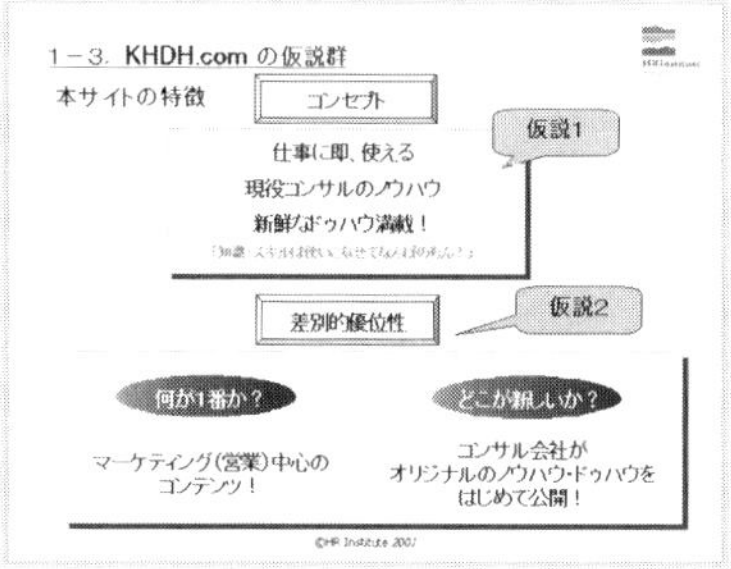

6

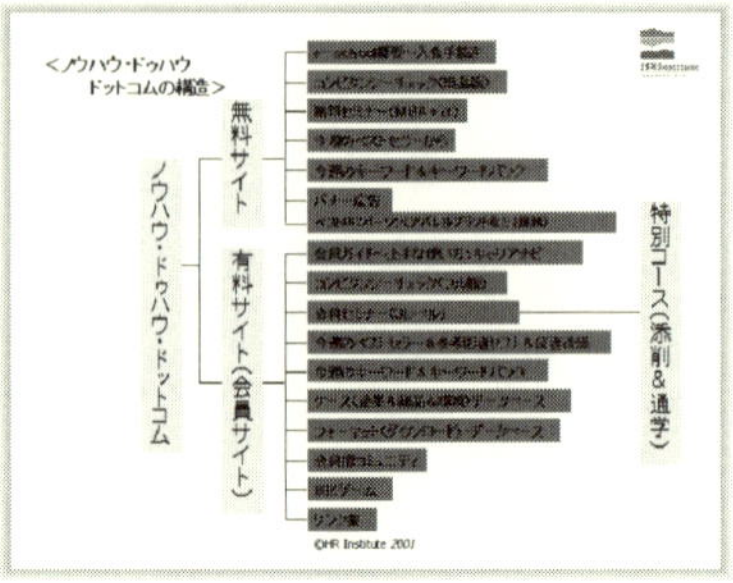

19

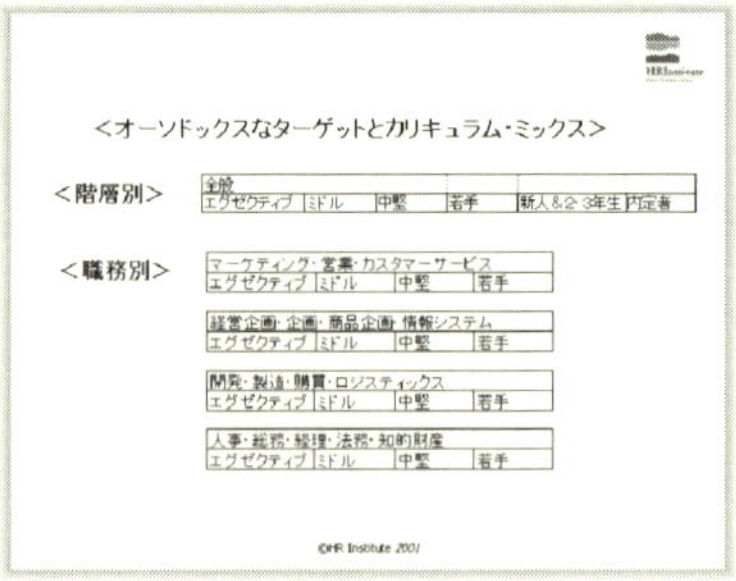

20

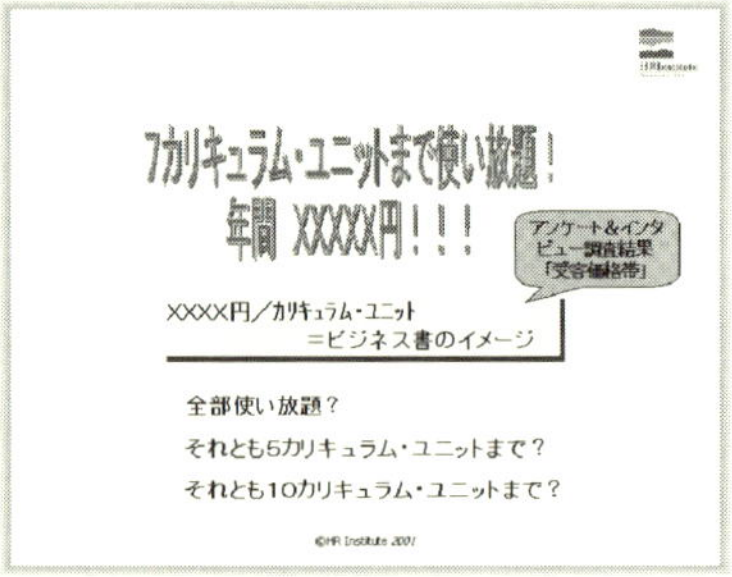

21

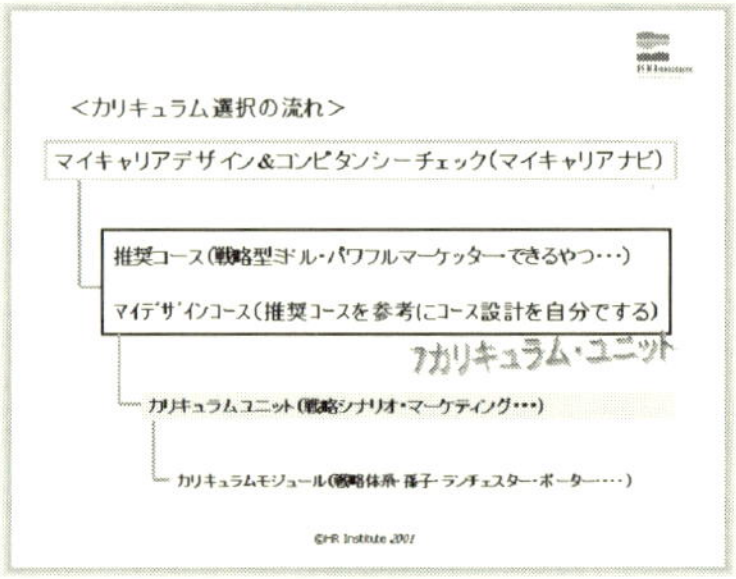

22

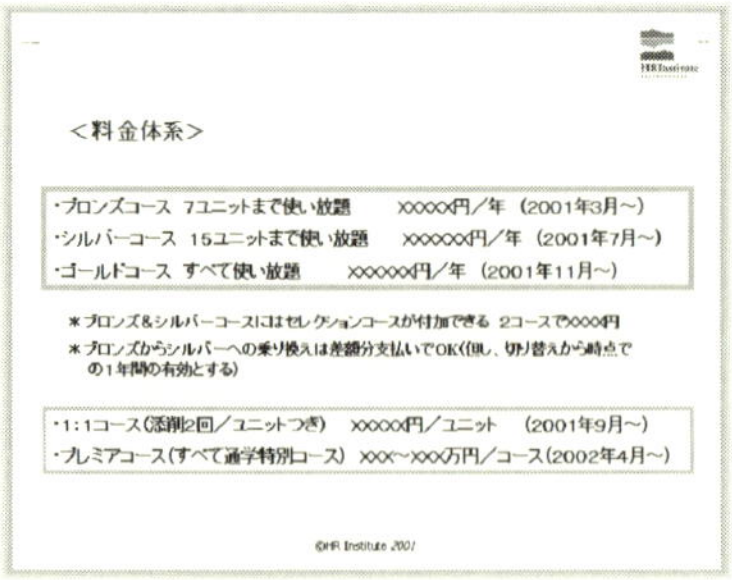

23

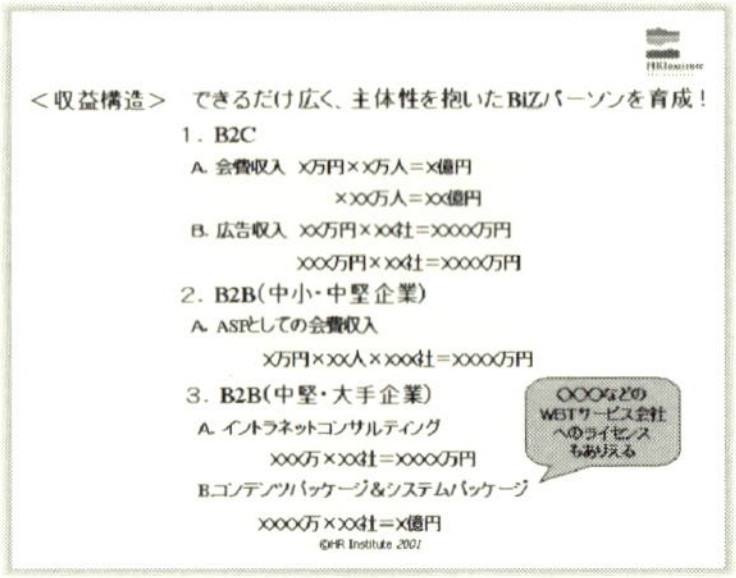

24

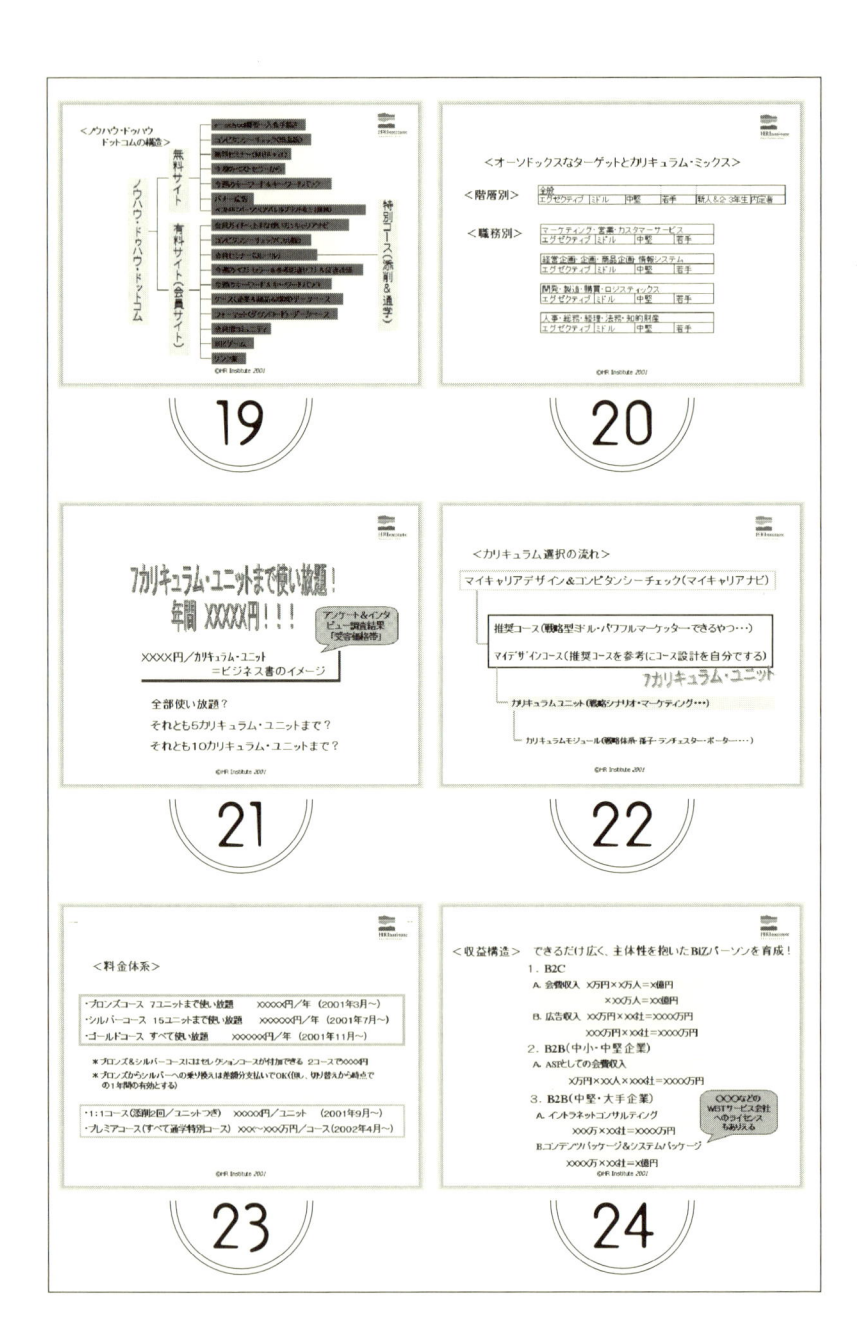

ビジネスプランのフォーマット・サンプル②

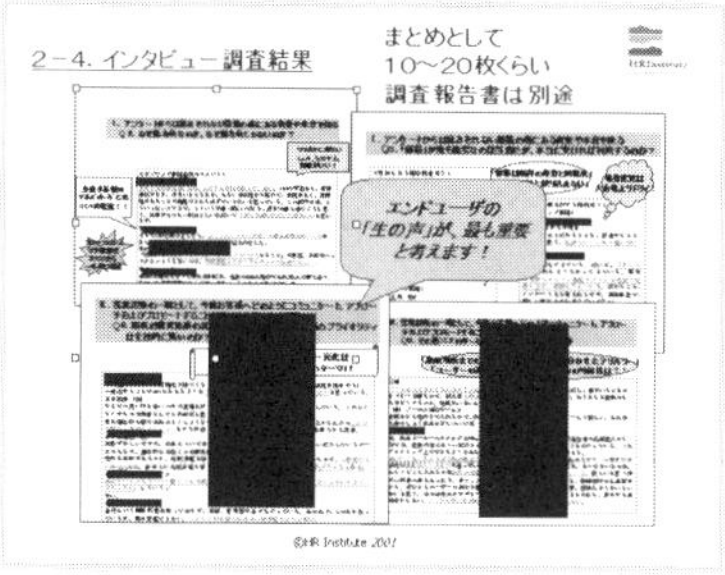

13

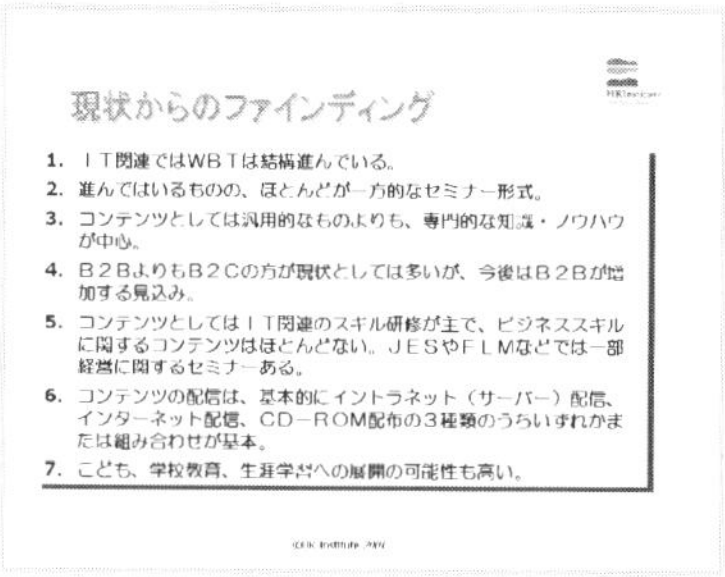

14

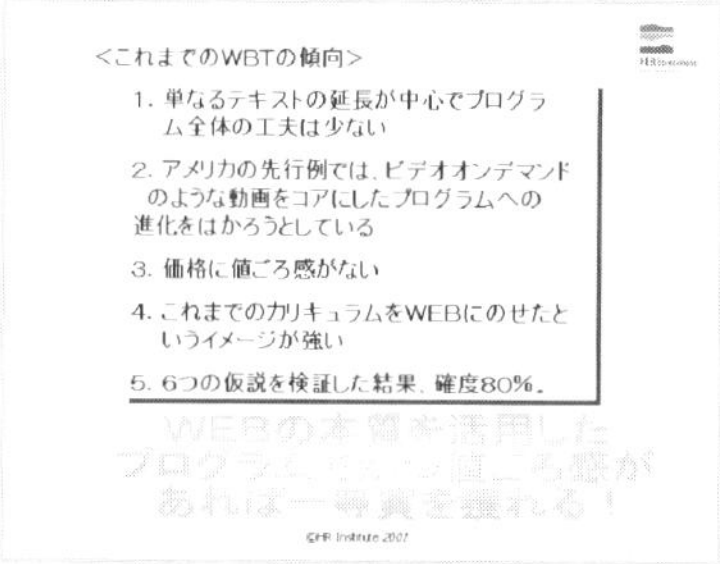

15

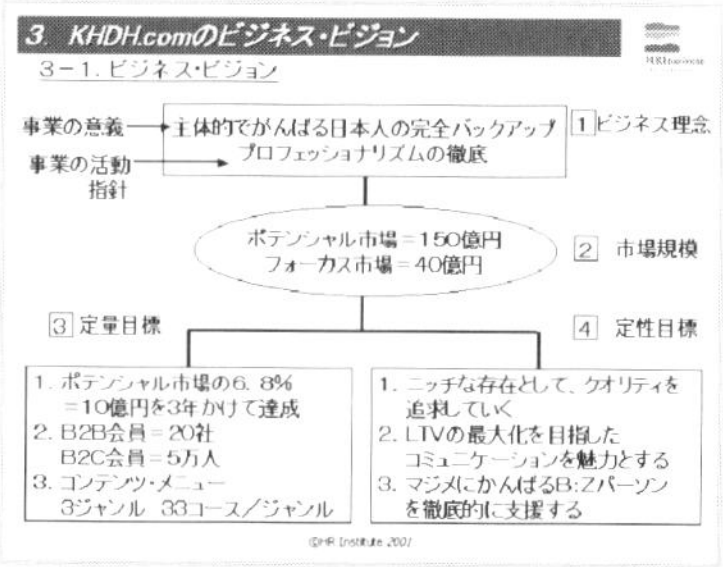

16

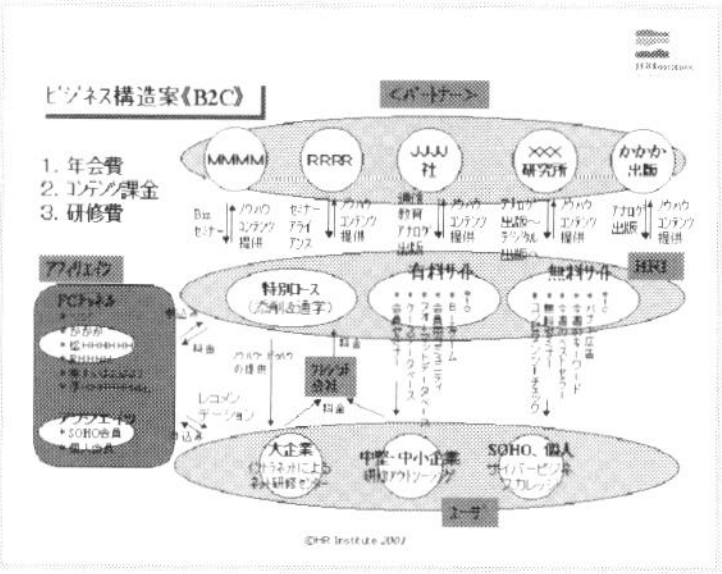

17

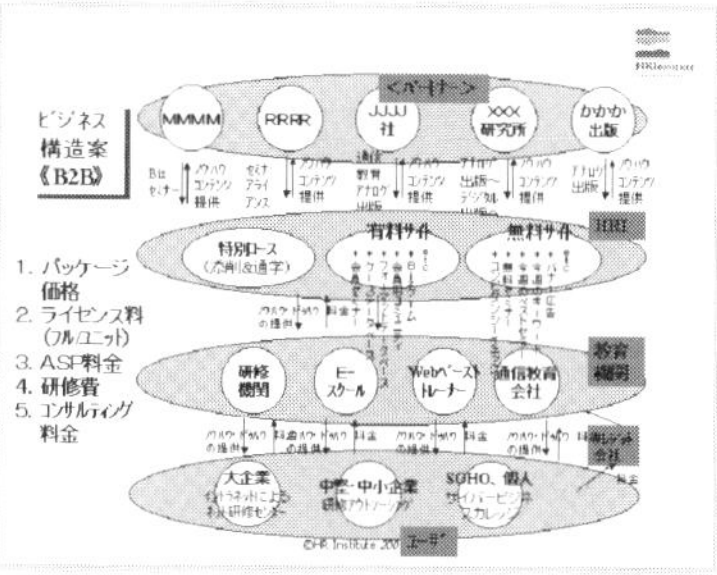

18

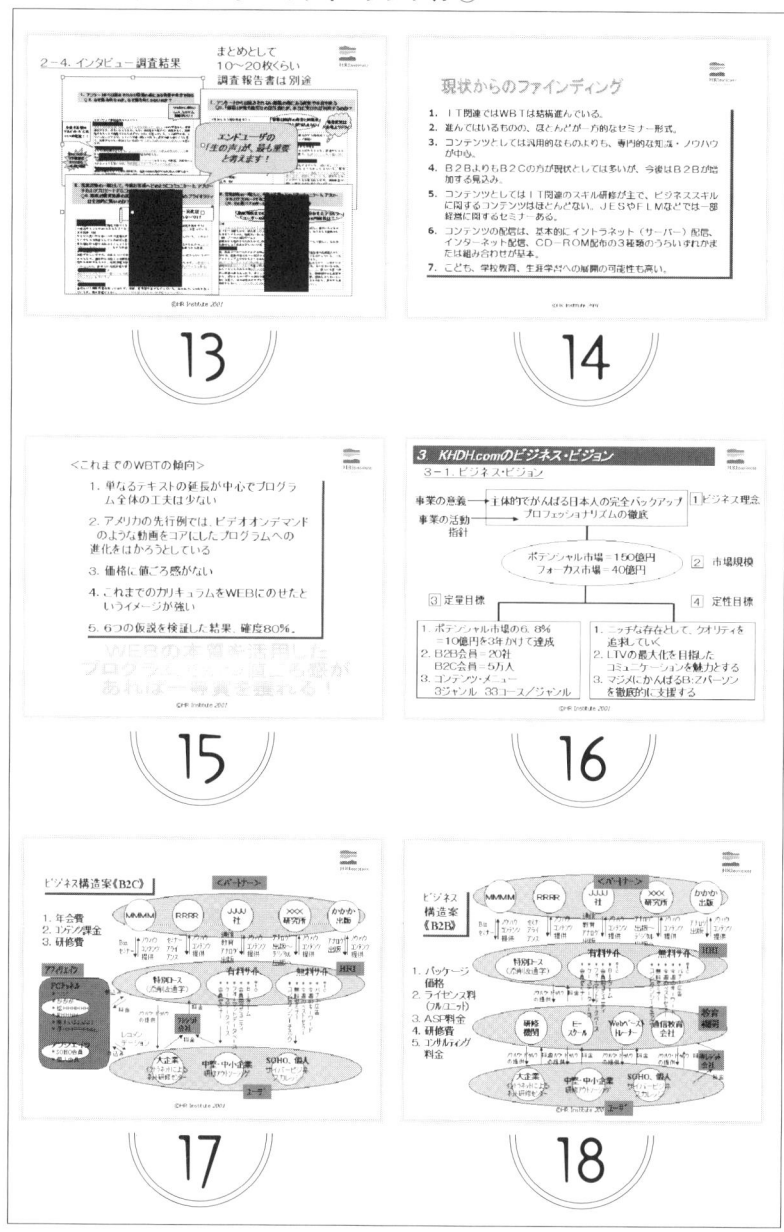

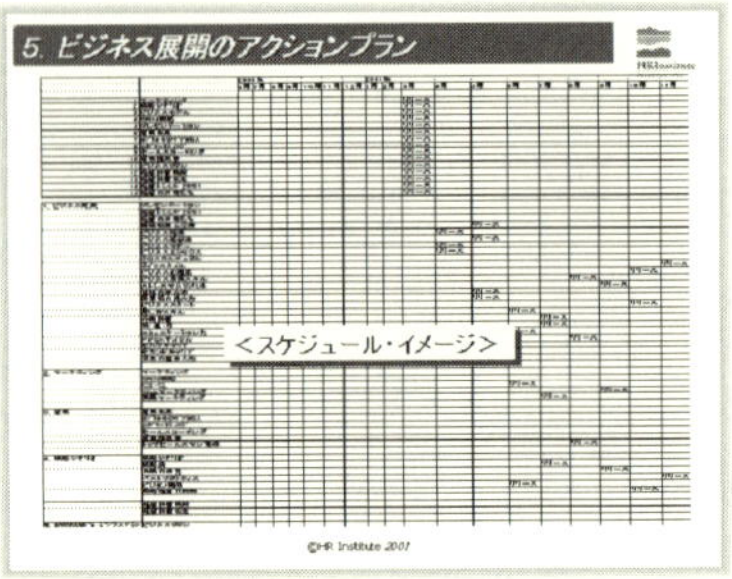
5. ビジネス展開のアクションプラン
<スケジュール・イメージ>
©HR Institute 2001

31

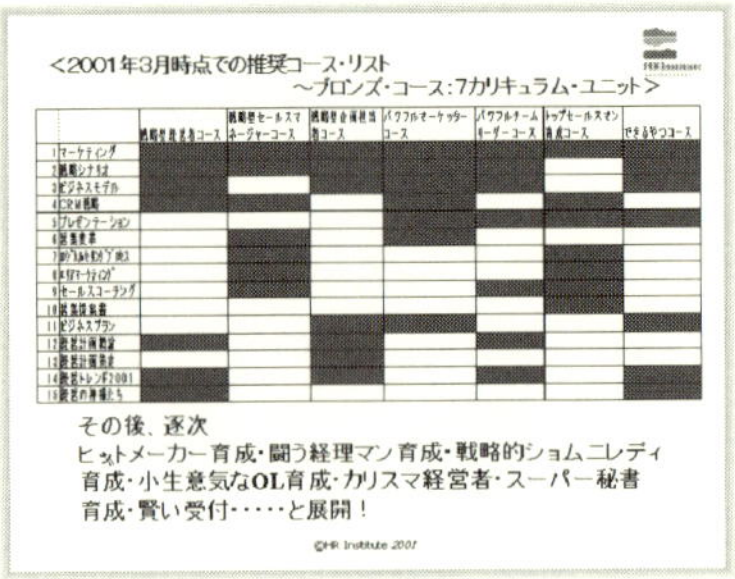
<2001年3月時点での推奨コース・リスト
〜ブロンズ・コース:7カリキュラム・ユニット>
戦略型セールスマネージャーコース
戦略型企画担当者コース
パワフルマーケッターコース
パワフルチームリーダーコース
トップセールスマン育成コース
できるやつコース
1 マーケティング
2 戦略シナリオ
3 ビジネスモデル
4 CRM戦略
5 プレゼンテーション
9 セールスコーチング
11 ビジネスプラン
その後、逐次
ヒットメーカー育成・闘う経理マン育成・戦略的ショムニレディ
育成・小生意気なOL育成・カリスマ経営者・スーパー秘書
育成・賢い受付・・・・・と展開！
©HR Institute 2001

32

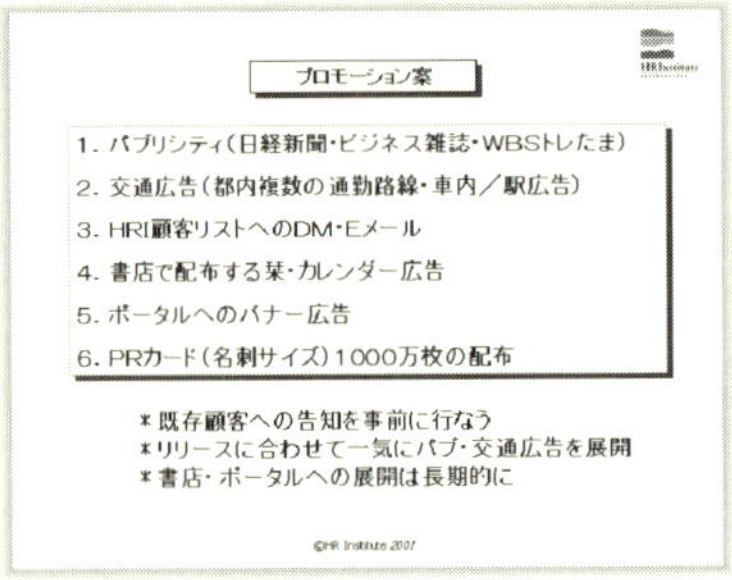
プロモーション案
1. パブリシティ（日経新聞・ビジネス雑誌・WBSトレたま）
2. 交通広告（都内複数の通勤路線・車内／駅広告）
3. HRI顧客リストへのDM・Eメール
4. 書店で配布する栞・カレンダー広告
5. ポータルへのバナー広告
6. PRカード（名刺サイズ）1000万枚の配布
＊既存顧客への告知を事前に行なう
＊リリースに合わせて一気にパブ・交通広告を展開
＊書店・ポータルへの展開は長期的に
©HR Institute 2001

33

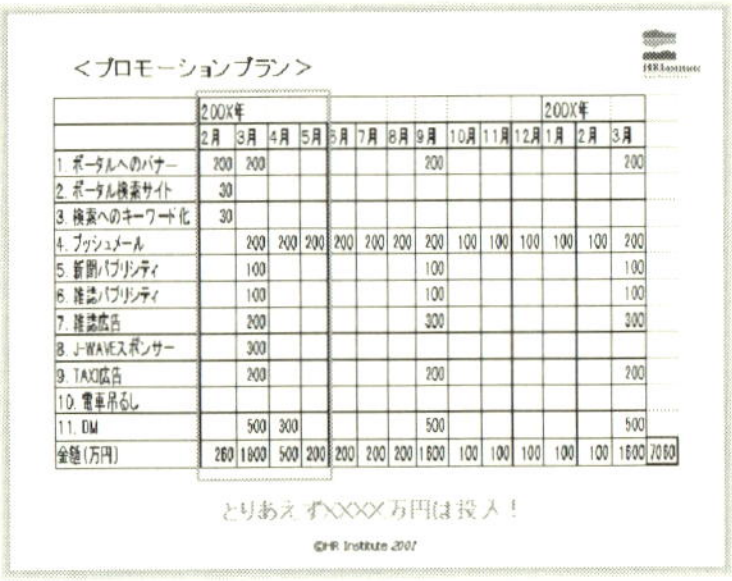
<プロモーションプラン>

	200X年											200X年			
	2月	3月	4月	5月	6月	7月	8月	9月	10月	11月	12月	1月	2月	3月	
1. ポータルへのバナー	200	200						200						200	
2. ポータル検索サイト	30														
3. 検索へのキーワード化	30														
4. プッシュメール		200	200	200	200	200	200	200	100	100	100	100	100	200	
5. 新聞パブリシティ		100						100						100	
6. 雑誌パブリシティ		100						100						100	
7. 雑誌広告		200						300						300	
8. J-WAVEスポンサー		300													
9. TAXI広告		200						200						200	
10. 電車吊るし															
11. DM		500	300					500						500	
金額（万円）	260	1800	500	200	200	200	200	1800	100	100	100	100	100	1800	7060

とりあえずXXXX万円は投入！
©HR Institute 2001

34

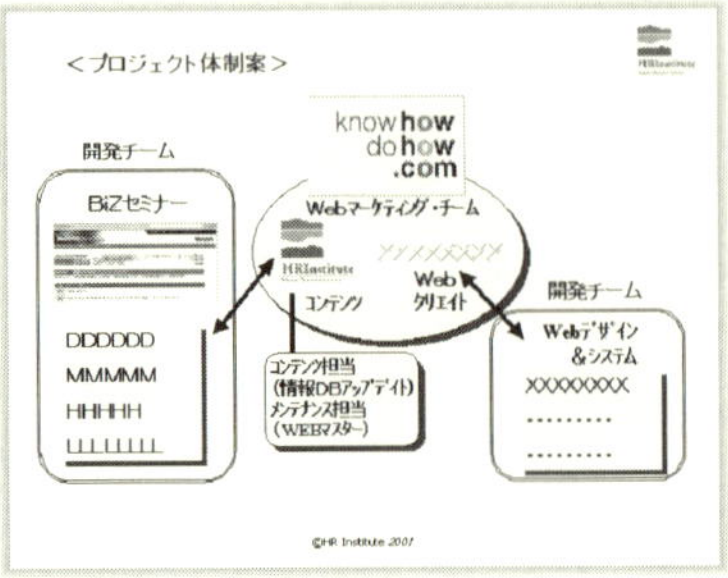
<プロジェクト体制案>
know how
do how
.com
開発チーム
BiZセミナー
DDDDDD
MMMMM
HHHHH
Webマーケティング・チーム
コンテンツ
Web
クリエイト
開発チーム
Webデザイン
&システム
XXXXXXXX
コンテンツ担当
（情報DBアップデイト）
メンテナンス担当
（WEBマスター）
©HR Institute 2001

35

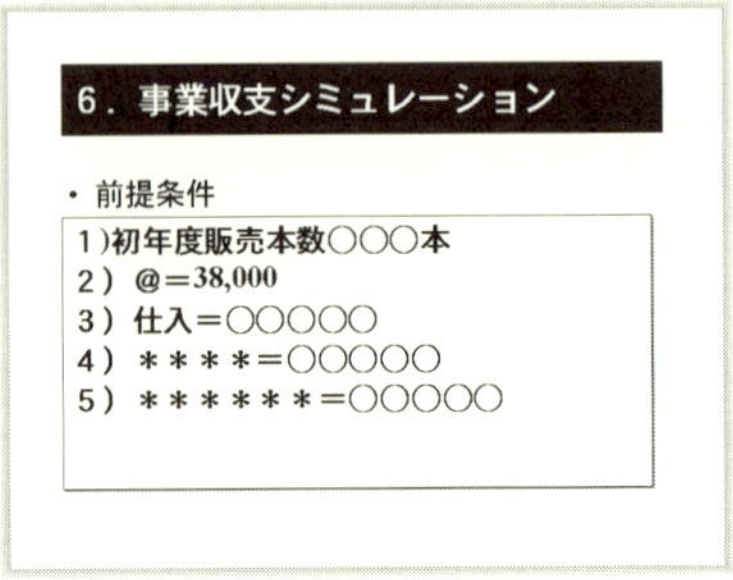
6．事業収支シミュレーション
・前提条件
1）初年度販売本数○○○本
2）＠＝38,000
3）仕入＝○○○○○
4）＊＊＊＊＝○○○○○
5）＊＊＊＊＊＊＝○○○○○

36

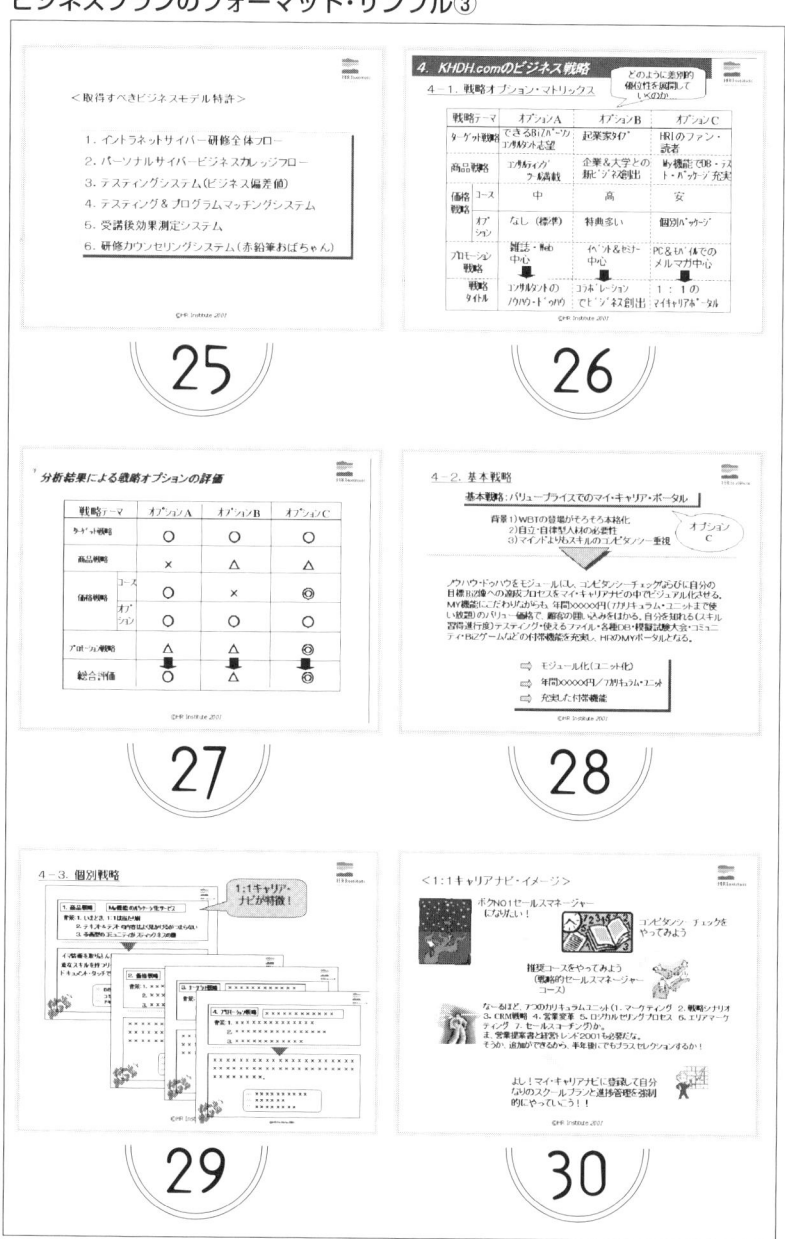

ビジネスプランのフォーマット・サンプル③

＜取得すべきビジネスモデル特許＞

1．イントラネットサイバー研修全体フロー
2．パーソナルサイバービジネスカレッジフロー
3．テスティングシステム（ビジネス偏差値）
4．テスティング＆プログラムマッチングシステム
5．受講後効果測定システム
6．研修カウンセリングシステム（赤鉛筆おばちゃん）

©HR Institute 2001

25

4. KHDH.comのビジネス戦略

4－1．戦略オプション・マトリックス

どのように差別的優位性を展開していくのか…

戦略テーマ		オプションA	オプションB	オプションC
ターゲット戦略		できるBizパーソン コンサルタント志望	起業家タイプ	HRIのファン・読者
商品戦略		コンサルティングツール満載	企業＆大学との新ビジネス創出	My機能でDB・テスト・パッケージ充実
価格戦略	コース	中	高	安
	オプション	なし（標準）	特典多い	個別パッケージ
プロモーション戦略		雑誌・Web中心	イベント＆セミナー中心	PC＆モバイルでのメルマガ中心
戦略タイトル		コンサルタントのノウハウ・ドゥハウ	コラボレーションでビジネス創出	1：1のマイキャリアポータル

©HR Institute 2001

26

分析結果による戦略オプションの評価

戦略テーマ		オプションA	オプションB	オプションC
ターゲット戦略		○	○	○
商品戦略		×	△	△
価格戦略	コース	○	×	◎
	オプション	○	○	○
プロモーション戦略		△	△	◎
総合評価		○	△	◎

©HR Institute 2001

27

4－2．基本戦略

基本戦略：バリュープライスでのマイ・キャリア・ポータル

背景 1）WBTの登場がそろそろ本格化
2）自立・自律型人材の必要性
3）マインドよりもスキルのコンピタンシー重視

オプションC

ノウハウ・ドゥハウをモジュールにし、コンピタンシーチェックならびに自分の目標Biz像への達成プロセスをマイ・キャリアナビの中でビジュアル化させる。MY機能にこだわりながらも、年間××××円（7カリキュラム・ユニットまで使い放題）のバリュー価格で、顧客の囲い込みをはかる。自分を知れる（スキル習得進行度）テスティング・使えるファイル・各種DB・模擬試験大会・コミュニティ・Bizゲームなどの付帯機能を充実し、HRのMYポータルとなる。

⇨ モジュール化（ユニット化）
⇨ 年間××××円／7カリキュラム・ユニット
⇨ 充実した付帯機能

©HR Institute 2001

28

4－3．個別戦略

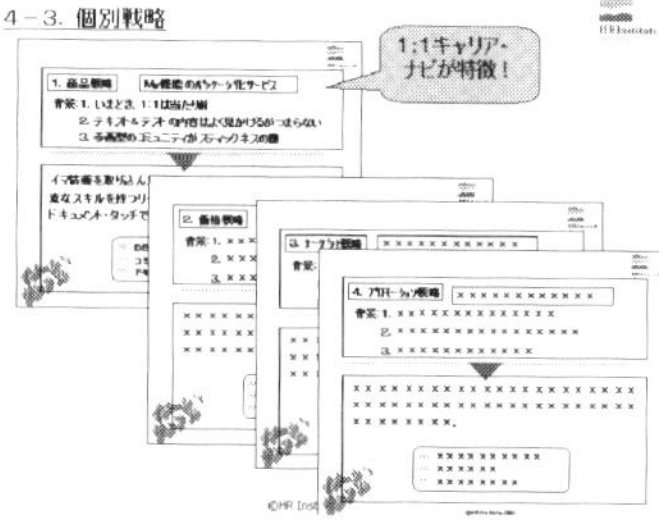

©HR Institute 2001

29

＜1:1キャリアナビ・イメージ＞

ボクNO1セールスマネージャーになりたい！

コンピタンシーチェックをやってみよう

推奨コースをやってみよう（戦略的セールスマネージャーコース）

なーるほど、7つのカリキュラムユニット（1. マーケティング 2. 戦略シナリオ 3. CRM戦略 4. 営業変革 5. ロジカルセリングプロセス 6. エリアマーケティング 7. セールスコーチング）か。
ま、営業提案書と経営トレンド2001も必要だな。
そうか、追加ができるから、半年後にでもプラスセレクションするか！

よし！マイ・キャリアナビに登録して自分なりのスクールプランと進捗管理を強制的にやっていこう！！

©HR Institute 2001

30

ビジネスプランのフォーマット・サンプル④

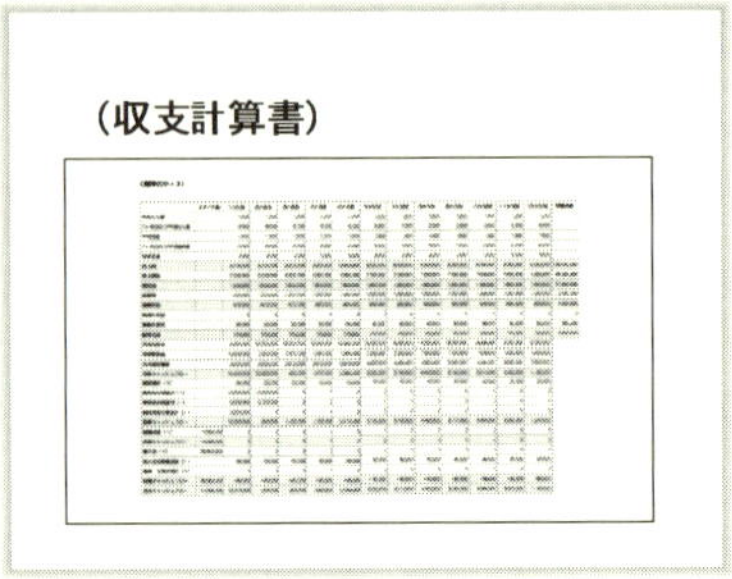

37

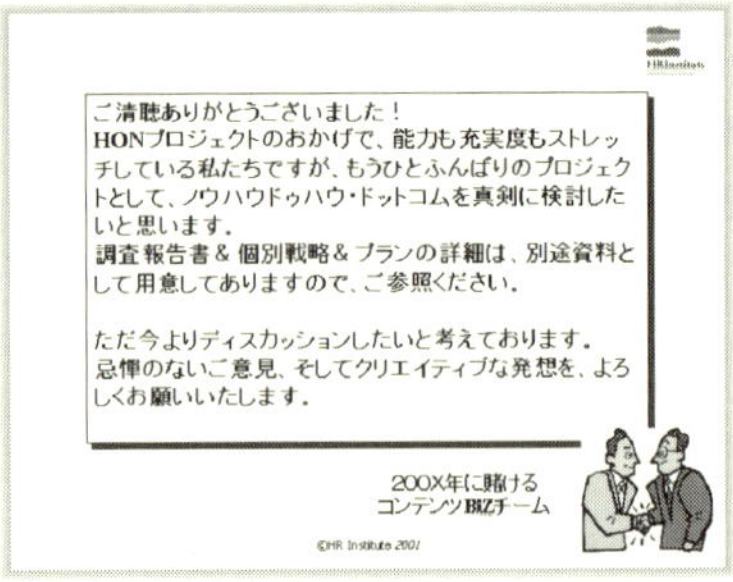

38

ワンシート企画書のサンプル

～ワンシートでまとめたケース（エグゼクティブ・サマリー）～

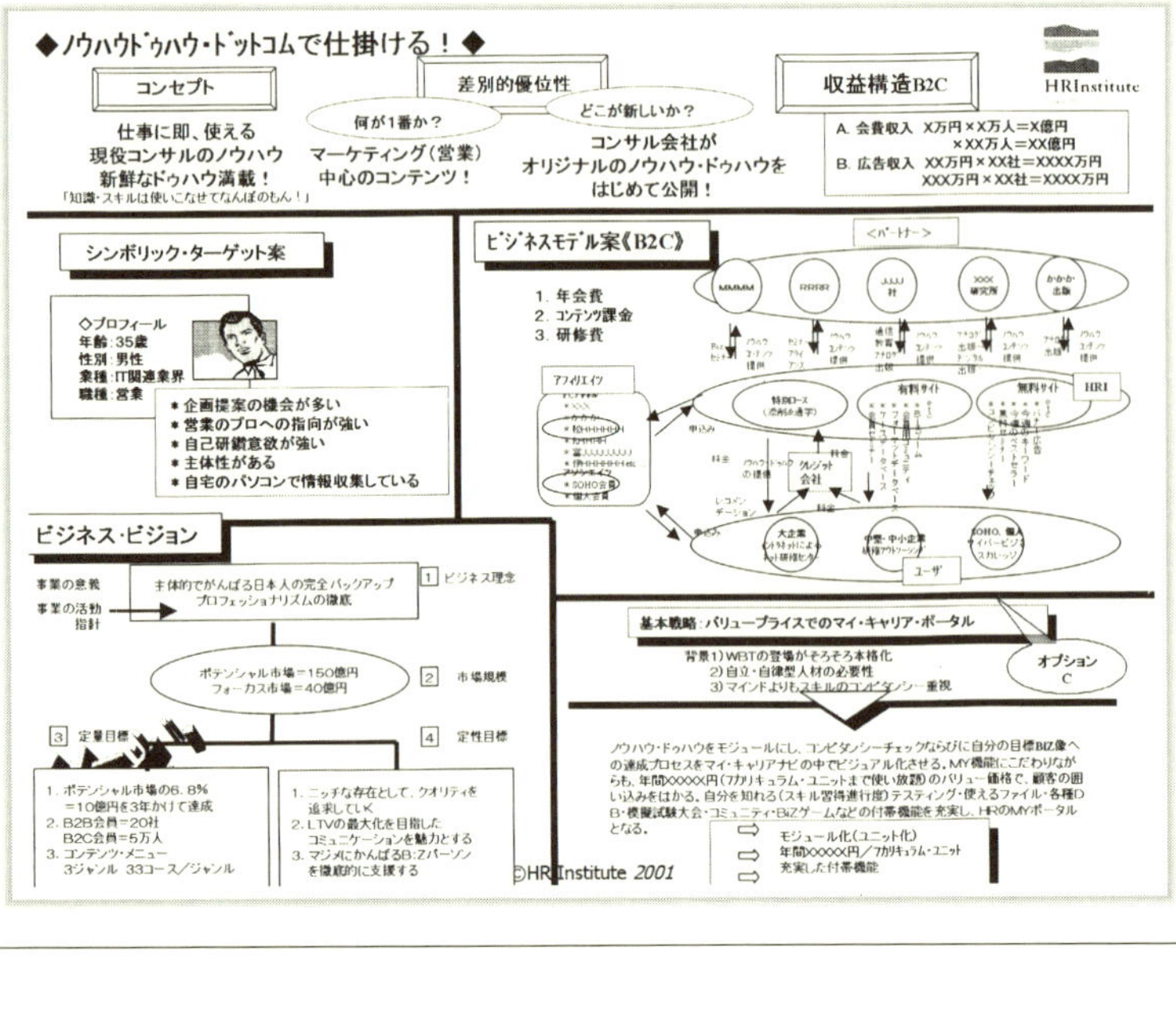

第1章
ビジネスモデルの背景・問題意識を明確にする

1

ビジネスモデルのアイデアはどうやって生まれているのか？

**ビジネスモデルのアイデアは、さまざまなきっかけで生まれる。
自分で考え尽くすというよりも、
ふとしたことから向こうからやってくる。**

◎アイデアは突然やってくる

ここからは、具体的にビジネスプラン策定の10のステップを進めたい。

安藤百福氏は、自分で開発したインスタントラーメンをアメリカで売り込もうと渡米した。チキンラーメン、空を飛ぶ。で、早速、ビジネス・パートナーになってもらうアメリカの企業でチキンラーメンを試食してもらおうとした。会社の中には、どんぶりはない。試食しようとしたアメリカ人は、ごく自然にチキンラーメンを手で細かく割って紙コップに入れた。そして、お湯を注いで3分待つ。ま、アメリカらしくていいやと、安藤氏は驚きと関心の入り乱れた心理状態で、アメリカ人の仕草を眺めていた。いや、観察していた。

このアメリカ人は、箸ではなく、フォークでチキンヌードルを食べ始めた。「Ｇｏｏｄ　Ｔａｓｔｅ！」とアメリカ人は、言ってくれた。アメリカでもインスタントラーメンは、いけると思ったが、このアメリカ人は、こう言った。「これ、どうやって食べればいいのかな？　どんぶりないよ。箸もないし」。

味は、多少改良すればなんとかなるが、食べる器がない。そうか、こりゃ根本的な問題だ。

帰りの飛行機で、安藤氏は色々と考えていた。どうすれば、簡単にアメリカ人にインスタントラーメンを食べてもらえるのだろうか。離陸してしばらくしてから、フライト・アテンダントが、客室サービスを始めた。最初は、マカデミアンナッツ。小さな丸い容器で、上蓋がアルミ加工された紙をはがすタイプだ。自分もこの蓋をめくり、ナッツを食べようとしたとき、マグカップと一体化した。

「あっ、この蓋。お湯を注いだときに保温するためのカップの蓋にぴったりだ」。

こうして、あのカップヌードルの原型が誕生した。アメリカへの商談の出張が、日清食品を大きく変えたわけだ。

アメリカは日本とは違い、日本で言うところの確定申告が多い。税制の違いによる。よって、サラリーマンでも自分で色々と経費の伝票、小切手の控え、クレジットカードの控えなどを取っておかなくてはならない。そして、帳簿もつけなくてはならない。

あるアメリカ人の主婦が、一人でグチグチと文句を言っている。「ホントに、面倒臭いわね。もっと簡単に帳簿整理ができないかしら。毎年毎年、同じことをやらなきゃいけないし」。それを聞いていただんなが言った。「パソコンがあるじゃないか。家計簿ソフト、ホームアカウントソフト……があるんじゃないか?」。主婦は続ける。「何言ってんのよ。今、出ているソフトなんか使えないわよ。みんな難しいんだから」。だんなは思った。「そうか、友達にソフト開発者がいるからつくってみようかな。みんな大変だよな、きっと」。——このちょっとしたきっかけが、現在、ホーム用会計ソフト「クイッケン」

として、全米80％以上のシェアをもつまでになった。だんなは、元P＆Gのセールスマネージャーのクック氏。会社は、イントゥイット。もしあのとき、クック氏の奥さんがグチをこぼさなかったら、マイクロソフト社のMONEYが、シェアを独占していただろう。

◎——ビジネスのアイデアを素通りさせないためには問題意識が重要だ

　前述の日本のケース、アメリカのケースに共通するのは、何か。

◎自分で考えぬいたアイデアではない
◎何気ないシーンで感じたアイデアである
◎好奇心が旺盛だった
◎アイデアをすぐに形にしようとした

　時に偶然は、多くのビジネス・アイデアを生んでいる。もし、彼らに好奇心や問題意識がなかったら、この本には登場しなかっただろう。ビジネスのアイデアは、何から生まれるのか？

「ヨシ！　ベンチャービジネスを立ち上げてやる。1兆円企業だ」と思い、毎日1つのビジネス・アイデア出しを自分へのノルマにしていた孫正義氏のケースは稀だ。「ビジネス・アイデアを出すぞ！」と言ってもなかなかいいアイデアは、出るものではない。多くのビジネス・アイデアは、そのときの仕事の延長か、何かしらの偶然による。仕事の延長であっても、何かしらの偶然であっても、アイデアという獲物は、その獲物を捕らえる網がなければ、スッと通り過ぎてしまう。

ビジネス・アイデアが生まれるきっかけ

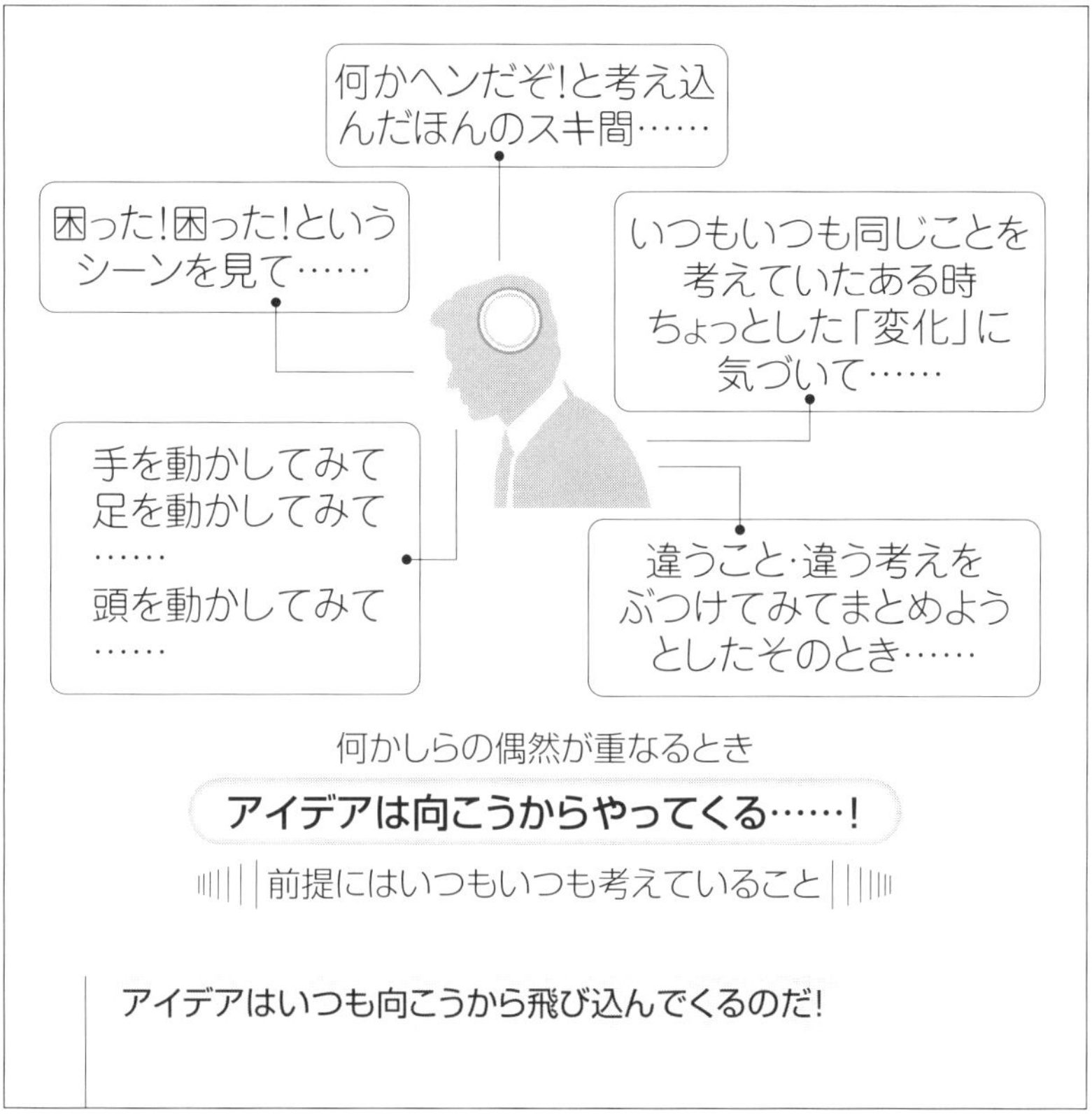
何かヘンだぞ!と考え込んだほんのスキ間……
困った!困った!というシーンを見て……
いつもいつも同じことを考えていたある時ちょっとした「変化」に気づいて……
手を動かしてみて足を動かしてみて……頭を動かしてみて……
違うこと・違う考えをぶつけてみてまとめようとしたそのとき……
何かしらの偶然が重なるとき
アイデアは向こうからやってくる……!
前提にはいつもいつも考えていること
アイデアはいつも向こうから飛び込んでくるのだ!

その網こそ問題意識だ。安藤氏は、問題意識をもともと持っていた。クック氏も安藤氏ほどではないが、いつか独立して起業したいという気持ちがあったのだろう。

この問題意識が、何かしらのヒントを常に嗅ぎ取ろうとしている。商品の改良、新しいサービス、今までになかった商品、他社では真似ができない技術などは、ほとんどこの問題意識が、大きな緻密な網として獲物をひっかけるのだ。

これらの問題意識は、生活者のニーズを聞き、生活者へのウォンツを満たしたのだ。

58ページの図のように、

◎ニーズ＝顕在化する要求

ニーズvsウォンツ

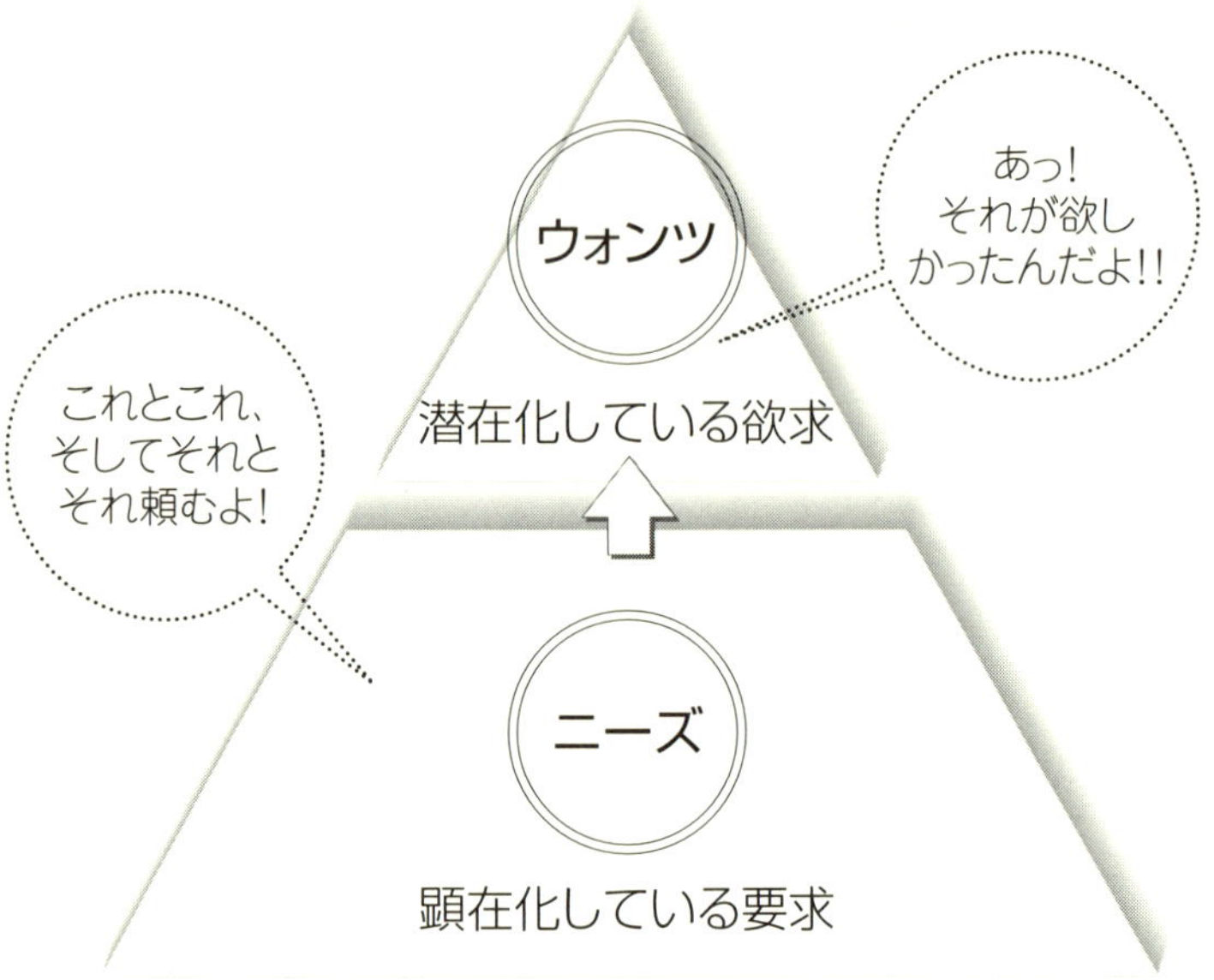
あっ！
それが欲し
かったんだよ!!
ウォンツ
潜在化している欲求
これとこれ、
そしてそれと
それ頼むよ！
ニーズ
顕在化している要求

蓄積されたニーズがウォンツを生み出すのである

※エレベーターステイトメント＝ウォンツにもなる
30秒でウォンツを語ることが大切！

◎ウォンツ＝潜在化する欲求

蓄積されたニーズがウォンツを生み出すのである。

カップヌードルもクイッケンも、生活者が要求していたものではない。企業側からの提案である。「こういうの、どう!?」。すると、多くの生活者たちが、「そう。これを待ってた！」ときて、これらは、大ヒットした。ニーズではなく、ウォンツが大切なのだ。

しかし、このウォンツは簡単には見つからない。ニーズを知り尽くし、その上に広い・深い問題意識がなければならないのだ。問題意識が、チャンス・アイデアという大きな獲物を素通りさせることなく、しっかりと捕まえるのだ。

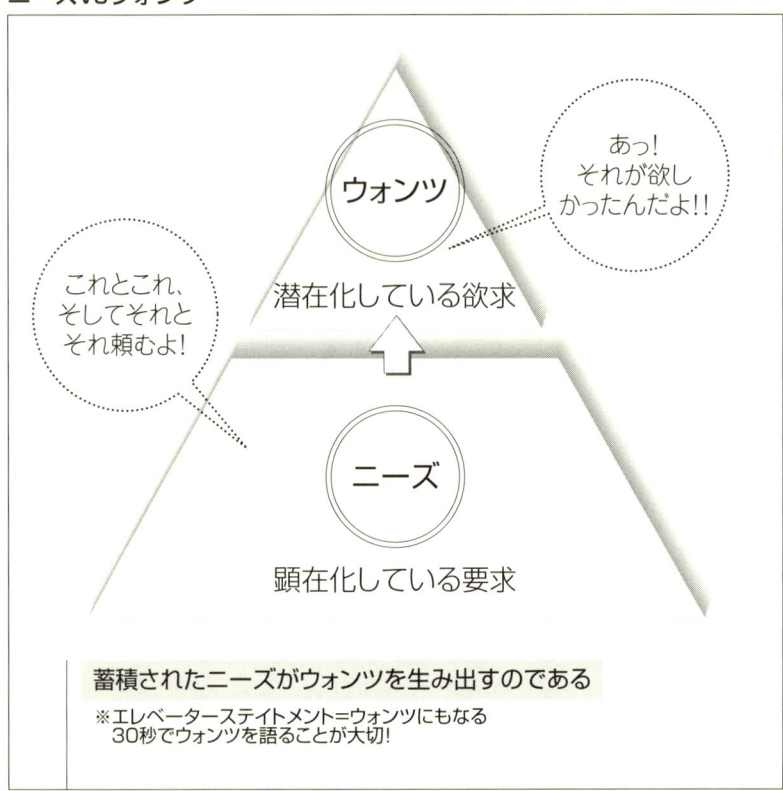

2

アイデアが生まれた背景・問題意識を整理する

ビジネスモデルのアイデアが生まれた背景を
しっかり整理することは、
ビジネスプラン策定の最初の仕事だ。

◎ ビジネスモデルの背景・問題意識は大きく3つの環境変化によってポジショニングされる

単に自分だけのアイデア、趣味としてのビジネスモデル・アイデアなら、何も仰々しくビジネスモデルの背景・問題意識を整理する必要はない。しかし、自分でつくったビジネスモデル&ビジネスプランを第三者に見せるには、「なぜ今、このビジネスなのか?」「何の意味が、このビジネスにはあるのか?」を説明する必要がある。

ビジネスモデルの背景は、61ページの図のように大きく3つの切り口から整理するとよい。

①マクロ環境の変化　②市場環境・業界環境の変化　③社内環境の変化——とくにリーダーのビジョンと3つの環境変化の擦り合わせは重要なテーマである。事業によっては、変化に影響を受ける比重も変わってくる。ビジネスモデルの種類によって、これらの3つの環境変化による要因構成が、変わってくるのだ。

◎―3つの環境変化をキーワードで示してみよう

マクロ環境とは、経済・社会・人口・環境・技術・価値観・ライフスタイルなどといった大きな環境変化だ。介護ビジネスは、人口動態の変化によるものだし、リサイクルビジネスは、環境問題に起因する。バブル崩壊で大きく業績を伸ばした24時間パークは、虫食い状態の空き地を有効利用するものであり、経済の変化が影響を与えている。１００円ショップがヒットしているのも、経済環境の変化と言ってもいいかもしれない。価値観・ライフスタイルの変化という側面もあろう。

低価格で、しかも高質なカジュアルウェアで飛躍的に業績を伸ばしているユニクロ（社名／ファーストリテイリング）は、若者が携帯電話・パソコン・インターネットにお金を回さざるをえなくなったのでヒットしたのだという人もいる。こうなるとユニクロ・ビジネスは、技術革新・情報革新が背景にあるということになる。

主に日本を中心にしたマクロ環境変化のトレンドを、キーワードで示してみよう。62ページの図をごらんいただきたい。見方によっては、この内容は、マクロ環境変化ではなく、市場環境・業界環境変化ではないかという人もいるだろうが、おおむね以上のようなキーワードが並ぶはずだ。現状では、誰もが、夢と希望に満ちた時代の到来とは思わないだろう。

次に、市場環境・業界環境変化に関わるキーワードをあげてみよう。業界や業態によって、市場のとらえ方が異なってくるが、一定共通すると思われるものを並べた。

市場環境・業界環境の変化は、大きく分けると業界構造の変化・顧客構造の変化・経営構造の変化に分解できる。Ｂ２Ｂビジネスでは、これらの変化が、企業の存続そのものに影響を与えることもある。

ビジネスモデルの3つの背景

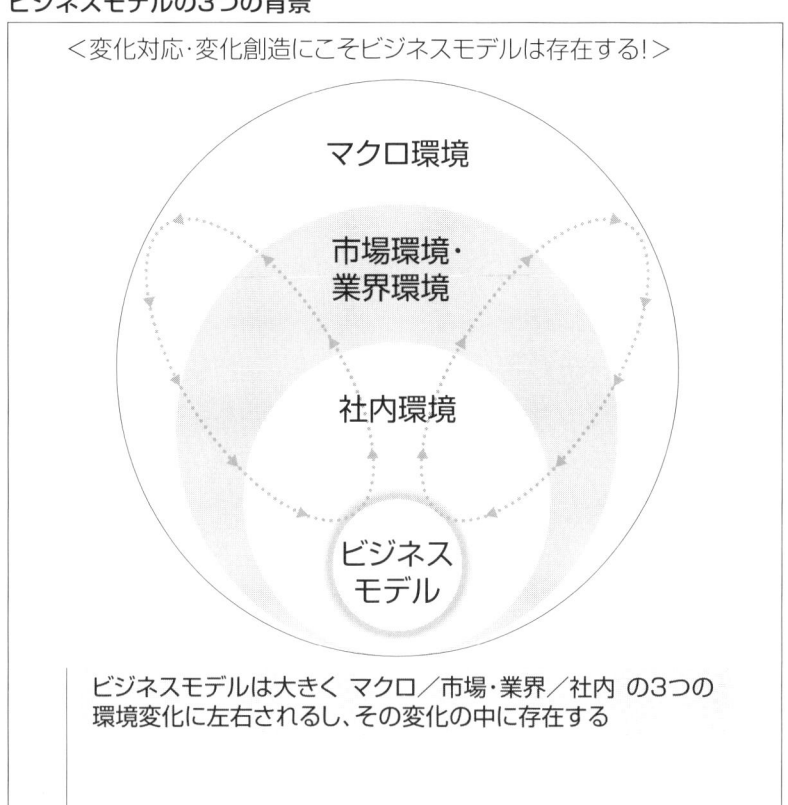

＜変化対応・変化創造にこそビジネスモデルは存在する!＞

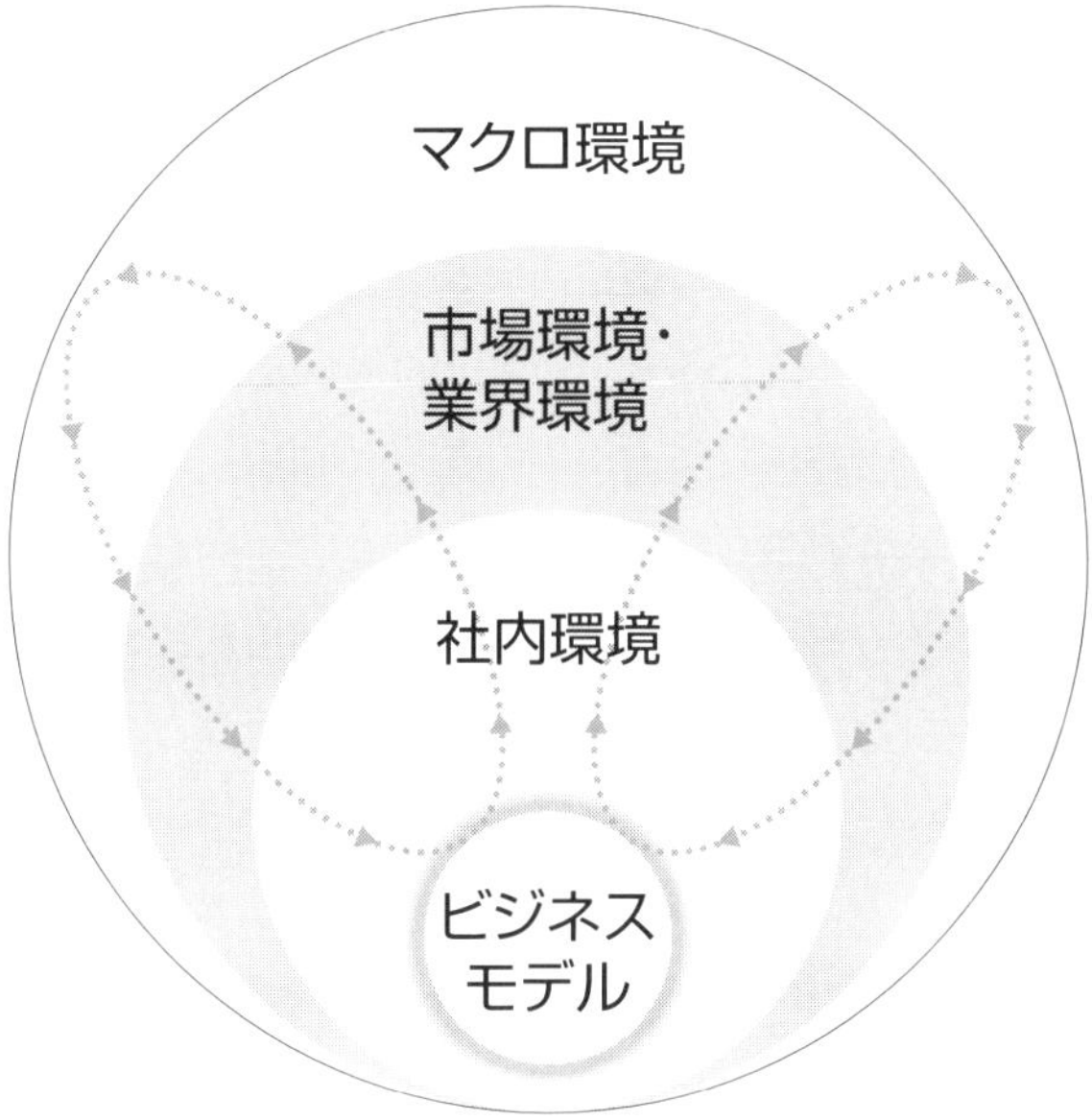

ビジネスモデルは大きく マクロ／市場・業界／社内 の3つの環境変化に左右されるし、その変化の中に存在する

社内環境の変化は、市場環境の変化・業界環境の変化と項目的には、近くなる。ただし、元気な企業と死にそうな企業では、まったくその環境変化は異なる。

63ページに、元気バージョンと死に体バージョンとを二極化してキーワードをあげてみた。ずいぶんトーンが異なる。

3つの環境変化を基本に、自分の、自分たちの考えるビジネスモデル、ビジネスプランに合った環境変化の項目の組み合わせで、アイデアの背景・問題意識を整理すべきである。できるだけ各シートには、ファインディング（わかったこと）を記しておくべきだ。

マクロ環境と
市場環境・業界環境の変化トレンド

マクロ環境変化のトレンドキーワード

＊低成長経済（国内総生産の伸び率鈍化）
＊低金利（ほぼゼロ金利）時代
＊デフレ経済
＊賃金右肩下がりカーブ
＊高齢化・少子化
＊一億総中流時代から10％の金持ちと90％の中流の二極化時代
＊競争関係の激化
＊夢・希望が見えない時代
＊環境対応は基本要求事項に
＊就職氷河期の定常化
＊独立願望の増大化
＊キャリア志向と転職志向
＊女性の社会進出の定常化とまだまだ改革されない男社会の現実
＊恒常的リストラクチャリングの実施
＊家庭内インターネット・家庭内パソコンの急拡大
＊モバイラーの台頭
＊企業内情報インフラ装備の急拡大
＊人間型ロボットビジネスの現実化
＊メカとバイオの統合
＊DNAビジネスの開花
＊宇宙ビジネスの本格化
＊高速通信の低料金化による飛躍的な高度通信社会の到来

市場環境・業界環境変化に関わるキーワード

＊低価格化
＊生産拠点のアジア移転（国内の空洞化）
＊規制緩和の進化
＊異業種からの市場参画
＊商品サイクルの短命化
＊優勝劣敗の明確化（勝ち組・負け組の二極化）
＊電子商取引の定常化
＊外資によるM&Aの進展
＊事業のスクラップ&ビルドの短サイクル化
＊超スピード経営の推進
＊系列の崩壊
＊ブランド力の差が企業力の差になっていく
＊1:1マーケティングでの個客の囲い込み
＊集中と選択の常識化
＊総合の凋落
＊競合間でさえのアライアンス
＊エコシステム・パートナーという共創関係の登場
＊サプライチェーンマネジメント（SCM）による垂直統合

社内環境変化キーワード（2つのバージョン）

元気バージョン

- 事業構造の進化
- 新規事業の推進
- 新規チャネルの開発・展開
- 事業ロードマップの進化推進
- ストックオプション制の推進
- 超スピード経営の更なる推進
- IT投資の増額
- 社内ベンチャー制度の推進
- 成果主義人事システムの展開
- 拠点数の拡大
- 戦略的アライアンスの実施

死に体バージョン

- 定常的リストラクチャリングの推進
- 人件費の一定削減
- 組織のスクラップ&ビルド
- 拠点のスクラップ&ビルド
- 本業回帰（事業ロードマップの再構築）
- 不良債権の償却
- トップマネジメント総入れ替え
- 債権放棄の依頼
- 消極的アライアンスの実施

3

ビジネスモデルの背景・問題意識を描く

ビジネスモデル＆ビジネスプランの背景・問題意識は、
志の原点である。
心のエッセンスをまとめていただきたい。

◎勝手に楽天市場の背景を考えてみよう

楽天市場（www.rakuten.co.jp/）を運営する楽天は、97年2月創業。同年5月サービススタート。となると、実行レベルのビジネスプランがつくられたのは、96年の春頃だろうか。となると、マクロ環境・業界環境＆市場環境はどうなるか？ 左ページの図をごらんいただきたい。

まずはマクロ環境の変化である。

「低成長経済」「デフレ経済～売れない時代」「中小商店業のスクラップ＆ビルド」など7つをあげている。とくに、中小商店主に対する経済インパクトは大きい。大型店の地方・郊外進出は、楽天にとって、大きなミッションであり、大きなビジネスチャンスであった。楽天の成功には、このマクロ環境の変化の要因が、きわめて大きなものを示唆している。

楽天でもっともよく売れているといわれるワインショップのワイナリー和泉屋（東京都板橋区）は、月間で４０００万円も５０００万円も販売しているが、通常のショップは、月間５万円の出店費を払っ

楽天市場の2つの背景

楽天市場というビジネスモデルの背景（成功編）

マクロ環境の変化

- ＊低成長経済
- ＊デフレ経済〜売れない時代
- ＊中小商店業のスクラップ&ビルド
- ＊大型店の地方・郊外進出ラッシュ
- ＊地方経済の凋落
- ＊ベンチャーマインドの萌芽
- ＊家庭内インターネット・家庭内パソコンの急成長

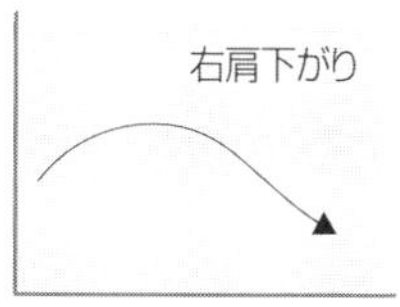

楽天市場

業界環境&市場環境の変化

- ＊低価格化
- ＊規制緩和の進化
- ＊異業種からの市場参画
- ＊商品サイクルの短命化
- ＊優勝劣敗の明確化（勝ち組・負け組の2極化）
- ＊電子商取引の萌芽
- ＊ブランド力の差が企業力の差になっていく
- ＊1:1マーケティングでの個客の囲い込みへ
- ＊総合の凋落〜専門ショップが重要視される
- ＊競合間でさえのアライアンス
- ＊サプライチェーンマネジメント（SCM）による垂直統合がスタート
- ＊オンラインショッピングモールの未活性化
- ＊インターネット＝ホームページという構図どまり
- ＊安かろう悪かろうではなく、安かろう良かろうの時代に突入
- ＊ネットオークションがスタート

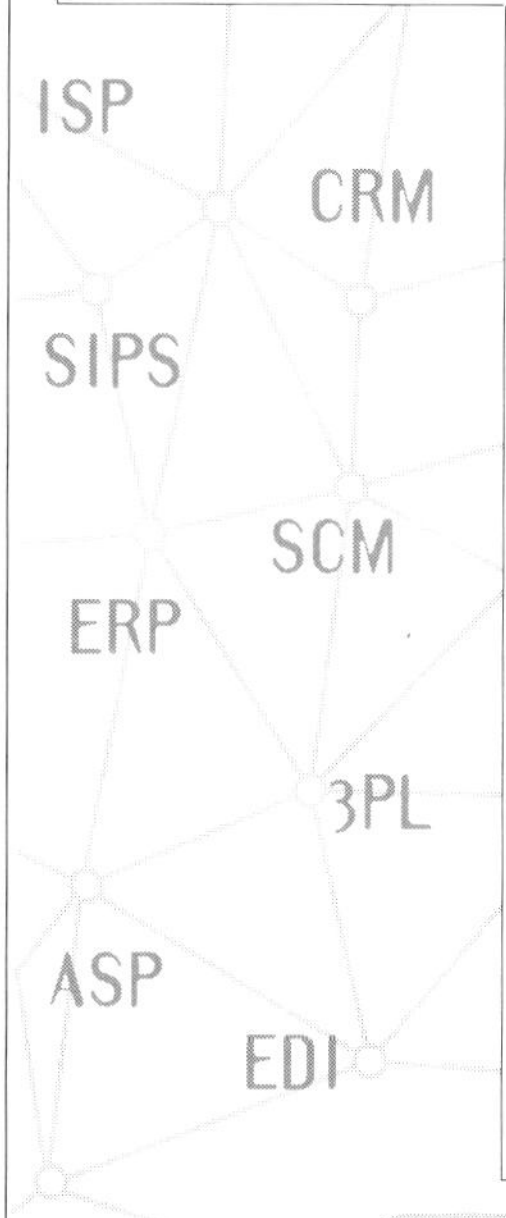

今こそチャンス!

楽天は楽天市場というオンラインショッピングをベストタイミング／ベストシステム／ベストビジネスモデルで展開した。環境変化の波に乗り切ったのだ!

て、月間１００万円の売上があれば、上々という感じだ。和泉屋は、月間の売上、顧客数、販売ワイン数、ページビュー（どのくらいウェブのページが見られたか）数が、すべて情報公開されているから、すばらしい。スタッフの写真も掲載されている。

たとえブランド力、マーケティング力がなくとも、ウェブの良さを十分に活用すれば、オンラインショッピング・ビジネスも、十分可能なのだ。地方の小さな商店だからこそ、全国展開できるチャンスもあるのだ。

次に、楽天市場の業界環境&市場環境の変化である。「低価格化」「規制緩和の進化」「異業種からの市場参画」などの15項目をあげた。

96年当時には、オンラインショッピングモールはすでにあった。が、大企業が、実験的に展開しているケースが多く、ユーザは覗きに行くことはあっても、商品を選んでどんどん買おうという雰囲気ではなかった。商品の品揃えも、これまでの商品をこれまで（リアル）の品揃えで展開していた。だから、全然、インターネットの本来の機能をフルに活用している雰囲気ではなかったのだ。

楽天の三木谷社長も、実際、「当時、参考になる日本のオンラインショッピングモールは皆無！」と言っていたくらいだ。アメリカのオンラインショッピングも、本格化したのは97年のクリスマス商戦のときからだから、96年の日本の状況は、推して知るべしだ。創業があと1年早かったら、今の楽天はないかもしれない。抜群のタイミングだ。もし、あと1年遅れていても、ネットバブル崩壊の最中か、その後での店頭公開になったので、調達資金も小さかっただろう。インターネット検索サイトのｉｎｆｏｓｅｅｋ・ｃｏ・ｊｐの買収は、できなかったかもしれない。

楽天の社内環境は、起業という形でのケースなので、ここでは省きたい。

楽天の成功の背景には、追い風としてのマクロ環境の変化があり、そしてそこに大いなる高き志に裏づけされたベンチャーマインドがあった。そして何よりも中小商店主たち（お客様）に対するきわめてヒューマンタッチのビジネス立ち上げ支援への執念があった。中小商店主たちと共に考え、共に悩み、共に解決してきた。楽天市場は、インターネット特性をヒューマンな側面からパワーアップさせることができたのだ。

業界環境として、いまだ成功シナリオが見えなかったオンラインショッピングモールに、志とヒューマンタッチを介在させて、ＩＴ開発、コンテンツ開発に凌ぎを削っていった。業界環境&市場環境の変化を客観的に、かつ論理的にとらえ、ベンチャーとしての若さを武器に戦略的に展開していった楽天は、日本のインターネットビジネスのトップだと言える。間違いなく、多くのウェブビジネス企業は、楽天のベストプラクティスを実施している。

楽天にとって、このビジネスモデル&ビジネスプランの背景・問題意識を考えるというステップ１は、きわめて大きな意味をもったことが、今だからこそ言及できる。

ハイパーネットは2年早すぎた

ベストタイミングだった楽天に対して、『社長失格』（日経ＢＰ）に描かれている板倉雄一郎氏が創業したハイパーネットは、２年早かった。ハイパーネットは91年に創業され、92年からはハイパーダイヤルサービスをスタートさせた。これは、パーティーラインとか、コーラスラインといった名前で展開されている「複数の人々同士で電話での会話をするシステム」だ。

インターネットによるチャットやフォーラムの電話版と言うと、もっとわかりやすいだろう。その後、このビジネスを基盤にして、さらなるビジネス・アイデアを考えた。それが、96年10月にニュービジネス協議会主催でのニュービジネス大賞を受賞した「ハイパーネット」だ。

これは、現在でいう無料インターネット・プロバイダー・サービス。ソフトバンクグループでは、livedoor（www.livedoor.com/）という無料でインターネットが使える（通信料は、当然別の話）サービスが、ほぼこれに当たる。

99年にいくつかの無料インターネット・プロバイダー・サービスがスタートした。ハイパーネットは、95年9月にその構想が考えられ、96年アスキーとプロバイダー契約がされ、六本木ベルファーレでハイパーシステムの発表会が華々しく行われた。96年6月正式稼動。日本ではじめての無料インターネット接続サービスがスタートした。

ビジネスモデル構造は、いたって簡単であった。ユーザは、ハイパーネットに登録する。そのときは、自分の属性やライフスタイルに関する簡単なアンケートに答えるだけで登録できる。そして、登録が済むと無料（通信料は別）でインターネットが使える。収入源は、原則広告収入。ただし単純なバナー広告だけではなかった。リクルートで展開しているようなキーマンズネットワークのようにユーザの嗜好特性などがわかる広告を、広告主が打つことができるオプトイン広告、オプトインメールシステムになるはずだった。ビル・ゲイツ氏も買収したいというプロポーズがあったくらい、当時の板倉社長は、社長合格だった。右腕の夏野剛氏とともにアメリカ進出も着々と進めていた。

しかし、システム開発のミス、頼みとするキーパーソンが、提携先のアスキーから退職するという不運が続きはじめた。あれだけ一時、ちやほやしていた都市銀行の融資担当者も、一転、「金返せ！」コールに大きく手のひらを返すといったことになってしまった。そして97年12月自己破産。

『社長失格』という本は、この自己破産の宣告を受けるところから始まる。ベンチャービジネス、ネットビジネスを始める人、始めたいと思っている人の必読の書だ。後日、彼とは、大前研一氏の主催するビジネスブレークスルー（www.bbt757.co.jp/）のスタジオでお会いした。私が担当した番組が、「ベンチャー失敗の法則～コンサルタント編」。板倉氏が担当していたのが、「ベンチャー失敗の法則～実践編」であった。板倉氏自身が、「こうやるとベンチャーは失敗するよ！」と語る番組だ。現実的でおもしろかった。彼は、自分の失敗をできるだけ多くのベンチャー企業を起こそうとするアントレプレナーたちに伝えたいということで、番組に、講演に、執筆に忙しい様子だった。

ハイパーネットの副社長だった夏野剛氏の名前をその後、目にしたのは、『ｉモード事件』松永真理著（角川書店）という本だった。なんとｉモード立ち上げの松永真理氏の右腕だった。夏野剛氏も『ｉモード・ストラテジー』（日経ＢＰ企画）という本を出している。

◎ハイパーネットの事業の背景を考える

さて、なぜこのハイパーネットは、2年早かったか。これを同じ2つの切り口で考えてみよう。社内環境は省略。電話のハイパーダイヤルサービスではなく、インターネットサービスのハイパーネットのほうのみのケースだ。時代は、ハイパーネットのアイデアが生まれた95年秋。左ページの図をごらんいただきたい。マクロ環境は「低成長経済」「デフレ経済~売れない時代」「ベンチャー企業支援の風が吹き始めた」などの6項目。

95年秋と言えば、ウィンドウズ95が発売された時期だ。パソコン出荷台数の伸びは、ウィンドウズ95の影響で、96年初めから飛躍的に伸びている。インターネットの活用は、ほとんどがホームページとメールのみだ。まだまだ、ニフティのようなパソコン通信が、台頭していた。ちなみに日本での本格的なインターネット商用化は93年。これだけ見ても、明らかに早すぎる。通常のインターネットプロバイダーをスタートさせたって可能性があった時代だ。それなのに、この段階で、もはや無料のインターネットのビジネスプランが登場していたのだ。

ビル・ゲイツ氏が欲しがるのも、理解できる。ウィンドウズ95が登場した段階で、もうインターネットの新ビジネス、しかも広告収入だけでのビジネスモデルを考えた板倉氏はじめハイパーネットのスタッフには脱帽する。しかも、ユーザの嗜好特性を鑑みたオプトインの仕組みさえも組み込まれていたのだ。しかし、残念ながらあまりにも早すぎた。

次に業界環境&市場環境の変化である。「低価格化」「規制緩和の推進」「異業種からの市場参画」など11の項目をあげた。

まだまだ、企業においても情報リテラシーは高くなく、インターネットの普及に疑問をもつ意見もかなり多かった。今なら、誰でもインターネットの存続・普及を確信しているだろう。というより、空気

ハイパーネットの2つの背景

ハイパーネットというビジネスモデルの背景（失敗編）

マクロ環境の変化

＊低成長経済
＊デフレ経済～売れない時代
＊ベンチャー企業支援の風が吹き始めた
＊インターネットの普及に注目が浴び始めた
＊パソコンの出荷台数も伸び始めた
＊アメリカの株式が大きく伸び始めた

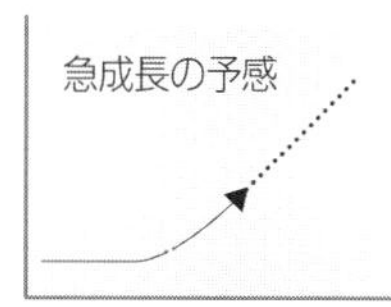

ハイパーネット

業界環境＆市場環境の変化

＊低価格化
＊規制緩和の推進
＊異業種からの市場参画
＊商品サイクルの短命化
＊ブランド力の差が企業力の差になっていく
＊1:1マーケティングでの個客の囲い込みのはじまり
＊市場間競争の激化
＊色々なオンラインショッピングモールの実験スタート
＊インターネットの概念がビジネスの中にもやっと浸透
＊インターネットは単なる流行という議論あり
＊大手企業がインターネットビジネスを実験化

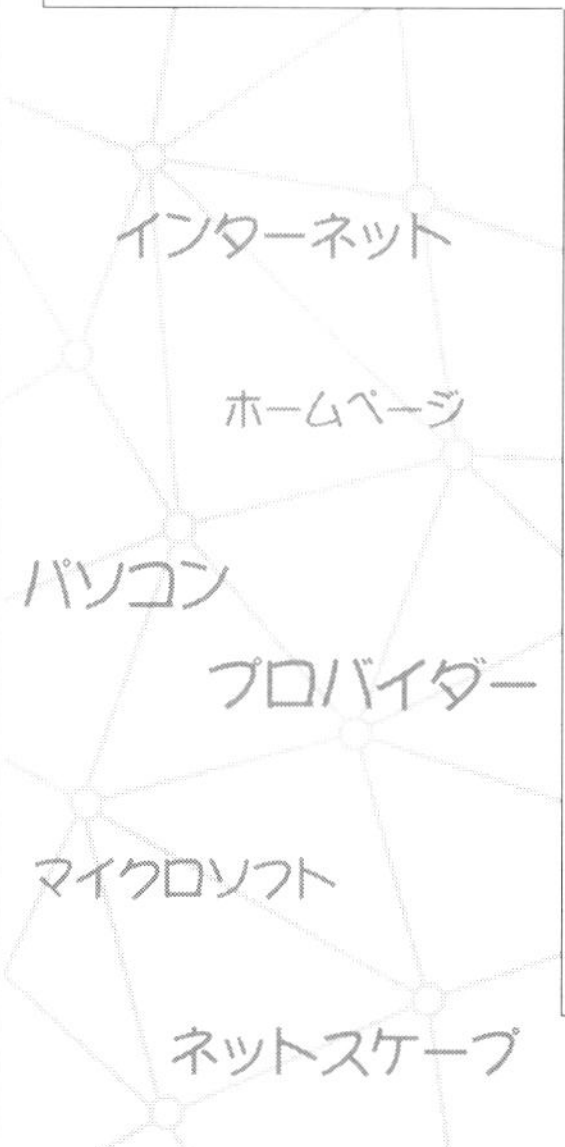

早すぎたビジネスの立ち上げ！

ハイパーネットはアイデア抜群！ が、変化を先取りすぎた。2年早かった。タイミングが悪かったみたいにインターネットの存在そのものが、意識されなくなってきている。

1年早いのではなく、2年早かった。サービス開始が、98年の秋〜99年の初頭だったら、かなりの大きなインパクトがあっただろう。銀行から間接金融で借入金を借りることなく、ベンチャーキャピタルが、より多く群がっただろう。実際、ハイパーネット自体にもかなりのベンチャーキャピタルや金融機関が群がった。しかし、直接金融の投資ではなく、間接金融の借入金のほうが、結果的に多かったのだ。

セカンダリデータ（既存データ）を見ただけでも、ハイパーネットのアイデアが早すぎることはわかるものだったろう。

マクロ環境の変化、市場環境＆業界環境の変化、社内環境の変化という3つの切り口でのビジネスモデルのアイデアの整理が、どれだけ大切かは、ご理解いただけただろう。

第2章

ビジネスモデル・コンセプトを仮説化する

1

ターゲットを明確にする

ビジネスモデルでの失敗は、
このターゲット設定の甘さによるところが
大きい。仮説化のスタートだ。

◎ターゲットを決めてから商品・サービスは固まっていく

企画会議で「今回の新しいインテリア雑貨シリーズのビジネスは、どんなターゲットを意識しているの？」と、G社の女性の事業企画部長は、若手の男性企画マンに質問した。

企画マン「20代ＯＬです」

事業企画部長「では、その女性は、どこに住んでいるの？ どんな雑誌読んでいるの？ 年収はいくら？ どんな仕事しているの？ 恋人はどんな人？ どんな音楽を聴いているの？ お酒は飲めるの？ 趣味は何？ お気に入りのブランドは？ 買い物はいつもどこに行くの？」

企画マン「いや、そんなこと言われても、これから新しいビジネスをインターネットで始めようとしているのに、わからないですよ。だから、市場調査をやろうと思っているんですが……」

事業企画部長「ＦＢＩ捜査官になれっていつも言っているでしょ！ プロファイルよ。ターゲットが20代のＯＬだけじゃ、そのあとが続かない。企業側は生活者をマスでとらえるけど、お客様はこちらをひとつの商品・ひとつのブランド・ひとつの企業で見るのよ。企業も、お客様をマスで見ないで、個人で見なきゃだめ。あなたどこに住んでいるの？」

企画マン「田園都市線のたまプラーザです」

事業企画部長「私は柴又。じゃ聞くけど、たまプラーザに住んでいる外資系企業でマーケティング企画をやっている女性と柴又に住んでいる中堅ゼネコンの庶務課のＯＬと、どっちがうちのターゲットなの？」

企画マン「そりゃ、うちのそばに住んでいる女性ですよ」

事業企画部長「でも、柴又の娘の家が、大きな地主のお嬢さんで、乗っている車がＳ２０００とｓｍａｒｔだったら？」

企画マン「・・・・・・・」

ビジネスのテーマにもよるが、できるだけターゲットは、ある特定の個人、ある特定の企業をイメージしたほうがいい。これを「プロファイル化」という。Ｂ２Ｂのビジネスにおいても、やはりメインターゲットのイメージをシンボリック化して特定化するべきだ。

とくに、Ｂ２Ｃという一般生活者へのビジネスであればあるほど、個人の価値観・ライフスタイルが大きな意味をもつことになる。プロファイル化は大きく、

①属性（年齢・性別・年収・家族構成・職業・学歴など）

②ライフスタイル（趣味・購買行動特性・嗜好品・購読雑誌・所有商品など）

この２つに分類できる。

左ページのターゲット・ピラミッドとは、シンボリックなメインターゲット、その次に重要と設定したサブターゲット、そしてその下にあるボリュームターゲットグループを意味する。プロファイリングを体系化したもので、商品・サービスなどを含む、ビジネスモデル・コンセプトを仮説化する前提になるものである。

ターゲット・セグメンテーションは軸が命だ

ターゲット・セグメンテーションという言葉は、かなり一般的になっているので、もはや説明はいらないだろう。セグメントとは、「区分する・グループ化する」という意味だ。既存顧客を購買量・購買金額でセグメントするのは、79ページの図のようなＡＢＣ分析と言われる。この分析でＡ／Ｂ／Ｃ／Ｄ／Ｅ……と分類されたグループをクラスターという。したがって「ターゲットを5つのクラスターにセグメントする！」といった使い方になる。

Ｒｅｃｅｎｃｙ（最近の購買日）のＲ、Ｆｒｅｑｕｅｎｃｙ（購買の頻度）のＦ、Ｍｏｎｅｔａｒｙ（購買金額）のＭの3文字のＲＦＭ分析というのもある。ＣＲＭ（Ｃｕｓｔｏｍｅｒ　Ｒｅｌａｔｉｏｎｓｈｉｐ　Ｍａｎａｇｅｍｅｎｔ）戦略を構築する際の分析手法だ。

Ｒを5段階、Ｆを5段階、Ｍを5段階に分ける。すると（１・１・１）から（５・５・５）までのセルが１２５できる。そのなかにそれぞれの顧客をセグメントしていけば、１２５クラスターの顧客グループができる。で、それぞれの購買特性と効果的プロモーションを考えるといった使い方になる。３段

ターゲット・ピラミッド

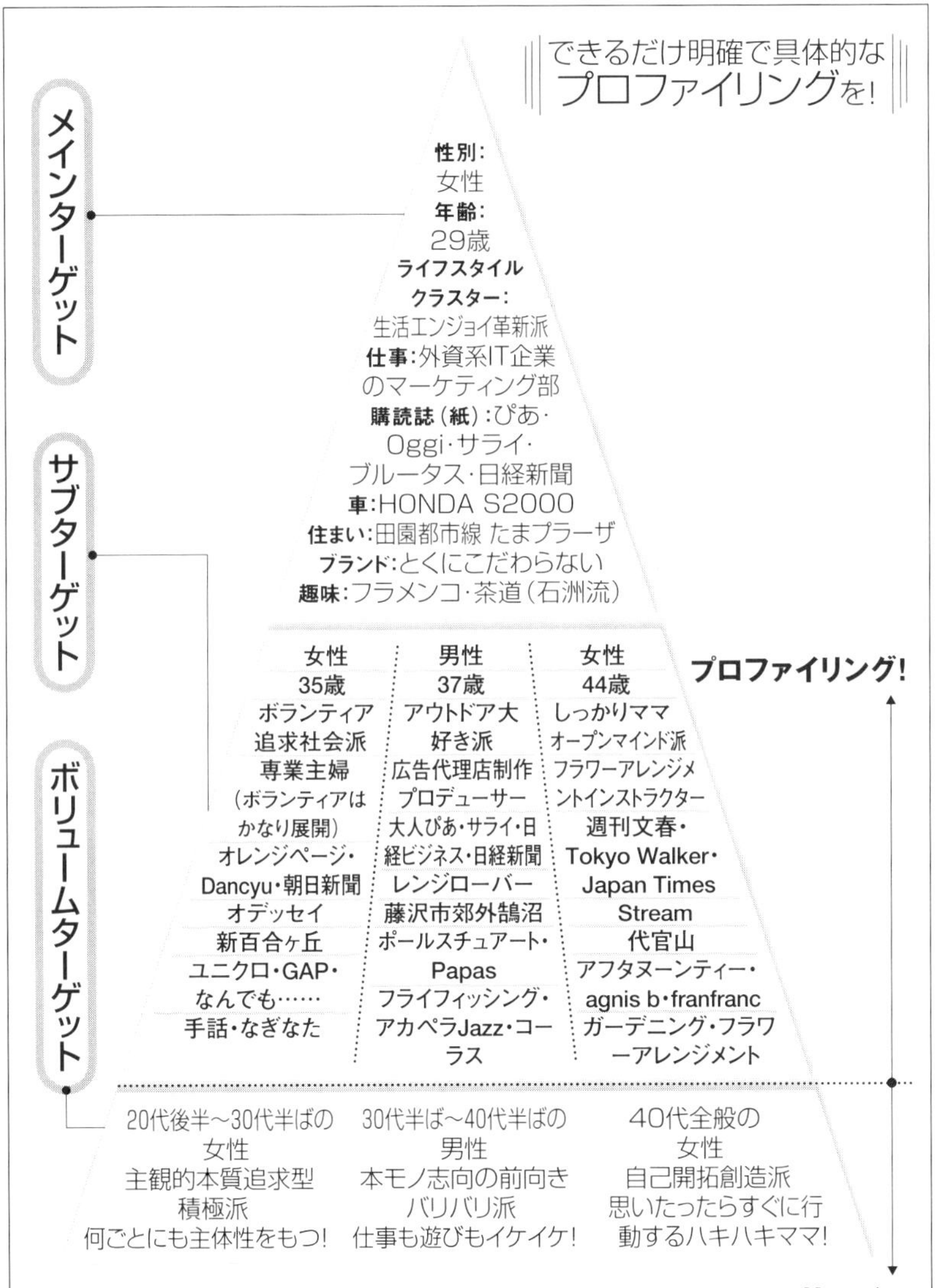
できるだけ明確で具体的なプロファイリングを!
メインターゲット
サブターゲット
ボリュームターゲット
性別:女性
年齢:29歳
ライフスタイルクラスター:生活エンジョイ革新派
仕事:外資系IT企業のマーケティング部
購読誌(紙):ぴあ・Oggi・サライ・ブルータス・日経新聞
車:HONDA S2000
住まい:田園都市線 たまプラーザ
ブランド:とくにこだわらない
趣味:フラメンコ・茶道(石洲流)
女性
35歳
ボランティア追求社会派
専業主婦(ボランティアはかなり展開)
オレンジページ・Dancyu・朝日新聞
オデッセイ
新百合ヶ丘
ユニクロ・GAP・なんでも……
手話・なぎなた
男性
37歳
アウトドア大好き派
広告代理店制作プロデューサー
大人ぴあ・サライ・日経ビジネス・日経新聞
レンジローバー
藤沢市郊外鵠沼
ポールスチュアート・Papas
フライフィッシング・アカペラJazz・コーラス
女性
44歳
しっかりママ
オープンマインド派
フラワーアレンジメントインストラクター
週刊文春・Tokyo Walker・Japan Times Stream
代官山
アフタヌーンティー・agnis b・franfranc
ガーデニング・フラワーアレンジメント
プロファイリング!
20代後半~30代半ばの女性
主観的本質追求型積極派
何ごとにも主体性をもつ!
30代半ば~40代半ばの男性
本モノ志向の前向きバリバリ派
仕事も遊びもイケイケ!
40代全般の女性
自己開拓創造派
思いたったらすぐに行動するハキハキママ!
属性レベルでもOK!

ターゲット・ピラミッドは、具体的なプロファイルが極めて重要。FBI捜査官たれ!

階ずつにすれば、27クラスターとなる。

ＲＦＭ分析は、要は、ＡＢＣ分析の応用バージョンだ。「最近買った人は誰？」「頻繁に買った人は誰？」「たくさん買った人は誰？」――毎日、たくさんの商品を買ってくれる人こそ、大切なＡランクのお客さんとなる。たまにしか来ないけどどーんと買ってくれる人も、大切なＡランクのお客さんだ。こういった分類もターゲット・セグメンテーションだ。

ＡＢＣ分析・ＲＦＭ分析は、結果によるセグメント化だ。軸は、「購買金額」「購買量」「最近の購買日」「購買の頻度」などである。

一方、新しくビジネスモデルや商品開発・サービス開発をするときには軸の種類が変わる。Ｂ２Ｃのケースなら、前述した「属性」「ライフスタイル」軸となる。たとえば、オンラインショッピングのビジネスであれば、「一般品でいい／貴重品が好き」「単純な機能でいい／凝った機能がいい」「オークションも欲しい／オークションよりもショッピング充実がいい」「非ブランドのほうがいい／著名なブランド品がいい」といった価値観・趣味・嗜好的軸となる。

80ページの図のようにターゲットをセグメントさせる軸がいくつでも考えられる。

自動車であれば、「車は道具／車は自分の表現」「アウトドア志向／スポーツ志向」「ファミリー志向／ツーシーターのノリノリ志向」「エコ対応へのこだわり／高排気量大好き」――といった軸になる。

トヨタのヴィッツは、エコ対応へのこだわり志向と車は道具志向のクロスになる商品だ。ホンダのＳ２０００は、スポーツ志向とツーシーターのノリノリ志向になる。同じくホンダのストリームは、車は道具・ファミリー志向・エコ対応へのこだわり志向の組み合わせになる。

ABC分析＆RFM分析

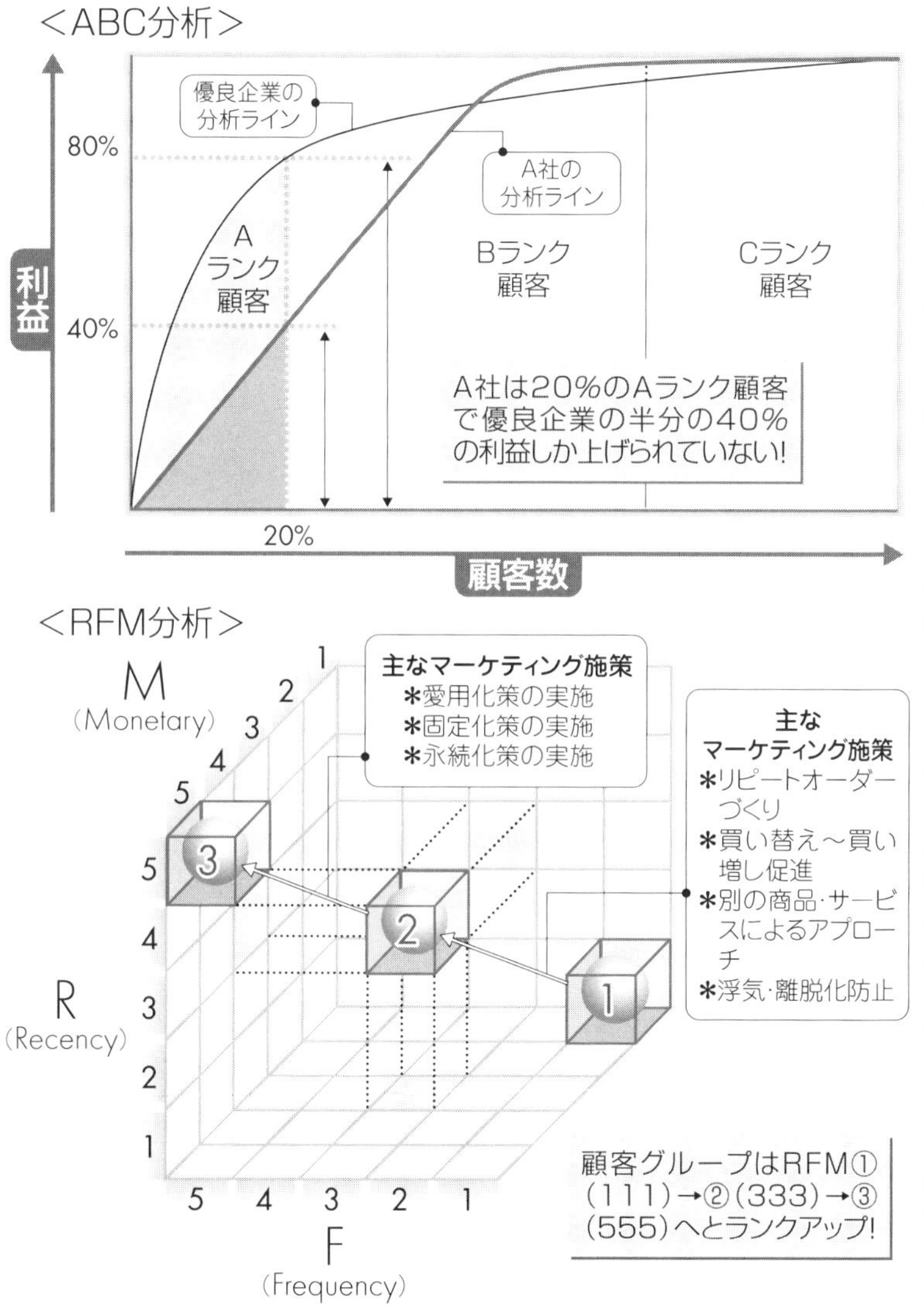

ABC分析もRFM分析も根っこは同じ。いかに重要なユーザを見つけリレーションシップをマネジメントするかだ!

ターゲット軸の色々

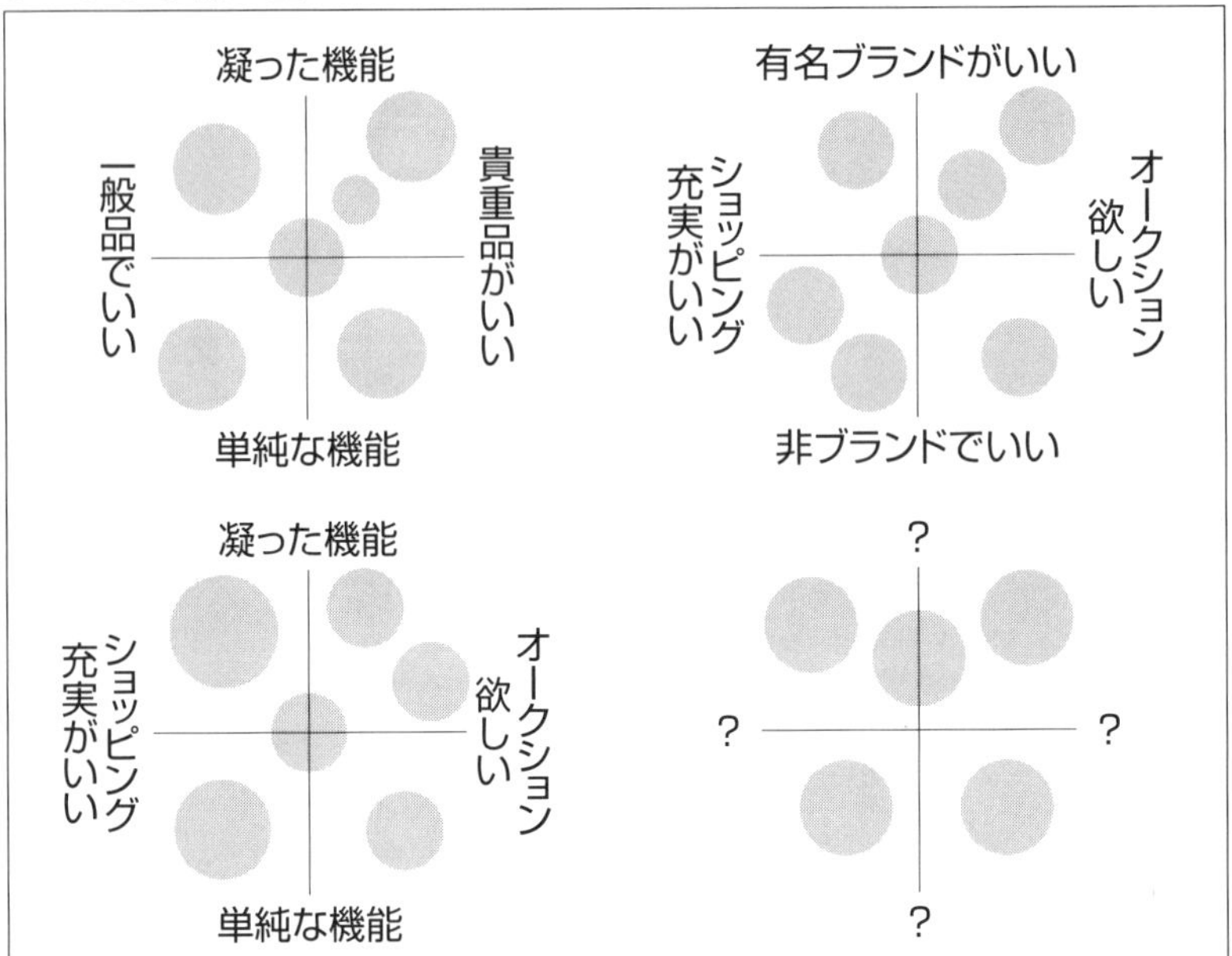

軸の設定はビジネスモデル全体に大きく影響を与えるので、複数の軸を考えたい。アンケート調査での因子分析で、論理的に絞り込む方法もある

価値観・ライフスタイル分析では、歴史と実績があるSRI（スタンフォード・リサーチ・インスティテュート）のVALS（the Values and Lifestyles Program）は、クラスター化の基本として必須事項だ。軸は、左ページの図のように、「主観的価値か客観的価値か」の軸と、「イノベーションパワー・受容先進性・新しいものの受け入れの速さ」の2軸だ。

B2Bのターゲットの際は、

◎規模（売上・資本金・従業員数・利益・拠点数など）

◎業種（製造業・小売業・その他流通業・金融・公共など）

◎株式公開（1部上場・2部上場・店頭公開・ジャスダック・マ

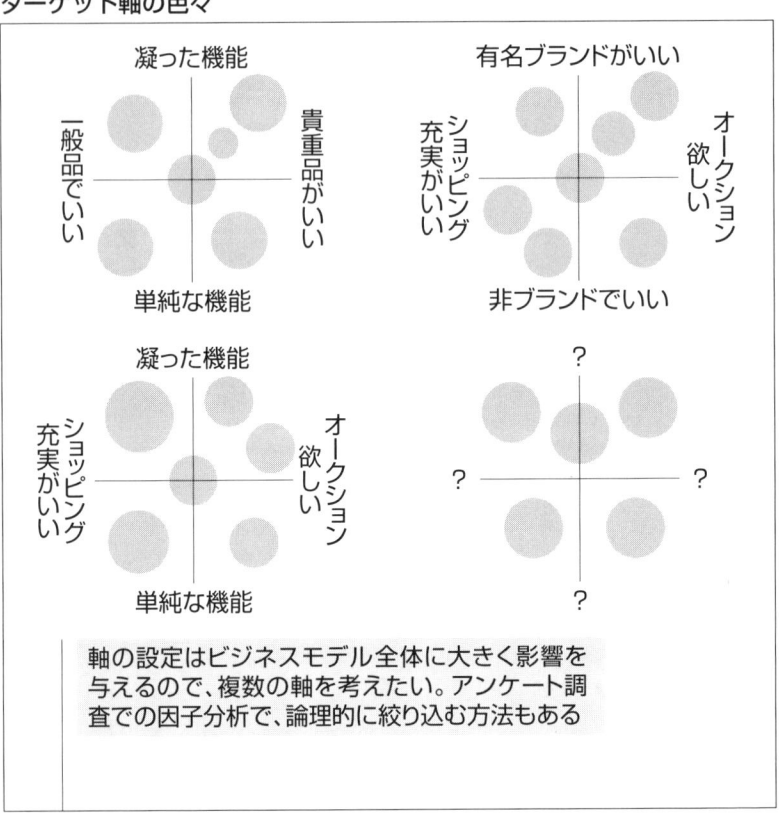

価値観クラスターの代表例〜
JapanVALS（SRI）

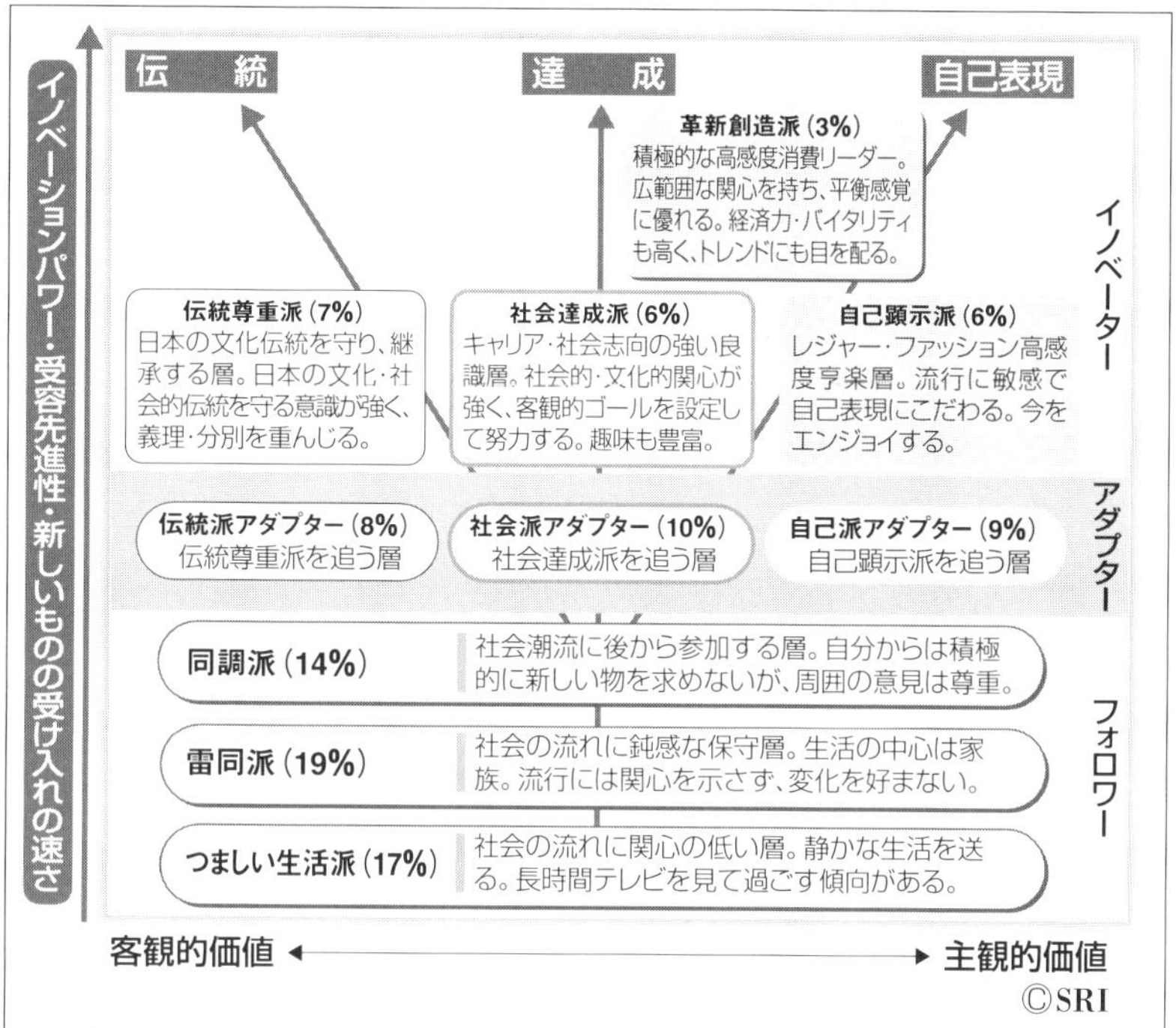
イノベーションパワー・受容先進性・新しいものの受け入れの速さ
伝　統
達　成
自己表現
革新創造派（3%）
積極的な高感度消費リーダー。広範囲な関心を持ち、平衡感覚に優れる。経済力・バイタリティも高く、トレンドにも目を配る。
伝統尊重派（7%）
日本の文化伝統を守り、継承する層。日本の文化・社会的伝統を守る意識が強く、義理・分別を重んじる。
社会達成派（6%）
キャリア・社会志向の強い良識層。社会的・文化的関心が強く、客観的ゴールを設定して努力する。趣味も豊富。
自己顕示派（6%）
レジャー・ファッション高感度享楽層。流行に敏感で自己表現にこだわる。今をエンジョイする。
イノベーター
伝統派アダプター（8%）
伝統尊重派を追う層
社会派アダプター（10%）
社会達成派を追う層
自己派アダプター（9%）
自己顕示派を追う層
アダプター
同調派（14%）
社会潮流に後から参加する層。自分からは積極的に新しい物を求めないが、周囲の意見は尊重。
雷同派（19%）
社会の流れに鈍感な保守層。生活の中心は家族。流行には関心を示さず、変化を好まない。
つましい生活派（17%）
社会の流れに関心の低い層。静かな生活を送る。長時間テレビを見て過ごす傾向がある。
フォロワー
客観的価値
主観的価値
©SRI

価値観クラスターの世界的代表例なので軸は押さえておきたい

© SRI=Stanford Research Institute

ザーズ・非公開など）

◎オーナー企業（完全オーナー企業・部分オーナー企業・非オーナー企業など）

◎系列（純粋系列・部分系列・非系列など）

◎エリア（大陸・国・都道府県・市区町村など）

　といった比較的属性的な分類が、一般的だ。ほとんどが、規模・業種・エリアの3要素での分類である。しかし中には、業界ナンバー1・ナンバー2といったセグメントの仕方や、情報リテラシー度が高い・低い、ブランド力がある・ないといった属性的なものより、企業独自の文化・価値観的なものの軸もある。

しかし、このような文化・価値観的なものは、Ｂ２Ｂはもちろん、Ｂ２Ｃもなかなか、実際のターゲット・セグメンテーションとしては、使いにくい。ＶＡＬＳでいうところの「積極的な高感度消費リーダーで広範囲の関心を持つ、アウトドア志向で車にこだわりのある40代。家族が5人の年収１０００万円以上の人」を探せと言われても、どこにもそのリストはない。

クレジット会社の申し込みには、年収を書くケースがあるから、年収と家族構成だけはわかるけど、趣味・志向はなかなかわからない。しかし、これが、インターネット活用によってはパワーアップされることになる。いくつかのデータが統合されていき、複数のばらばらのアンケートとクレジット会社の与信管理などのデータや、クレジットカードや銀行のデビットカード、自動引き落としの利用明細が、すべて一気通貫されるとその人は、間違いなくすべての行動が、把握されてしまう。

プライバシーの守秘義務でなかなか統合されないだろうが、「どうせばらばらとしたプッシュメールやメルマガが来るんだったら、どうぞ！」という人もいるだろう。このような動きも出てきているのは、たしかだ。「クロスオプトイン」「クロスパーミッション」という考え方だ。いわば、各種のデータから、個人を特定するスーパープロファイリングということになる。

2 ベネフィット&ソリューションを明確にする

ターゲットにこだわるのは、ベネフィット&ソリューションを明確にするためである。

◎ターゲット設定はベネフィット設定でもある

なぜ、ターゲットにこだわったか。それは、実は、ターゲットのベネフィットを押さえるためだ。ターゲットを押さえるということは、「どういう人が、どういう動機・モチベーションでその商品・サービスを買ってくれるのか？」を把握することになるはずだ。

ターゲットが企業であれば、こちら側（売る側）がその企業にとっての生産性アップ、売上向上、コスト削減といった経営課題のどんな解決（ソリューション）に答えなければならないかを確定しなければならないのだ。つまり、その企業にとってのベネフィットが明確にならなければ、自分たちの商品・サービスを購入してくれない。おつきあいでの商談は、皆無に近くなってきている。

個人顧客のときも同様だ。ターゲットとしてのベネフィットが見えなければ、顧客は食指を動かすことはない。購買行動のスタートは、顧客にとってのベネフィットなのだ。同じ２０００ｃｃならば、１８０万円の車のほうが安いのに、自動車ローンを組んでまで６００万円の車を買う人もいる。求めるべネフィットが違う。前者のベネフィットは、安全に走ること。後者は、見栄が満足できること。「車はしょせん道具。車にお金をかけるのはもったいない」という年収２０００万円の人もいれば、「何よりも車が好きで、自己表現する車を買うためなら借金も辞さない」という年収５００万円の人もいる。同じ車なのに、こうも考え方が違う。つまり、こうもベネフィットが異なるのだ。だから、ターゲットを設定するということは、ベネフィット＆ソリューションを設定するということになるのだ。

◎ソリューションツリーでビジネスモデルを整理する方法

コンサルタントの必須ツールであるロジックツリーを応用した「ソリューションツリー」をご存知だろうか？　ビジネス・アイデア、ビジネスモデル、新商品などのコンセプトを整理するのに便利だ。

実際に、使ってみよう。左ページの図をごらんいただきたい。

Ｄ社の新しいビジネスモデルは、コンビニのキオスク端末用のゲームソフト＆コンピュータソフト＆音源＆大量データ配信である。インターネットでの配信も高速通信を使えば、かなり早くできる。が、今ひとつまだ信頼感がない。このＤ社の配信は、衛星放送ネットワークによって、一度に大容量のコンテンツを同時に他拠点に配信できるものだ。サテライトシャワーというプロジェクト名がついている。

このサテライトシャワーのターゲットは、コンビニのオーナー、そしてコンビニの顧客だ。コンビニのオーナーにとってのソリューションツリーをテーマに考えてみよう。コンビニのオーナーにとっての基本的なニーズは何か。それは、日販（１日の売上）を上げることだ。

ソリューションツリーの例
（コンビニ・オーナーにとっての新キオスク端末の意味）

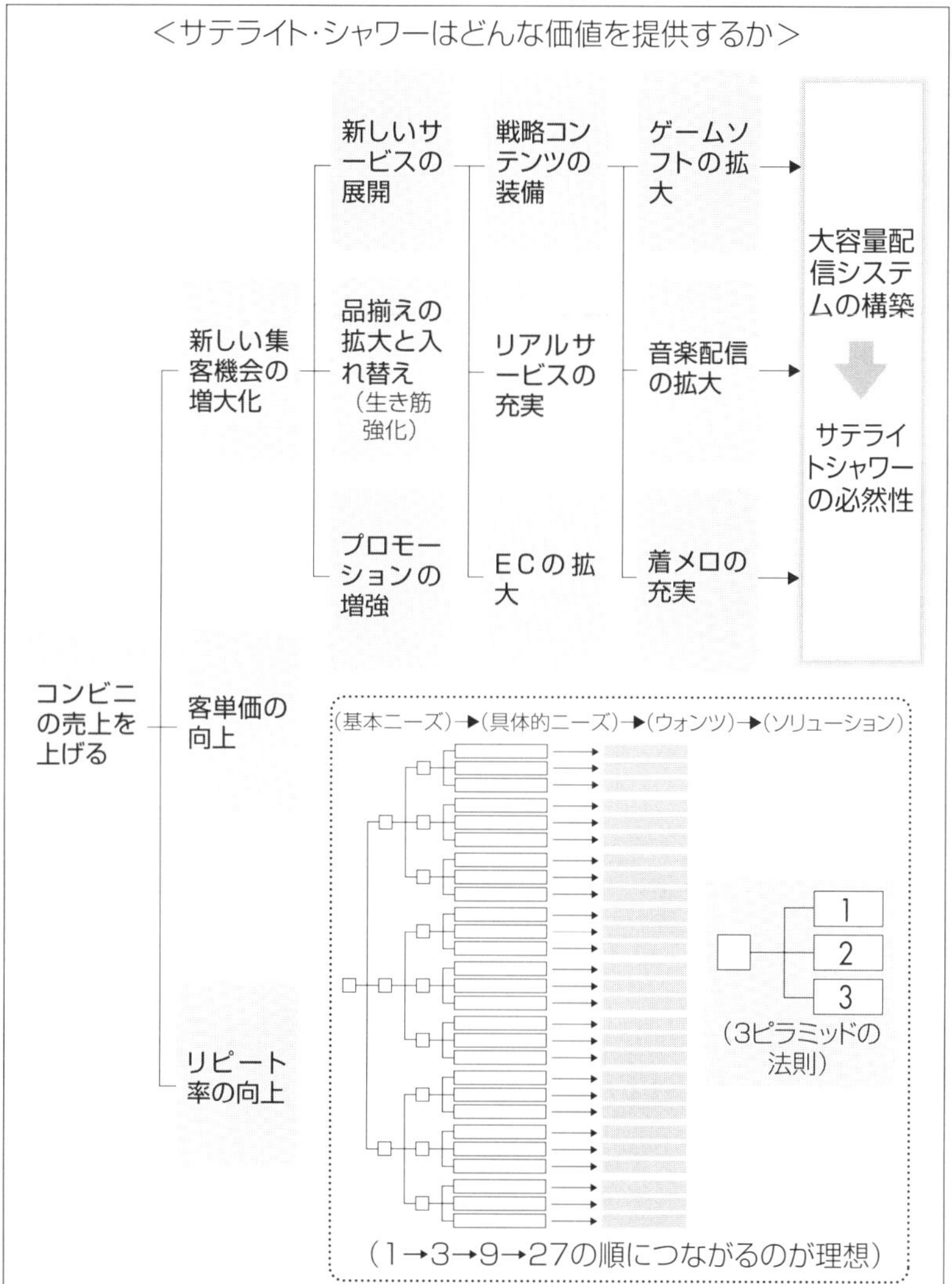

基本ニーズ→具体的ニーズ→ウォンツ→ソリューションの流れ（ピラミッド化～ツリー化）がソリューションツリーである。基本は、ロジックツリー！

では、この基本的ニーズを上げるには、どうするか？ それは、物販での売上を上げる。雑誌の売上を上げる。サービスの取引を増やす。コンビニのキオスク端末での売上を上げる。このように日販を上げるにはいくつかの考え方にブレイクダウンされる。今回は、この最後のキオスク端末での売上を上げることがテーマだ。そこでキオスク端末のサービス・コンテンツを見ると、ホテル・旅館＆旅行・リフト券・アミューズメントパークの入場券・映画の前売り券・イベント＆コンサートの予約＆チケット販売などが中心。そして、オンラインショッピングによる物販全般が、ターゲットになってきた。

パソコンを持っていないティーンズ、ネットワーク環境がよくなく大容量のコンテンツ配信ができないインターネットユーザにも、キオスク端末を使ってもらいたいとコンビニのオーナーは考えている。キオスク端末は高いし、場所もとる。だからこそ、強烈なインパクトのあるコンテンツが必要なのだ。週に3日もコンビニに行く若者にとって、大容量のコンテンツが、短時間に検索でき、即購入できる端末が自在に操作できるようになることは、オーナーにとってもうれしいことだ。客単価が高いからだ。

したがってコンビニのオーナーのソリューションツリーは、基本ニーズから「売上を上げる→新しい集客機会の増大→キオスク端末の活性化→戦略コンテンツの装備→ゲームソフト＆音源をメインにしたコンテンツ配信→大容量の配信システムの構築→サテライトシャワーの展開」といったものになる。

コンビニオーナーにとってのベネフィットは、売上貢献につながる新しい集客機会の設定となり、そのためのソリューションが、戦略コンテンツが装備されたキオスク端末の設置・活用ということになる。〈ターゲット設定＝ベネフィット設定＝ソリューション設定〉といった一連の仮説設定を実施するには、ソリューションツリーといったロジックツリーの応用が便利だ。

3 利用シーンからビジネスモデルの具体的なイメージをつかむ

利用している人、利用している場所、利用の用途といった
利用シーンを具体的に表現すると
ビジネスモデルの概要をよく理解してもらえる。

利用シーンを中心にビジネスモデルを語ると本質が見えてくる

社内ベンチャー制度のなかのビジネスモデル＆ビジネスプラン策定セミナーを担当することが多い。これは、社員の方々のビジネスモデル案をより精緻化し、本当にそのビジネスに可能性があるのか、どのようなビジネスモデルに変えればもっとよくなるか、どのように具体的にマーケティング戦略を展開するかなどをプランにまとめる〝ノウハウ・ドゥハウプログラム〟だ。一般的な知識としての「マーケティングの基礎」「戦略の基礎」「市場調査の方法」「仮説検証サイクルの方法」「事業収支シミュレーションの方法」「ロジカルシンキングとしての各種思考法」「起業家マインド＆スキル」「リスクマネジメント」「会社の興し方」などを、具体的なテーマ（新しいビジネスモデル）で進めていくものだ。

期間は平均的には４カ月。２カ月の短期コースもあれば６カ月の長期コースもある。実際に起業フェーズでの支援も行うというＨＲインスティテュートのコンサルタントがとくに好きなプログラムだ。

このプログラムの際によく受講生にアドバイスするのが、「利用シーンを言ってみて！」「利用シーン

を中心にビジネスや商品・サービスの概要を表現して！」ということだ。パソコンのパッケージソフトにしろ、ゲームソフトにしろ、新しいオンラインショッピングモールにしろ、エコ関連商品にしろ、B2Bのロジスティックスサポート・システムにしろ、「利用シーン」を中心にビジネス、商品・サービスを語るかどうかは、商品・サービスの説明に1分で済むか、20分かかるかの違いが出る。しかも、20分かかって説明されると、ピントがぼやけてしまい、特徴が見えにくくなる。

利用シーンを基本にビジュアルに説明するのが、一番わかりやすい。しかも、ソフトやコンテンツ類であれば、画面イメージが必須だ。モノであれば、モックアップといった、模型でのプレゼンテーションが必要だ。ビジネスモデル&ビジネスプランで大切なのは、より具体的にすることだ。商品・サービスを即、イメージできるようにすることが、フィージビリティ・スタディ（事業の可能性探索研究）をうまく回す初歩になる。言葉や文章で商品・サービスの説明をして、アンケート調査などをやるケースもありえるが、ほとんどその結果は、参考にならない。

テストマーケティングのように、具体的にそのもの・そのサービスを売ってみるのが一番いいからだ。じっと机の上でプランニングしたり、調査をかけたりするのだったら、「とっとと売ってこい！」ということにしている。でも、どうしてもモックアップやプロトタイプをつくるのに、時間とお金がかかるのであれば、そのときは、利用シーンを具体化した説明が不可欠なのだ。

◎――利用シーンには、どんなものが必要なのか？

ＩＴのシステム関連のメンテナンスサポートを中心にしているＷ社のＹさんのビジネスモデル・アイデアは、企業のＨＲ（ヒューマンリソース）業務のアウトソーシング・コーディネートだ。現在では、社員の福利厚生をアウトソーシングする会社や給与計算をしてくれる会社、人事システムの変更と社員の評価までアウトソーシングしてくれる会社がある。

Ｙさんのアイデアは、人事といってもその業務は、かなり広範囲に渡る。人事システム構築、給与・賞与計算、評価、採用、教育、福利厚生、退職金・年金運用・管理、アウトプレースメント（リストラなどで人員削減の時に転職支援をするプログラム）、組合マネジメント、セカンドキャリア・サポート、ボランティア活動支援、各種イベントなどに広がる。ベンチャーを含めた多くの企業が、これらの人事業務のアウトソーシングをしている。が、これらすべてを一括してアウトソーシングしてくれるビジネスパートナーは存在しない。

ワンストップＨＲ（ＯＳ－ＨＲ）という考え方だ。ＯＳ－ＨＲは、クリック＆モルタル。ネットでの受付もあれば、電話・ＦＡＸでの受付もある。必要事項を書き込み（電話で伝えて）、ＨＲカウンセラーが、これらの項目を整理し、最適なアウトソーシング先の候補をリストアップし、クライアント先に行く。そして、そこで深い質問をし、さらにまとめあげる。後日、ＨＲパートナーから企画書を統合して、クライアントにプレゼンテーションする。

アウトソーシングは、原則ネット活用だが、リアルでの対応も行う。ただし、できるだけネット対応にしてもらうことで、Ｗ社の本業の仕事にもっていける。

このビジネスモデル・アイデアの利用シーンを考えてみよう。91ページの図をごらんいただきたい。

◎ターゲット企業のプロフィール（都内に本社がある年商90億円の旅行代理店：社員数１００名）
◎メインターゲットの担当者イメージ：人事部長（年齢43歳・外資系ＨＲ担当からの転職組・社長からの人望は厚い）
◎利用シーンの想定１：受付の状況（ネット入力のケース、電話のケース）
◎利用シーンの想定２：プレゼンテーションの状況
◎利用シーンの想定３：実際のアウトソーシングの活用状況
◎登場人物１：人事課長
◎登場人物２：人事部長
◎登場人物３：人事部のスタッフ
◎ターゲット企業のソリューション（商品・サービス）：給与計算・採用・教育・各種イベントのアウトソーシング
◎ビジネスパートナー：3社

　といった利用シーンがあれば、全体として把握できるだろう。ビジネスモデル・アイデアによって、その内容は異なるが、おおむね次の項目が必要になる。

①メインターゲットとそのプロファイル
②商品・サービス内容＝ソリューション（モノ・画面など）
③ビジネスパートナー
④利用シーンの描写

ワンストップHR（OS−HR）の利用シーン

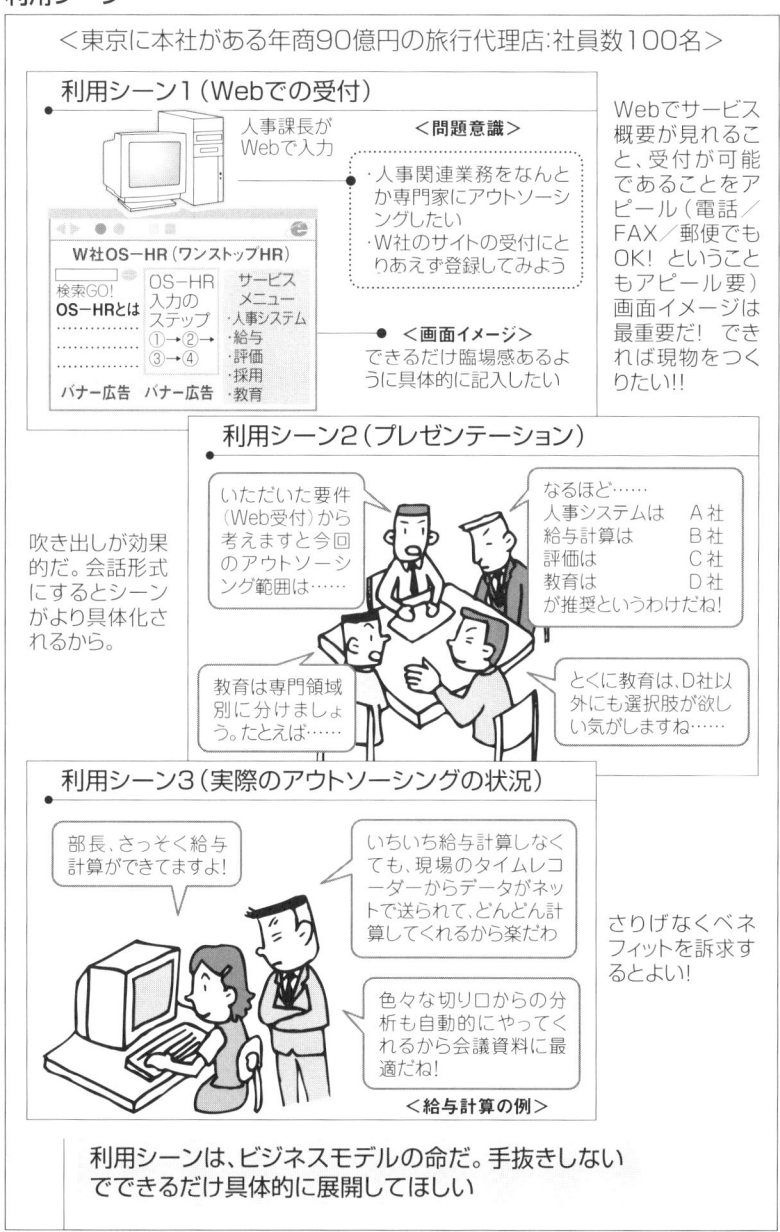

＜東京に本社がある年商90億円の旅行代理店：社員数100名＞

利用シーン1（Webでの受付）

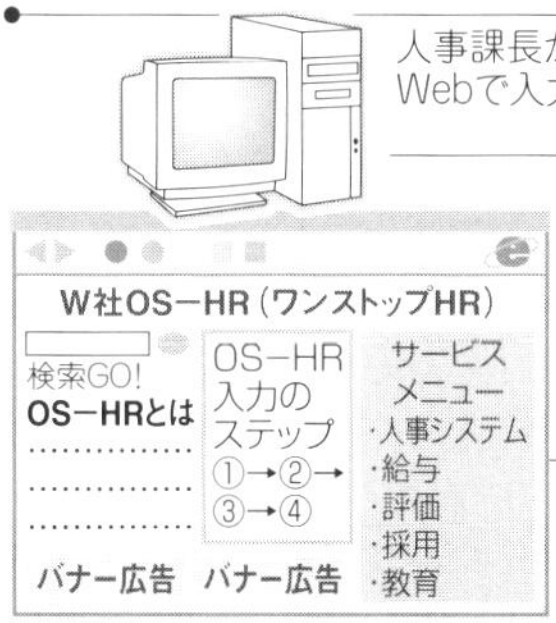
W社OS−HR（ワンストップHR）
検索GO!
OS−HRとは
OS−HR入力のステップ
①→②→③→④
サービスメニュー
・人事システム
・給与
・評価
・採用
・教育
バナー広告
バナー広告

人事課長がWebで入力

＜問題意識＞

・人事関連業務をなんとか専門家にアウトソーシングしたい
・W社のサイトの受付にとりあえず登録してみよう

＜画面イメージ＞
できるだけ臨場感あるように具体的に記入したい

Webでサービス概要が見れること、受付が可能であることをアピール（電話／FAX／郵便でもOK！ということもアピール要）画面イメージは最重要だ！ できれば現物をつくりたい!!

利用シーン2（プレゼンテーション）

いただいた要件（Web受付）から考えますと今回のアウトソーシング範囲は……
なるほど……
人事システムは A社
給与計算は B社
評価は C社
教育は D社
が推奨というわけだね！
教育は専門領域別に分けましょう。たとえば……
とくに教育は、D社以外にも選択肢が欲しい気がしますね……

吹き出しが効果的だ。会話形式にするとシーンがより具体化されるから。

利用シーン3（実際のアウトソーシングの状況）

部長、さっそく給与計算ができてますよ！
いちいち給与計算しなくても、現場のタイムレコーダーからデータがネットで送られて、どんどん計算してくれるから楽だわ
色々な切り口からの分析も自動的にやってくれるから会議資料に最適だね！

＜給与計算の例＞

さりげなくベネフィットを訴求するとよい！

利用シーンは、ビジネスモデルの命だ。手抜きしないでできるだけ具体的に展開してほしい

何を詳細に記述するかは、ケース・バイ・ケースだが、ビジネスモデル＆ビジネスプランの説明を受ける人々の心の内を考えて、その濃淡を決めるべきだ。

前述したが、できればこのときの利用シーンに、具体的なモノ（そのもの・モックアップ）かデザインイメージ（画面イメージなど）を提示していただきたい。説得力が全然違う。

ビジネスモデル＆ビジネスプラン策定は、この利用シーンが原点と言える。ターゲット・セグメンテーション、ソリューション、ベネフィット、コンセプト、戦略体系などがすべて織り込まれるからだ。ある企業のビジネスプラン・プレゼンテーションのとき、この「利用シーンが大切だ！」を何度も連呼したためか、衣装をつけたチームで寸劇を始めたのには驚いた。が、この商品・サービスがどんなものか、即事業本部長は理解できた。

利用シーンを具体的に考え、うまく表現できれば、ビジネスモデル＆ビジネスプランの半分以上ができたようなものだ。

4 ビジネスモデル・コンセプトの仮説を構築する

ビジネスモデル・コンセプトとは、
ビジネスモデルの競争優位性のある特徴・本質を
表現したものである。

◎ビジネスモデル・コンセプトとはいったい何なのか？

コンセプトとは、「概念」ではない。商品コンセプトを考えてもわかる。コンセプトとは、「特徴」なのだ。アサヒビールのスーパードライの商品コンセプトは、その前身でもあったアサヒ〈生〉の「コクキレ（コクがあってキレがある）」だった。単にアメリカンビールのようにすっきりとした喉越し（キレ）だけでなく、ベルギービールのようなコクも同時に併せ持つ。これが、スーパードライの商品コンセプトだった。

当時は、多くの企業のビールや発泡酒が、こぞって「コクキレ」にシフトしていたので、ブランド以外の味覚だけでは、差別化しにくくなっていた。そこで、アサヒビールは、「コクキレ」に「時間」というコンセプト要素をのっけた。

「時間」というのは、時間管理のことで、「ビール工場からいかにユーザの口に早く届けるか？」という意味だ。ビールが一番うまいのは、ビール工場のタンクの給出バルブに直接、口をつけて飲むことだ。

いかに製造日から短期間で飲むかだ。だから、フレッシュレディという女性スタッフたちが、店頭の鮮度管理を担当することに意味があるのだ。

マツダが、バブル期にマツダブランドを隠して販売した「ユーノスロードスター」。ライトスポーツカー。現在は、マツダロードスター。このユーノスロードスターのコンセプトは、「人車一体」。「人馬一体」のもじりだ。実際に乗ってみるとその意味がわかる。コンバーチブルスポーツカーとして屋根を開けて走ると、たしかに風を感じる！ 人車一体になれる。

ただ、ユーノスロードスターは、やや風を感じすぎる。ホンダのS２０００程度の風がいいかなと、ホンダのS２０００のユーザがよく言っている。

◎ビジネスモデル・コンセプトのケース分析

コンセプトは、競争優位性を語るものであり、特徴である。「本質！」と言ってもいい。では、ビジネスモデル・コンセプトとは、何か？

ビジネスモデル・コンセプトとは、左ページの図のように、ビジネス自体のらしさ・ならでは・市場への仕掛けの本質である。楽天市場のビジネスモデル・コンセプトを想定すると、

「日本一の商店主オリエンテッドを基盤とした、超簡単・低家賃オンラインショッピングモール」

となる。日本一は結果だから、コンセプトに入れるのは少々、気が引けるが、ま、大きな要素なのであえて入れた。なんといっても楽天市場の本質は、商店主へのサポート・ソリューションだ。これは、

ビジネスモデル・コンセプトとは何か

コンセプト≠概念

⇩

コンセプト＝差別的優位性を示す特徴

⇩

ビジネスモデル・コンセプト
＝
ビジネス自体のらしさ・ならでは・市場への仕掛けの本質
〜特徴がなければコンセプトではない！〜

楽天市場のビジネスモデル・コンセプト ＞ 日本一の商店主オリエンテッドを基盤とした超簡単・低家賃オンラインショッピングモール

アスクルのビジネスモデル・コンセプト ＞ いつでもどこからでも発注できる超品揃えのMRO（資材調達のアウトソーシング）

デルのビジネスモデル・コンセプト ＞ ユーザが欲しいパソコンを短納期で1:1でつくってくれる

ビジネスモデル・コンセプトとはビジネス自体の本質（エッセンス）を表現したもので、切り口・特徴が明確でなければならない！

はずせない。

明日来るからアスクル。プラス社の1事業部門が急成長し、クリック&モルタルの成功事例では、必ず取り上げられる。Ｂ２Ｂだが、Ｂ２Ｃのイメージがある。それは、商品が事務用品中心というわかりやすいものだからだろう。では、アスクルのビジネスモデル・コンセプトは、何か?

アスクルのビジネスモデル・コンセプトは、

「いつでもどこからでも発注できる超品揃えのＭＲＯ（メンテナンス・リペア&オペレーション）」

となる。ＭＲＯとは、企業の資材調達のアウトソーシングを示す言葉だ。

デルコンピュータは、日本においても急激にそのシェアを伸ばしている。世界ナンバー1の出荷台数を誇るトップメーカーだ。そのデルコンピュータのビジネスモデルは、一般にデル・ダイレクトモデルといわれていた。このデル・ダイレクトモデルのモデルこそが、日本のビジネスモデルブームをつくった。アメリカでは、ビジネスモデル特許をビジネスメソッドパテントと言っている。しかし、日本では、ビジネスメソッドとは言わず、ビジネスモデルと言っている。この原型は、デルのダイレクトモデルのモデルではないかと言われている。デル・ダイレクトモデルのコンセプトは、

「ユーザが欲しいパソコンを短納期で１：１ですぐにつくってくれる」

部品在庫がないデルは、常に新しい最先端の部品を中心に、常に新しい自分だけのパソコンを供給し続けている。ビルト・トゥ・オーダー（ＢＴＯ）というシステムは、デルのビジネスモデル特許だ。「ハードディスクは?」「メモリーは?」「ディスプレイは?」「ＤＶＤドライブは?」……とパーツパーツの注文形式が原則となる。きわめて差別的優位性のあるビジネスモデルであり、わかりやすい特徴だ。

コンセプトは、想定しやすい。

◎どのようにしてビジネスモデル・コンセプトはつくられるべきか?

では、どのようにしてビジネスモデル・コンセプトはつくられるべきか? それは、大きく分けて、

①ターゲット・セグメンテーション設定
②ユーザ・ソリューション設定
③ユーザ・ベネフィット設定
④利用シーン仮説設定

これら4つの要素の統合になる。

89ページののワンストップHRアウトソーシング・ビジネスを例にとって説明していこう。

【ターゲット・セグメンテーション設定】

◎B2B

【重点ターゲットの順番】

◎最初は中堅企業(とくにベンチャーマインドを有した企業)
◎そして大企業
◎そして中小企業(SOHO含む)

【業種】 限定しないが、あえて言えば、

◎ＩＴ関連企業（情報システム・通信・コンテンツ開発）
◎サービス業
◎開発または研究重視の製造メーカー
を主たる戦略ターゲット業種とする。

【ユーザ・ソリューション】

◎ＨＲ業務アウトソーシングによる効率化＆高度化の同時実現

【ユーザ・ベネフィット】

◎最適アウトソーシング・パートナーとの出会いにより戦略的ＨＲの展開が可能に

ユーザ・ソリューションとユーザ・ベネフィットは、かなりだぶる感じになるが、原則として、

ユーザ・ソリューション＞ユーザ・ベネフィット

となり、ユーザ・ソリューションのほうが、より範囲が大きくなり、より抽象的になる。ベネフィットは、便益・プラス面のことだ。したがってよりユーザの心を打つ、よりとんがったものにすべきだ。

利用シーンは91ページで述べたので、ここでは詳説しない。給与計算・採用・教育・各種イベントのアウトソーシングが実現している状況が、利用シーンになる。

で、これらのエッセンスをまとめ上げた特徴こそが、ビジネスモデル・コンセプトになる。このワンストップＨＲのアウトソーシング・ビジネスのコンセプトは、

「戦略的ワンストップＨＲパートナーシップ」

とした。

ビジネスモデル・コンセプトの策定プロセスとツリーのケース

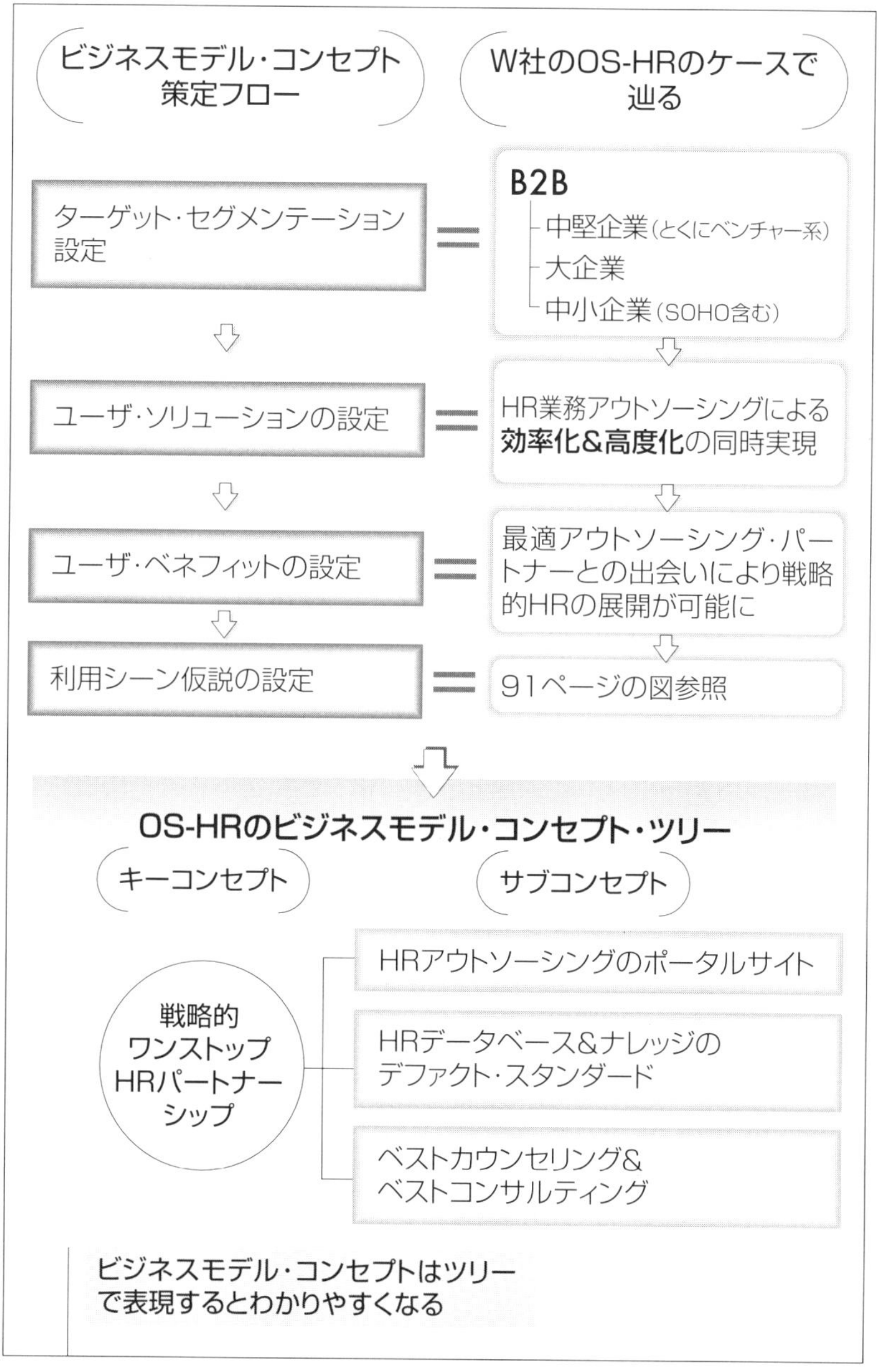
ビジネスモデル・コンセプト策定フロー
W社のOS-HRのケースで辿る
ターゲット・セグメンテーション設定
B2B
中堅企業(とくにベンチャー系)
大企業
中小企業(SOHO含む)
ユーザ・ソリューションの設定
HR業務アウトソーシングによる効率化&高度化の同時実現
ユーザ・ベネフィットの設定
最適アウトソーシング・パートナーとの出会いにより戦略的HRの展開が可能に
利用シーン仮説の設定
91ページの図参照
OS-HRのビジネスモデル・コンセプト・ツリー
キーコンセプト
サブコンセプト
戦略的ワンストップHRパートナーシップ
HRアウトソーシングのポータルサイト
HRデータベース&ナレッジのデファクト・スタンダード
ベストカウンセリング&ベストコンサルティング
ビジネスモデル・コンセプトはツリーで表現するとわかりやすくなる

◎――ビジネスモデル・コンセプト・ツリーで仮説をつくる

このビジネスモデル・コンセプトでは、メインのコンセプト（戦略的ワンストップＨＲパートナーシップ）は、３つのサブコンセプトによって補完されている。そのサブコンセプトとは、

◎ＨＲアウトソーシングのポータルサイト
◎ＨＲデータベース＆ナレッジのデファクト・スタンダード
◎ベストカウンセリング＆ベストコンサルティング

以上の３つだ。これらは、ロジックツリーを使ったビジネスモデル・コンセプト・ツリーが、表現しやすい。メインのコンセプトとサブのコンセプトをツリー構造にするのだ。３つから５つぐらいのサブコンセプトが使いやすい。少なくても、多すぎてもいけない。

ビジネスモデル・コンセプトは、これ以降作業の大きな仮説としての区切りになる。戦略体系を規定する仮説であり、仮説検証すべきテーマの最上位のエッセンスとなる。あくまでコンセプトであるべきで、競争優位性がなければいけないのだ。特徴になっていなければならないのだ。

デルコンピュータのビジネスモデルである「デル・ダイレクトモデル」というビジネスモデル名は、イコール、ビジネスモデル・コンセプトでもある。なかなか奥が深い。

「第１章と２章の仮説をいかに検証していくか」――これが、次の章のタスクとなる。

第3章

コンセプトの仮説を検証する

1

情報収集の方法論

良いビジネスプランは、具体的な仮説と検証で決まる！
仮説検証のレベルや対象によって
必要な情報、集める方法は変わる。

◎仮説があってはじめて調査の意味がある

ビジネスプランは、仮説がないと描けない。良いビジネスプランは、第2章で述べたように仮説がどれだけ練られているかで決まる。調査は、その仮説を練り上げ、検証するためにある。そして、事業開始後も仮説検証をサイクル化して進化していくために、最初の仮説と調査は非常に重要なのだ。

左ページの質問に対する、あなたのビジネスモデルの仮説を答えてみていただきたい。

さて、どこまで明確に答えることができただろうか。調査を始めるに当たって、最低限必要な仮説は、質問1～5。仮説を構築する段階。もう一歩踏み込んで、質問6～7は仮説を練り上げる段階。さらに質問8～9は仮説を検証する段階だ。質問1～5の仮説すらないという場合は、まだ本格的な調査を始める段階になっていない。

仮説は、自分自身が持つ問題意識やコミットメント（当事者意識）から出てくるものだ。調査とまではいかなくても、身近な人との話の中や、日頃目にしている資料やメディア情報などから、仮説は生ま

仮説フォーマット

あなたのビジネスモデル仮説についておうかがいします。以下の質問にお答えください。

質問1 あなたの考えているビジネスモデルが目指しているミッション&ビジョンは?

質問2 あなたの考えているビジネスモデルのターゲットは?

質問3 そのターゲットにどのようなベネフィットを提供するのですか?

質問4 そのベネフィットを実現するためのソリューションは?

質問5 競合はどこ（どんなサービス）ですか?

質問6 競合のビジネスモデルの特徴を3つあげると?
1 2 3

質問7 あなたのビジネスモデルの差別的優位性または強みを3つあげると?
1 2 3

質問8 今後予想される、競合の打ち手を3つあげると?
1 2 3

質問9 あなたのビジネスモデルの今後必要な打ち手を3つあげると?
1 2 3

れてくる。その意味で、質問1〜5は、常日頃から自分自身へ問いかけなくてはいけない。調査会社へ調査を委託しようとする場合でも、質問1〜5を自分たちが客観的に答えるレベルまで仮説を構築しておく必要がある。

①調査に対する仮説（質問1〜5に対する考え）

②仮説を生み出した背景

③背景を説明するための資料・データ

少なくとも、この3つを用意した上で、調査会社へ委託しよう。「まだ何もない」では、有意義な調査もアウトプットも生まれない。できれば、調査自体、自分自身でやるほうがよい。ビジネスの攻めどころは刻々と変化する。いちいち調査会社に委託しても、お金と時間がかかるだけだという認識を持とう。新しい市場を創っていくようなビジネスは、誰も答えを持っていない。新しいビジネスを実践するのはあなた自身なのだ。

◎——はじめに調査スペックを設定する

仮説の項目には37ページで示したように、事業概要、製品（商品・サービス）定義、ターゲット定義、ロードマップ、付帯サービス、販売チャネル、営業スタイルなどさまざまなものがある。これらのうちのどの項目を検証するかで、調査のスペックやビジネスプランへの影響のレベルも変わってくる。調査を始める前に、いま一度、仮説項目ごとに仮説が構築できているかどうか確認する。そして、仮説に応じた調査スペックを設定しよう。

調査を始める前の仮説項目の整理は、「４Ｐ（プロダクト、プライス、プレイス、プロモーション）＋ターゲット」のフレームを使って行うとわかりやすい。多くの場合、ビジネスプラン策定に向けた仮説項目は、このフレームの中に入ってくる。

調査スペックは、次のようなフレームで行うともっとも効果が高い調査ができる。

①セカンダリデータを収集する
②有識者または競合にインタビューする
③アンケート調査

④アンケート調査結果からの個別デプスインタビュー

①はセカンダリデータ、②～④はプライマリデータの収集ということになる。最初の仮説検証項目がどのレベル、どの項目になるかで、①～④それぞれの重点ポイントが変わってくる。

たとえば、製品（商品・サービス）の定義はすでに決まっていて、付帯サービスや販売チャネル、ターゲットが明確でないという場合は、①や②は比較的軽めに済ませて（基本事項をチェックする程度にして）、アンケート調査やデプスインタビューに力を入れよう。製品（商品・サービス）自体の定義が決まっていない、ターゲットも定まっていないという場合は、①と②に徹底的に力を入れよう。

大枠の重点ポイントが定まったら、106ページの図のようにそれぞれの調査にかける時間（スケジュール）、サンプル数、コストを設定しよう。調査はスペックが命だ。調査を始める前には必ず、「ムリ、ムダ、ムラ」のないスペックを煮詰めておく。そして、徹底してスケジュール管理を行うようにする。サンプル数が少し足りないとか、データが足りないということで、多少の延期もありえるが、いったんはスケジュールどおり進めて、足りないものは後で補足するという形で進めることが大切だ。そのほうがかえってクオリティの高い調査ができる。

◎セカンダリデータが仮説検証の第1歩

仮説検証を実施する段階で大切なのが、セカンダリデータだ。セカンダリデータには、107ページの図のように、「内部情報源」と「外部情報源」の2種類がある。新規ビジネスでは、2つのうち、外部情

仮説策定のための調査スペック・スケジュール設定例

＜仮説&調査スペック例＞

調査項目＼調査方法	検証すべき仮説内容	セカンダリデータ	有識者&競合インタビュー	アンケート調査	デプスインタビュー
ターゲット（市場／ベネフィット）の絞り込み	市場規模	○○統計資料	有識者インタビュー 3名 ○○業界リサーチャー 雑誌○○記者 : 電話インタビュー	エンドユーザアンケート ○○会員 メール法 2000サンプル（回収見込み20％）	－
	ターゲット像	－			－
	ベネフィット	競合資料 ホームページ パンフレット サービス資料 専門情報誌 統計資料 ウェブ検索情報 その他	競合インタビュー ベンチマーク 10社 訪問&電話 による インタビュー		エンドユーザ 電話インタビュー 20サンプル アンケート回答者 ポジティブ派 10サンプル ニュートラル派 5サンプル ネガティブ派 5サンプル
商品・サービススペックの絞り込み	ユーザインターフェース				
	サービス機能（システム）				
	サービス機能（業務）				
価格帯（価格意識）	サービスA 価格帯				
	サービスB 価格帯				
	サービスC 価格帯				
チャネル（パートナー）の選定	コンテンツ開発			パートナー アンケート ダイヤモンド 職員録 郵送法 4000 サンプル（回収見込み5％）	パートナー 電話 インタビュー 10サンプル アンケート 回答者
	アフィリエイツ				
	システム開発				
プロモーション方法&効果	プロモーション方法	専門誌	－		
	PV効果測定方法	－	－		
	コスト	－	－		

仮説内容に応じて調査項目を変える 基本はターゲット＋4P

仮説検証をどのような調査で行うか事前にスペックを規定する

＜実施スケジュール＞

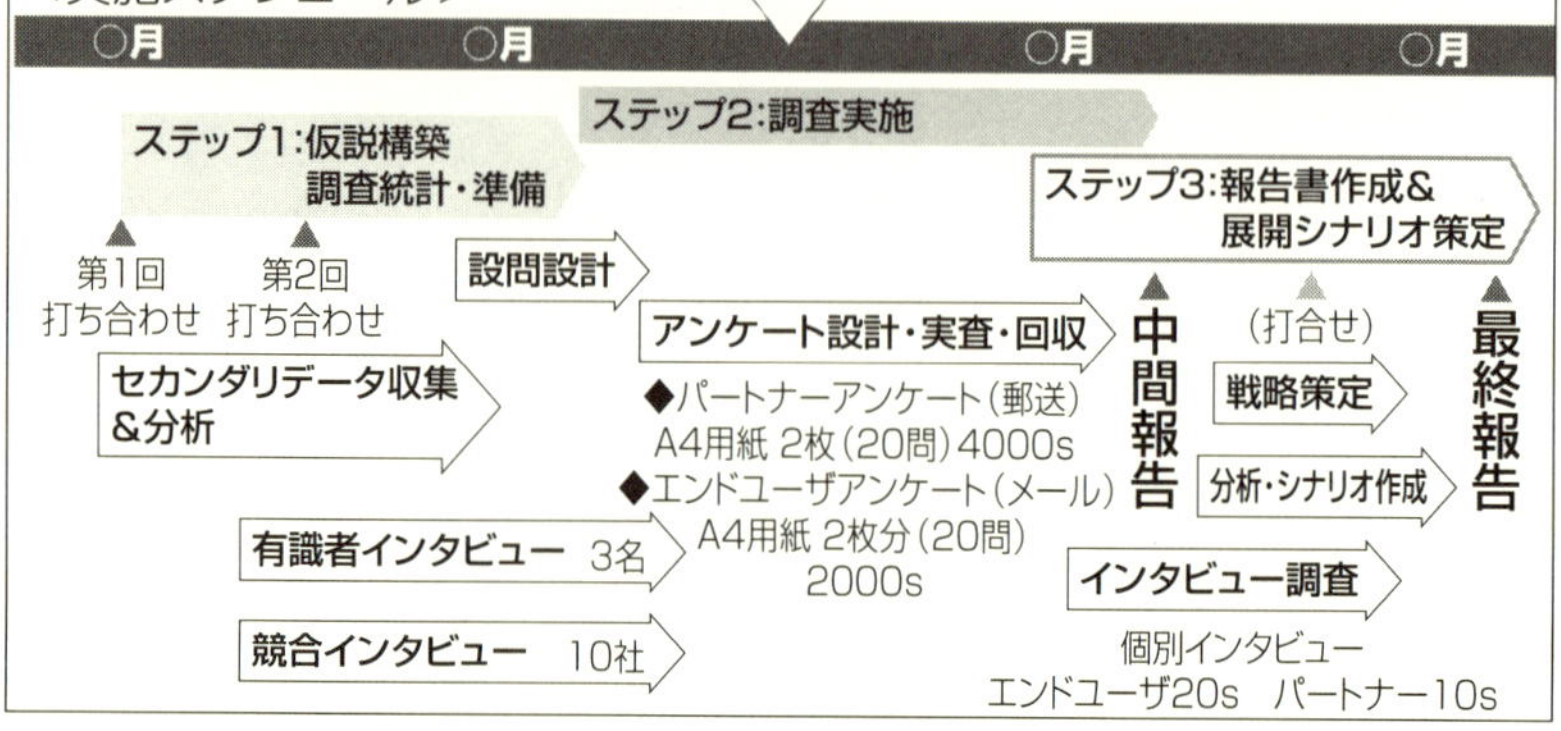

セカンダリデータには
どのようなものがあるか

＜セカンダリデータの種類＞

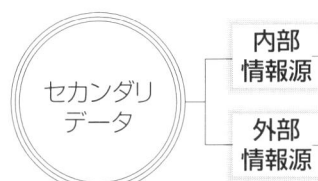

セカンダリデータ

- **内部情報源** ● 経営計画書／有価証券報告書／財務諸表分析／営業実績報告書／既存の調査報告書（クレーム分析報告書・顧客満足度調査…）など
- **外部情報源** ● 政府刊行物／定期刊行物／書籍／業界団体の資料／マーケティング関連機関の資料／大学・研究機関・財団のOBなど

＜ネットリサーチでのお役立ちサイト＞

●マクロ環境情報

統計情報リンク…… http://www.stat.go.jp
国民生活白書・経済白書・世界経済白書・法人企業動向調査・消費者動向調査ほか…… http://www.cao.go.jp
政府資料&各省白書…… http://www.kantei.go.jp
一橋大学経済研究所…… http://www.ier.hit-u.ac.jp
NBER（The National Bureau of Economic Research）Data集 http://www.nber.org/data.ht
THE21…… http://www.php.co.jp/THE21
電猫…… http://www.flyboar.com/neco
ビジネスマン最強リンク集…… http://www.intelnet-jp.com/BISILINK/in

●業界・市場環境情報

商業統計・工業統計・業界別統計速報…… http://www.meti.go.jp
矢野経済研究所…… http://www.yano.co.jp
キーマンズ・ネット…… http://www.keyman.or.jp
BizTech…… http://www.nikkeibp.co.jp/ns
ビジネス情報イエローページ…… http://www.b-b-b.com/business/bus
ウォールストリートサマリー…… http://interactive.wsj.com

●企業情報

上場企業各種資料…… http://www.tse.or.jp
店頭公開企業各種資料…… http://www.jsda.or.jp/index
帝国データバンク…… http://www.tdb.co.jp
NRI野村総合研究所…… http://www.nri.co.jp
Business Research Guide…… http://www.mdb-web.ne.jp/brguide/i
日経新聞決算データ…… http://port.nikkei.co.jp
ComTrack…… http://comtrack.net
米国上場企業各種資料…… http://www.sec.gov

●情報源（リンク&検索）

政府資料の検索・概要…… http://www.gioss.or.jp
さが新聞記事データベース…… http://www.saga-s.co.jp/ind
全国地方自治体へのリンク…… http://www.nippon-net.ne.jp/j
学校関係リンク…… http://www.gakkou.net
日経ネットブレーン…… http://netbrain.nikkeibp/c
メルマガの図書館…… http://www.lib2.com
NTT DIRECTORY…… http://navi.ocn.ne.jp
Internet Public Library…… http://www.ipl.org
アリアドネ…… http://ariadne.ne.jp

報源からどれだけ情報が得られるかが大切になってくる。ただ集めるだけではなくて、できるだけ効率的に、早く情報を得る必要がある。

　効率的にセカンダリデータを集めるためには、インターネットを最大限活用する。仮説構築の段階で、どれだけ幅広く、かつ深くネットサーフィンしているかで、その後の検証のレベルが大きく変わると考えていい。

　セカンダリデータを集める視点は次の３つ。

①マクロ環境データ
②市場データ
③競合データ

　マクロ環境データや市場データは、新聞や雑誌で十分つかむことができる。しかし、雑誌や新聞の場合、タイミングよくピンとくる情報が得られるかどうかはわからない。そこで、次のプロセスで効率的にデータを収集しよう。

①ビジネスモデルに係わりそうなキーワードを残らずあげる
②ウェブの検索エンジンを立ち上げて、キーワードを検索する
③ヒットした順に、検索結果を10個程度クリックする
④欲しいデータがなければ、〝絞り込み検索〟をする
⑤欲しい情報が得られるまで、①～④を繰り返す

　ウェブで検索した場合、いきなり欲しいデータが掲載されているページにヒットする場合もあれば、

欲しいデータが載っている本や雑誌の紹介ページがヒットする場合、お金を払わなければ得られないページがヒットする場合、まったくヒットしない場合もある。欲しい情報が載っている本や雑誌がヒットした場合は、図書館へ足を運んで、該当する記事をコピーする。有料の場合は、コストを考えて、必要であればお金を払う。ヒットしない場合は、別のキーワードを入力してみる。

また、意外に使えるのが学生の論文だ。最新事例を効果的にまとめているだけでなく、参考データや参考資料リストが使える場合がある。学生論文は、たいていの場合ウェブで検索すればヒットする。あるいは、研究室のページに飛んで、「○○についてまとめた論文はありませんか？」とメールで質問してみるのもよい。たいていの場合、問い合わせアドレスがページに記載されているはずだ。

マクロ環境データや市場データは、時間を限って、とにかく集めまくるというスタンスで臨もう。紙でもウェブページでも何でもよい。細かいデータやうまくまとめるということよりも、マクロ環境や市場が「とにかく動いているぞ！」「○○の方向に向かっているぞ！」という雰囲気をつかむことが大切だ。

競合データの収集では、どこが競合するかを特定する必要がある。その事業や商品を利用者の目で見たときに、似ているなと思われるサービスをウェブで検索してみる。プレステ2はゲーム機だが、利用者は、ゲームのできるＤＶＤ家電と思っているかもしれない。その場合、プレステ2はゲーム機だけでなく、家電も競合になる。利用者の目から見て、利用シーンやベネフィットが近いものは、すべて競合と考えていいのだ。

ビジネスモデルによっては、競合ではなく将来のパートナーになる可能性もありえるし、まったく予想していなかった分野に競合が潜んでいるかもしれないので、このステップは非常に重要だ。

◎セカンダリデータから競合のビジネスモデルをすばやく探る

さらに競合データの収集は、競合のビジネスモデル・コンセプトを見いだすことも大切だ。ある程度までセカンダリデータで探っていこう。セカンダリデータはしっかりと収集し、分析して欲しい。

コンセプトとは差別的優位性や特徴をあらわしたもの。ターゲットやターゲットに対するベネフィット、ベネフィットを生み出すソリューション、事業ドメイン、ビジョンなど、事業の骨格を決めるエッセンスを凝縮したものだ。競合データから、競合の特徴は何かを探る。競合のビジネスモデルに関するセカンダリデータは次のステップで収集する。

①競合のホームページを検索して事業構造、サービスコンセプト、ターゲット像、ベネフィットなどビジネスモデルを探る

②競合のホームページや新聞、雑誌からニュースなど最新動向を拾い出して、競合が何をやろうとしているかを探る

まず競合のホームページを検索する。ホームページがなければ、パンフレットや企業概要などを集めてきてもよい。目的は、彼らの事業構造、サービスコンセプト、ターゲット、ベネフィットなどのビジネスモデルを探ることにある。このときに、自社のビジネスモデルとどう違うか、どこに差別性がありそうかということをユーザの立場から検討しながら見ていく。

セカンダリデータから競合のビジネスモデルを探る

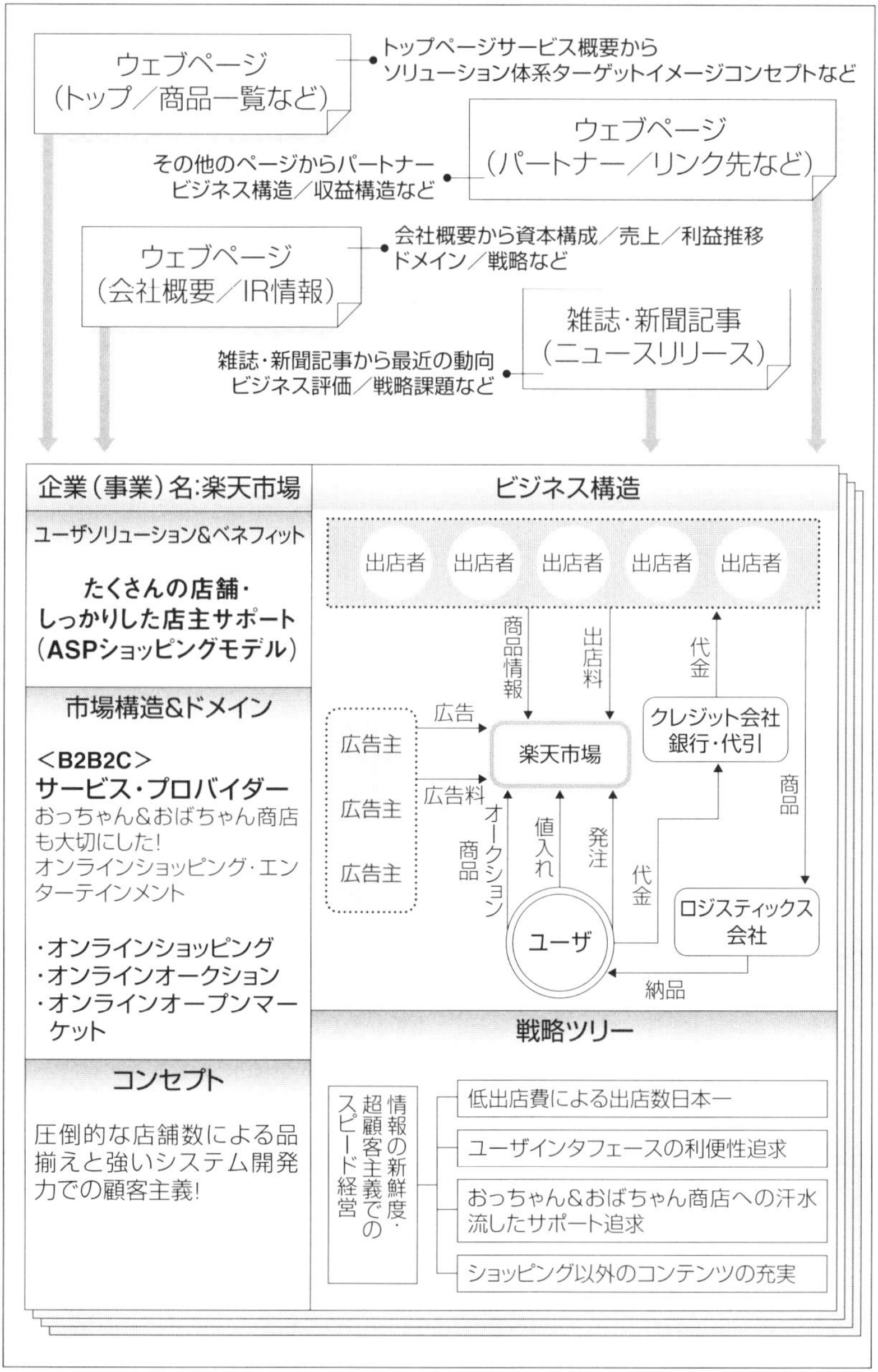

次に最新動向を探る。彼らは何をやろうとしているのか、どのようにビジネスを進化させようとしているのかを探るのだ。図書館で、ビジネス雑誌、関連しそうなカテゴリの専門雑誌、新聞を最近1年間分、片っ端から見ていくのもいいし、ホームページでキーワード検索をすることも有効だ。まず、最初にネットで検索して、ヒットした記事の詳細がわからないときに、その雑誌を図書館でコピーするという方法がもっとも効率的だ。

このステップで大切なのは、競合たちのビジョンやドメインに対する仮説を明確にすること。「あそこは似たようなサービスをやっているけど、うちのサービスはやっていないからな」と安心できない。ビジネスモデルが似ていれば、ドメイン次第で、いつでも同じサービスを開始する可能性は十分にある。

相手が戦略的であれば、こちらが最初に始めたサービスでも、あっという間にターゲットを奪い取られる。逆に、ドメイン次第で、パートナーを組むこともありえる。あそこがやっていないサービスを、うちはやろうとしている。「だったら、手を組んでやれば、お互いＷｉｎ－Ｗｉｎじゃないか」という具合に、思ったよりもいい方向に急展開ということがある。いずれも、他社をよく見て、「我々のビジネスの特徴は何か」ということを客観的に見ることだ。「敵を知って己を知る」孫子の兵法の原則だ。

◎――プライマリデータは現場主義で集めてくる

セカンダリデータが集まり、仮説がある程度構築できてくると、次はその仮説を練り上げていく段階に入る。競合のビジネスの仕組みや、市場からの評価、自分のビジネスモデルの差別的優位性に関する仮説は、セカンダリデータだけでは練り上げることはできない。そこで必要なのが、プライマリデータだ。

プライマリデータは、最初のセカンダリデータで得られた仮説を基に、調査スペックを決めた上で収集を開始する。プライマリデータの収集には、アンケートなどの定量調査とインタビューなどの定性調査の実査といわれるものと、観察、実験という3つの方法がある。この中で、一番多く用いられているのは、実査だ。

プライマリデータ収集の基本は、単なるデータ集めではなくて、現場の感覚、実態を知ることなのだ。プライマリデータが、別名「フィールド・リサーチ」と呼ばれている点だ。プライマリデータの収集ステップは大きく3段階に分かれる。

①セカンダリデータだけでは把握しきれない、競合ビジネスの仕組みや自分のビジネスモデルの方向性をつかむ（有識者インタビュー）
②自分のビジネスモデルに関する仮説を定量的に評価する（アンケート）
③アンケート結果を基に、自分のビジネスモデルの特徴や差別的優位性に関する仮説を定性的に評価する（デプスインタビュー）

調査スペックの例

まず、セカンダリデータで集めてきた雑誌記事や本の執筆者、報告書のリサーチャーなどに対して、業界の動きや競合ビジネスの仕組みなどを、インタビューしてみる。本来は、競合へ直接インタビューすることが望ましいが、なかなかそうはいかない。有識者に対して、競合がどうやってビジネスを行っているか、自分で考えている仮説は正しいかなどについて聞いてみよう。

必ず、事前にインタビューガイドを作成すること。実際にインタビューを行うと、人によって聞くべきポイントや、答えの内容にバラつきが出る。分野ごとに、得意・不得意があるからだ。しかし、聞くべき点を押さえておかないと、後から聞くべきだったと後悔してしまうことになるので気をつけよう。

次に、アンケートで定量的な調査を実施する。これまでのセカンダリデータと有識者インタビューで得られた仮説を基に、アンケートシートを作成する。アンケートを実施する段階では、ある程度ターゲット像、ベネフィット、コンセプトなどに対する仮説が練られていなければならない。アンケートは、これらの仮説を市場に評価してもらい、仮説が正しいか正しくないかを判断する基準づくりになる。

アンケートは、コンセプトを絞り込むための定量的な裏付けが最大の目的だ。コンセプトを確立するための、ターゲット、ベネフィット・ソリューションにかかわる設問項目は必ず入れておこう。

①ターゲットにかかわる設問項目

◎Ｂ２Ｃの場合：性別／年齢層／職業／年収／居住地／家族構成／趣味などの個人にかかわる基本属性

◎Ｂ２Ｂの場合：業種／事業所数／売上規模／ＩＴ導入規模／主なサービスなどの企業または事業にかかわる基本属性

②ベネフィット&ソリューションにかかわる設問項目

◎現状の課題や問題点／どんなサービスがあればよいか／購入（導入）の阻害要因となるものは何かな

プライマリデータは現場でつかむ

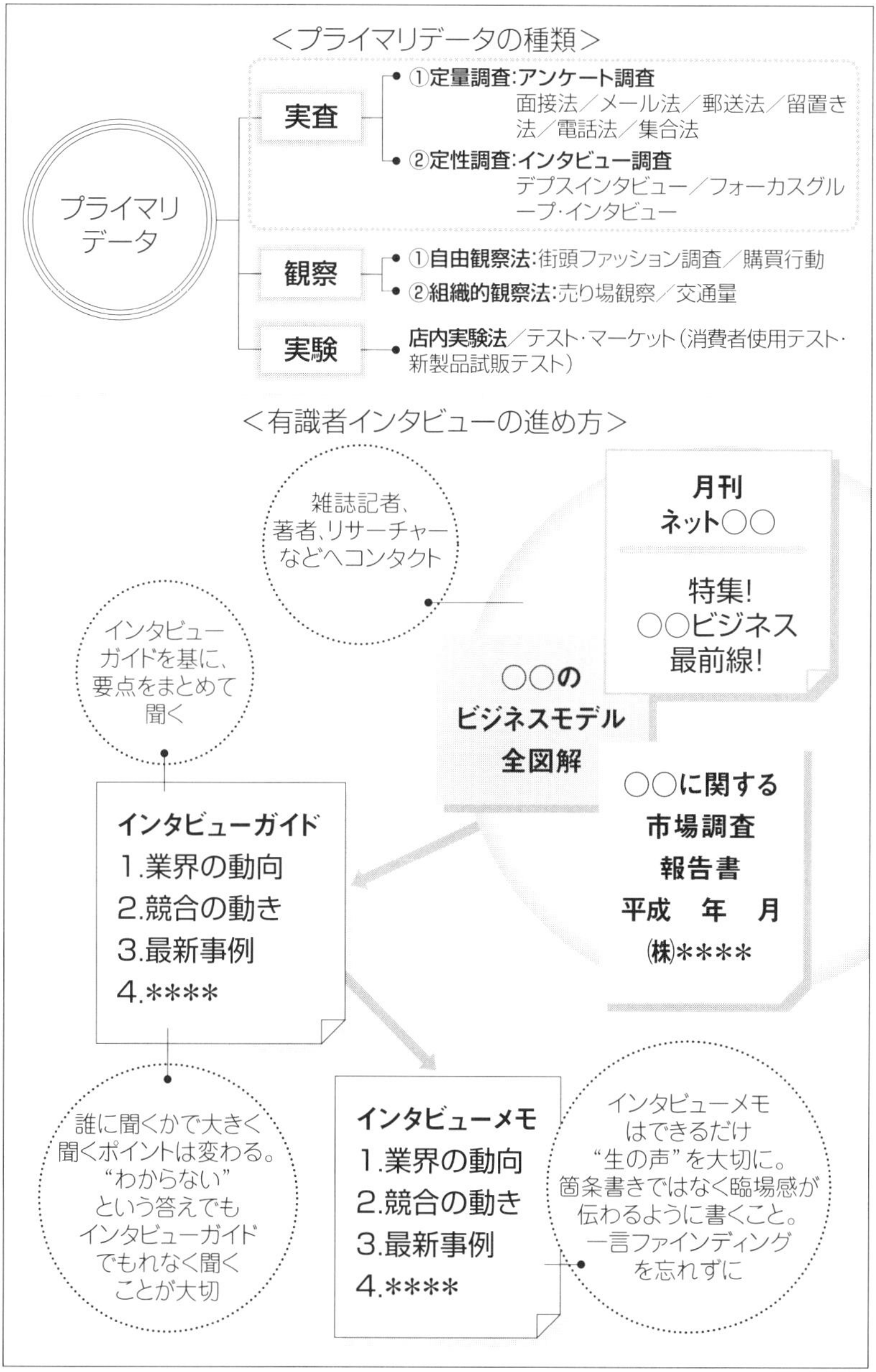

<プライマリデータの種類>
プライマリデータ
実査
①定量調査:アンケート調査
面接法/メール法/郵送法/留置き法/電話法/集合法
②定性調査:インタビュー調査
デプスインタビュー/フォーカスグループ・インタビュー
観察
①自由観察法:街頭ファッション調査/購買行動
②組織的観察法:売り場観察/交通量
実験
店内実験法/テスト・マーケット(消費者使用テスト・新製品試販テスト)
<有識者インタビューの進め方>
雑誌記者、著者、リサーチャーなどへコンタクト
月刊 ネット○○
特集! ○○ビジネス最前線!
○○のビジネスモデル全図解
○○に関する市場調査報告書
平成 年 月
㈱****
インタビューガイドを基に、要点をまとめて聞く
インタビューガイド
1.業界の動向
2.競合の動き
3.最新事例
4.****
誰に聞くかで大きく聞くポイントは変わる。“わからない”という答えでもインタビューガイドでもれなく聞くことが大切
インタビューメモ
1.業界の動向
2.競合の動き
3.最新事例
4.****
インタビューメモはできるだけ“生の声”を大切に。箇条書きではなく臨場感が伝わるように書くこと。一言ファインディングを忘れずに

ど現状にかかわる点
◎サービスの訴求ポイント（メリット）／購入（導入）時期／価格帯／購入の意思決定をする人などサービスにかかわる点
③購入意識にかかわる設問項目
◎「魅力的である」「魅力的でない」「どちらとも言えない」などのサービス評価にかかわる点

さらに、アンケート結果を基に、回答者へデプスインタビューを行う。アンケートだけでは見えない、なぜその回答を選んだかに対する「生の声」を聞くためだ。デプスインタビューの対象は、アンケートの設問に入れた商品やサービスに対して、「魅力的」「どちらでもない」「魅力的でない」のそれぞれの回答者で選ぶと、より客観的な定性データが得られる。

◎——7つのアンケート手法とそれぞれのメリット・デメリット

ここで、アンケートの方法について、少し詳しく見てみよう。アンケート手法には、次のようなものがある。

①郵送法
②ウェブ／メール法
③留置き法
④店頭法

⑤面接法
⑥電話法
⑦集合法　など

一般的に用いられているのは、①の郵送法と②のウェブ／メール法だ。この2つの方法は必ず押さえておこう。ここでは、この2つの方法を詳しく述べることにする。

①の郵送法は、もっとも広い範囲で使われている方法だ。郵送法で必要なアイテムは次のとおり。

1／B5～A4版のアンケート用紙（3つ折り）
2／アンケート用紙が3つ折りで簡単に入る返信用封筒
3／アンケートのお願い／挨拶状
4／1～3のアイテムが楽に入る郵送用封筒

アンケート用紙は、設問数に応じて複数枚になる場合があるが、新規事業を立ち上げるための仮説に対して十分な回答を得るためには、おおむね20～30程度の設問数でA4版2～4枚程度が目安だ。10問以下であれば、往復はがきによる郵送でもよい。

アンケート用紙が3つ折りで簡単に入る返信用の封筒を用意しよう。回答者の返信の手間ができるだけ省かれるように、アンケート用紙はあらかじめ3つ折りにしておき、すぐに返信用封筒に入れられるようにしておこう。

返信用封筒には、あらかじめ切手を貼っておくこと。意外に忘れる点だ。または、郵便局の料金後納方式を申請しておく。ただし、料金後納の場合は、郵便局にあらかじめ一定の保証金を支払う必要があるため、郵送サンプル数が１０００を超えない場合は、切手のほうをお勧めする。

アンケートのお願い文や挨拶状は必ず書くこと。それも心を込めて書こう。挨拶状の中で押さえておくべきポイントには次のようなものがある。

１／何の目的で行うのか
２／どのように回答者を選んでいるか
３／集めた情報をどのように処理するのか
４／返信の締め切りはいつか
５／答えた人へのノベルティは何か　など

郵送用の封筒には、必ず企業名の入ったものを使おう。最初に信頼される郵便物かどうかの問題があるからだ。回収率にも影響を及ぼす。どうしても企業名が入れられない場合は、個人名でも良いから、どこから送られてきたものかを明確にしておくことは、マナーと言える。

郵送法のデメリットは、回収率があまり高くない点と、返ってくるまでに時間がかかる点だ。

郵送法の場合の回答率は、アンケートの内容にもよるが、おおむね3～5％程度と考えていたほうがよい。10％あればたいしたものだ。仮に、１００サンプルの回答が欲しいとすれば、２０００～３０００通の郵送が必要になる。

郵送から返信締め切りまでの期間は、2～3週間程度はとっておく。郵送は早くても1両日かかる。そこから受け取って、回答者が時間を見つけて書くのに時間をとっていないと、回答者に失礼だし、長期出張などで、実際に受け取るのが1週間後ということは十分にありえるからだ。逆に、1カ月以上期間をおいてしまうと、回答者が「まだ先だ」という意識が働いて、忘れられてしまうこともあるので注意しよう。長期間の場合は、「どうですか？」という旨のはがきを追加で出したり、電話をしたりすることも考えておく。

郵送法のメリットは、十分な設問数や概要説明などを掲載できる点と、あまりターゲットの環境に縛られずに回答してもらえる点だ。

設問数は、仮説検証に必要不可欠なものに絞られるべきである。しかし色々な角度から回答してもらうためには、ある程度の設問数は必要だ。また、回答者にイメージしてもらうために、簡単な概要説明を付け加える必要がある。書面であれば、資料としても読めるので相手への負担が比較的少なくて済む。

最近では、eメールやウェブ環境が整っているので、郵送法よりもウェブ法のほうが良いという場合が多くなってきている。しかし、アンケートの送信先が、いつでもメールを読む環境にない場合もあるし、メールアドレスは住所などのデータに比べれば、公になっていない。郵送であれば、相手の環境にあまり左右されずに、手元に確実に届く可能性が高い。

ただ、②のウェブ／メール法は、最近、とくに増えてきているアンケート方法だ。メリットは、次の点だ。

1／瞬時にアンケートが送れる
2／回答者の手間がかからないため回答率が高い
3／集計結果の入力の手間がかからない
4／回答者の属性が比較的明確　など

ウェブ／メール法は郵送法に比べ、コストが低く、集計が早いし効率的だが、回答者がパソコンやモバイルユーザに限られているので、アンケート対象のインターネット環境を十分想定した上で、実施する必要がある。

ウェブ／メールでアンケートを実施する場合は、次の点に注意が必要だ。

1／設問数はできるだけ少なくすること
2／送信元がどこであるかを明確にしておくこと
3／アンケート送信先の属性をあらかじめ確認しておくこと
4／個人情報を得る場合は、厳重なセキュリティ・チェックを行っていることを明記しておくこと
5／回答者には、できるだけ早く、受け取りの御礼メールを送信すること

設問数はできるだけ少なくする。メールやウェブの場合、簡単に回答できる分、設問数が多くなると、「まだあるのか、もういいや」と無視される可能性が高くなる。要点を絞った設問を心がけよう。

ウェブとメールで大きく異なるのは、2の送信元の信頼性と3の送信先の属性である。ウェブの場合、ある特定のホームページにアンケートが掲載されるので、比較的信頼性は、あらかじめ確保されていると言える。逆に、メールの場合は、どこから送られてきたのか、どうやってメールアドレスを把握したかの表記がないと、すぐにスパムメールとして削除されてしまう。メールアンケートの場合は、受信者からの信頼性を損なわないよう、細心の注意が必要になる。ｉＭｉネット（http://www.imi.ne.jp/）など、すでにアンケートモニター会員をもっているところを利用すれば、その点の心配はない。

ウェブの場合、信頼性はあるが、送信先の属性があらかじめ把握しにくいという欠点がある。さらに、

回答サンプル数も想定できない。この欠点を埋めるため、通常は、雑誌やメルマガなどの広告媒体を使ってアンケート実施の告知を行う。希望の属性が好みそうなジャンルの雑誌またはメルマガを利用することで、ある程度属性が想定できるからだ。雑誌は、広く告知できる、何のアンケートを行うのかビジュアルで示すことができるなどの利点がある。メルマガは、簡単にＵＲＬにジャンプできる・メルマガの送信数からサンプル数を想定できる・告知コストが低いなどの利点がある。できるだけコストを抑えたい場合は、メルマガを利用することをお勧めする。

アンケートで個人情報（名前や住所、連絡先）を取得する場合は、ＳＳＬ対応でセキュリティを確立する。ウェブではＳＳＬ対応が可能だが、メールは、セキュリティの確保が難しいので、個人属性を得たい場合はｉＭｉネットなど、モニター会員をすでに持っているところを利用することが望ましい。

また個人属性を聞く場合は、回答者の心理的バリアがかかるので、個人属性を聞かない場合と比べて回答数が減ることはあらかじめ想定しておこう。それでも回答数をできるだけ高めたい場合は、回答者全員へのプレゼントを用意するなどの特典も考慮に入れたほうがよい。

最後に、回答者には必ず、回答御礼のメールを送る、またはページを立ち上げること。アンケートは、実施時点がすでにプロモーションであり、回答者はターゲット顧客の一人だという認識に立つことだ。今後も回答者に対しては、いい関係を構築して、よりよいサービス、商品開発に役立てていく必要がある。回答者はパートナーだという意識をもって、心の込もった御礼の言葉を投げかけよう。

◎デプスインタビューでビジネス成功のためのファクト（事実）をつかむ

アンケートは、仮説を定量的に検証する役目をもっている。しかし、仮説項目で何％の評価がされたかをじっと見ていても、ビジネスを成功させるための成功要因、あるいは阻害要因はあまり見えてこない。もっと深く回答した人がどんな意識で答えたか、「魅力的」とか「利用する」と答えていても、本当にそう思っているのかを聞き出す必要がある。さらに、ポジティブに答えていただいた人は、最も可能性の高い見込み客だ。ぜひともコンタクトをとって、このビジネスを成功させるには何が必要で、どんな課題を乗り越える必要があるかをデプスインタビューで聞き出そう。このインタビューに対する姿勢、コミットメントが将来のビジネスを支えるのだ。

デプスインタビューでは、購入意識の設問項目に対して、「魅力的」または「購入する」と答えたグループ（ポジティブ派）、「どちらとも言えない」と答えたグループ（ニュートラル派）、「魅力的でない」「購入しない」と答えたグループ（ネガティブ派）の3つのグループ分けをしてから実施する。

①サービスへの理解度：ちゃんと真意が伝わっているかどうか
②サービスの訴求ポイント：どこが最も魅力的と感じたか
③サービスを購入する場合の課題：実際に利用する際の課題

この3つを基本として、それぞれのグループにインタビューを実施しよう。しかし、実際は、ポジティブ、ニュートラル、ネガティブそれぞれの回答者ごとに聞く内容は微妙に変わってくる。ポジティブは他にどんなアイデアがあればもっと喜んでくれるのか、ニュートラルはどの部分がひっかかっているか、ネガティブはどうすれば利用してもらえるようになるかという具合に、スタンスを変えて聞くこと

アンケート調査の進め方

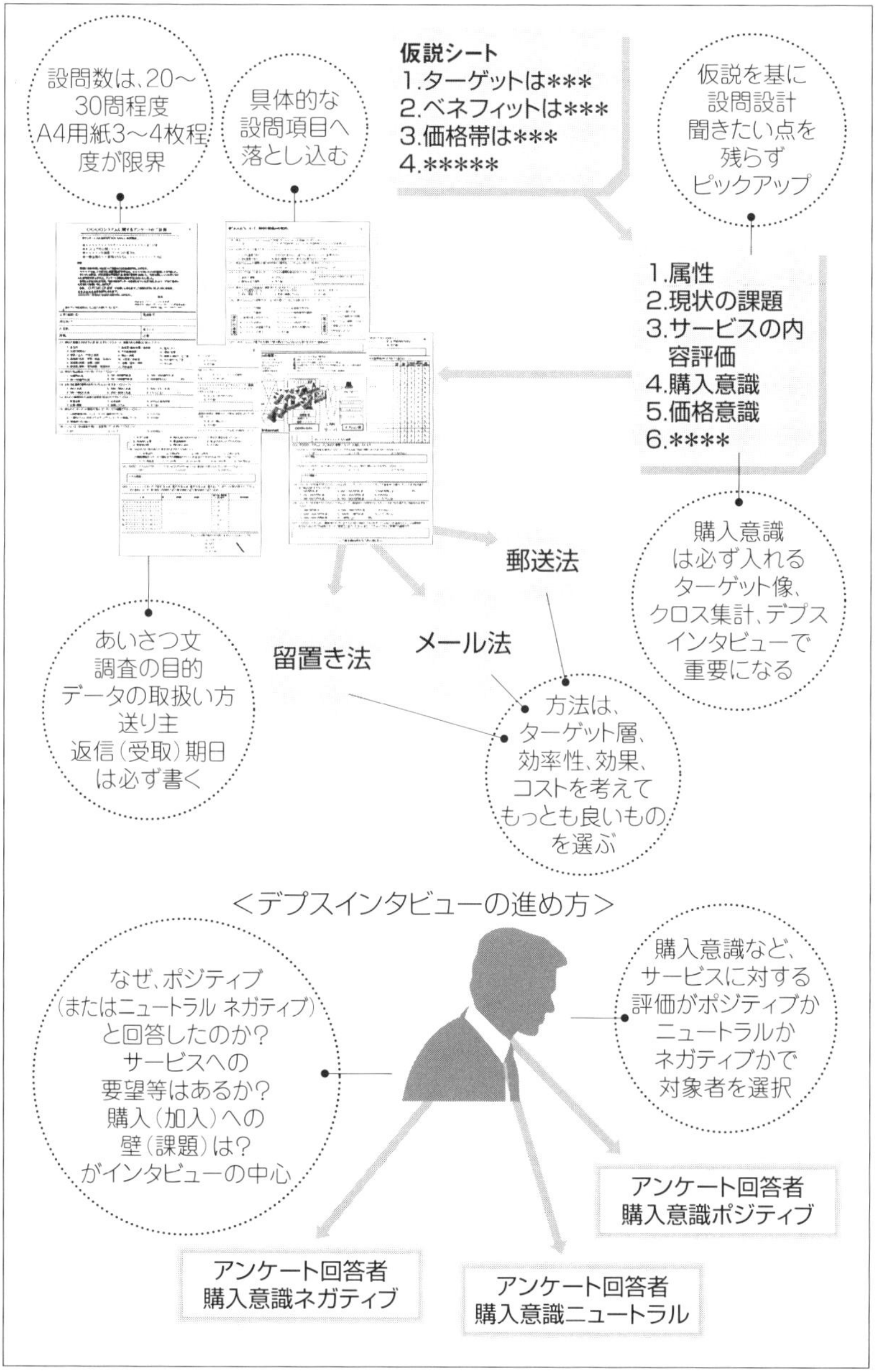
設問数は、20～30問程度
A4用紙3～4枚程度が限界
具体的な設問項目へ落とし込む
仮説シート
1.ターゲットは***
2.ベネフィットは***
3.価格帯は***
4.*****
仮説を基に設問設計
聞きたい点を残らずピックアップ
1.属性
2.現状の課題
3.サービスの内容評価
4.購入意識
5.価格意識
6.****
購入意識は必ず入れる
ターゲット像、クロス集計、デプスインタビューで重要になる
郵送法
メール法
留置き法
方法は、ターゲット層、効率性、効果、コストを考えてもっとも良いものを選ぶ
あいさつ文
調査の目的
データの取扱い方
送り主
返信（受取）期日
は必ず書く
＜デプスインタビューの進め方＞
なぜ、ポジティブ（またはニュートラル ネガティブ）と回答したのか？
サービスへの要望等はあるか？
購入（加入）への壁（課題）は？
がインタビューの中心
購入意識など、サービスに対する評価がポジティブかニュートラルかネガティブかで対象者を選択
アンケート回答者
購入意識ポジティブ
アンケート回答者
購入意識ネガティブ
アンケート回答者
購入意識ニュートラル

が大切だ。誰に聞いても、すべてが貴重なファクト（事実）データになるのだ。

◎ファクト（事実）に基づいて仮説を修正する

アンケート、デプスインタビューが終了したら、仮説の修正をしよう。プライマリデータはファクト、すなわち事実のデータだ。当初の仮説にかなりの自信があり、それが間違っているという結果になっても、事実のほうを重視するべきだ。事実以上に説得力のある情報はない。仮説の修正は、ゼロベース思考で行う。

仮説を修正する場合、次のような観点で行う。

◎仮説のどの部分が検証されたか
◎仮説で修正するのはどの部分か
◎修正した仮説を実行するための課題は何か
◎新たな仮説は何か
◎今後、新たな仮説を検証するためのポイントは何か

仮説を修正する場合、仮説とどんなファクトデータに基づいて修正したかの対応関係を明確にしておこう。また、「新たな仮説は何か」「今後、新たな仮説を検証するためのポイントは何か」が大切だ。仮説は検証すればするほど本質に近づいてくるし、ターゲット顧客とのコミュニケーションも密接になってくる。仮説構築〜検証〜修正はサイクル化してはじめてビジネスを成功へと導いてくれるのだ。

2

調査を実施する

調査は時間と精度の勝負。
仮説のレベルにあわせて
効果的に調査をしよう。

ネットサーチで一気に仮説を構築する

仮説を構築する段階は、とにかく、早くそして深くビジネスモデルの本質へと迫る仮説を構築できるかどうかにかかっている。最も効果的なのは、インターネットの活用。そしてインタビューだ。インタビューも大がかりなものではない。最初は、隣にいる人、自分の上司や家族、行きつけのお店に集まる人、仲間、友人などにちょっと聞いてみるという感じでいい。できれば、雑誌や専門書の執筆者に会うという手もある。

A社はある大手の衣料品流通業。全国に数百店の直営小売店舗を持っている。A社の営業企画課のX氏は、かねてから顧客の要望の強かった、ネットでの通信販売事業のビジネスプランを策定しようとしていた。A社の顧客は、20~30代の女性がメイン。価格と流行に最も敏感な層だ。

A社はリアルの店舗のメインターゲットに対して、ネットでも買えるような仕組みを考えていた。はじめは、うちの商品をいつも買っていただくお客さんだから、ネットでも買ってくれるだろう、また、ネットなんだから、お店に来られない遠くの人たちにも販売チャネルが広がるだろうと考えていた。インターネットというだけで「売れる」と楽観的な見通しを立てていたのだ。

最初に、「インターネット通販」というものがネット上にどれだけあるのか、彼らはどんなビジネスモデルを行っているのか、収益性はどうか、サイトのデザインやインタフェースはどうなっているか、決済方法はどうやっているのか、カスタマーサポートはどのように行っているのか、実際に買う層のターゲット像は……さまざまな仮説を構築していく必要があった。

とりあえず、ネットサーフィン。これが効果的なリサーチを始める鉄則だ。ネットサーフィンでは、競合を見るだけでなく、実際に競合の商品を買ったり、会員になってみたりすることが重要だ。カスタマーサポートにメールや電話もしてみる。カタログや会社案内もネット上で取り寄せる。あらかじめ、調査シートを作成しておく。評価ポイントの欄は空欄にしておく。

A社がネットで集めたセカンダリデータは次のようなものになった。

◎ウェブサイトをくまなくプリントアウトしたもの
◎競合の会社案内とパンフレット、カタログ
◎インターネット系の専門雑誌の特集記事、コラム
◎インターネットビジネスに関する専門書
◎カスタマーセンターとやり取りしたときのメールや電話内容メモ
◎商品を買ったときの使い勝手（トップページから購入までのクリック数、買ったときのレスポンスメール、商品が届くまでのスピードなど）や印象などを記したメモ

これだけそろえれば、セカンダリデータとしては上出来だ。競合や参考企業に関しては、104ページで述べた「4P＋ターゲット」のフレームで考えたときにひっかかる12社を選定した。これらのセカンダリデータから、調査シートの項目ごとに片っ端から整理していくのだ。この段階では、まだ評価の欄は空欄である。

この調査シートから、各社の特徴を整理すると、特徴があるところとないところが明確になる。特徴を出せているところが、仮説として最も重要な要素になるのだ。最も特徴が出たのは、決済方法とユーザインタフェース、カスタマーサポート。インターネット通販ではおそらくここが仮説の深掘りどころだろう。A社はそう睨んでいた。現に、各社とも決済方法やユーザインタフェースにはかなり気を使っているように思えた。

◎有識者インタビューで仮説を練る

A社は次に、決済方法とユーザインタフェース、カスタマーサポートの各仮説項目について、いったい業界ではどのような動きになっているのかをつかむことに集中した。セカンダリデータだけではわからない、微妙なポイントをつかむためだ。この辺の微妙な情報は、その世界にどっぷりつかっている人の生声に限る。

インタビューで大切なのは、最初のリクルーティング。つまり、誰に聞くか。聞きたいことすべてを網羅している人は、そうはいない。その人その人で専門分野があるし、知っていることはさまざまだ。

結果的に聞きたい項目を網羅できるように、インタビュー対象者を複数決めておかなければならない。それでも、実際にインタビューを行うと、まったく欲しい情報が得られないこともある。逆に、思いがけない情報が手に入ったりするものだ。

手始めは、有識者に聞くことが効率的だ。専門雑誌の記者や本の著者など。実際にビジネスを行っていないことも多いので、深くは聞けないかもしれないが、ひととおりの業界知識はそろっているケースが多い。そこで、仮説をさらに深めていくのだ。本を書いている人は、フットワークが軽く何か問い合わせると会ってくれる人が意外に多いのだ。

A社は、早速インターネット通販ビジネスを特集している雑誌の記者にアポをとった。さまざまな質問を行った結果、すべての決済方法のメリット、デメリット、ユーザインタフェースをつくり込むときの課題が明確になった。カスタマーサポートまではあまり聞くことができなかった。しかし、収穫は大きい。決済方法のメリット、デメリットはあまり網羅的にまとまったセカンダリデータがなかったからだ。

インタビューを行った結果、決済方法は代金引きかえとクレジットカードによる電子決済が一般的、ユーザインタフェースは検索エンジンと説明内容の充実度、カスタマーサポートは返品のしやすさという点が重要だということで仮説が練りあがった。A社は、当初の調査シートにさらに評価項目を付け加えて、各社の特徴を整理した。

◎――アンケートで仮説を絞る

では、エンドユーザはどう思っているのだろうか？　自社が特徴を示すには、どんなユーザに対して、何をアピールすることが効果的なのだろうか？　この点を明確にする必要がある。A社はアンケート調査の段階に入った。アンケートで聞くポイントには次の10項目をあげた。

①インターネット通販にどの程度興味があるか
②インターネット通販で買うとすればどのような商品か
③決済方法は何が良いか
④ユーザインタフェースで重視する点は何か
⑤カスタマーサポートで必要な項目は何か
⑥自社がインターネット通販を行うとすれば利用するか
⑦他社の評価はどうか
⑧③～⑤（仮説の重要ポイント）で評価が高かった項目をクリアすれば、一度買ってもまた買う気になってくれるか
⑨他に何か意見や要望はあるか
⑩最後に、答えた人の年齢や性別、職業、よく読む雑誌、趣味、お気に入りのサイト、ひと月に衣料品に使う金額など

最初の仮説から考えると、最も聞きたい点は③～⑤。しかし、その評価を加えるために、回答者が普段どのような価値観やライフスタイル、属性、自社に対する意識を持っている人なのかを明確にしてお

く必要がある。①や②、⑥～⑩のポイントはそのためのものだ。

では、方法はどうするか。郵送法か、メール法か、店頭で配る方法、あらゆる方法が考えられる。A社では、インターネット通販に対して、20～30代の人を選定したいと考えていた。郵送法では、インターネット自体「よくわからない」の人も多くいるし、データベースが手に入りにくい。店頭で配るのは効果的だが、既存の顧客しか対象とならず、対面で行うため、自社への評価に（良いほうに）バイアスがかかる可能性が高い。

メール法だと、すでにある程度情報リテラシーの高い層に当たるし、お店を利用していない新規のターゲットにも広く当たりそうだ。それぞれの手法のメリット、デメリットを整理して、メール法を採用した。

アンケートの結果、決済方法はクレジットカードが一般的ではあるが、実際には、郵便や銀行振込も併用してほしいという結果になった。また、コンビニで受け取り、決済ができるようなサービスが欲しいというアイデアも出た。

ユーザインタフェースは、買うまでのクリックが少ないこと、表示に時間のかかる画像データはできるだけ最小限にしてサクサク感が欲しいこと、カスタマーサポートはメールと電話、そしてリアルの店舗でもインターネットで買った商品の返品やクレームを同じように受け付けてくれることなどに高い評価が集まった。

当初の調査シートに照らしてみると、クレジットカードと振込を併用している決済方法を使っているところは1社だけ。インタフェースは競合すべてが表示に時間がかかり、購入までのクリック数がかなり多いものばかりだ。リアル店舗も併用したカスタマーサービスは1社もなかった。アンケート結果から出てきた評価を、調査シートの評価ポイントに、高いものを5点として5段階で点数をつける。もっとも評価の高いところがコンセプトにかかわる点となるのだ。

◎——デプスインタビューで仮説を深く掘る

アンケートで定量的な仮説は検証された。しかし、重要な課題が残っている。それは、⑥～⑧の設問、自社の評価にかかわる点だ。通常、アンケートでは、自社のビジネスモデルに関する利用意識や評価を「ぜひ利用したい」「利用したい」「どちらとも言えない」「あまり利用したくない」「まったく利用したくない」の5段階で設定する。

「利用したい」と回答したグループはポジティブ派、「どちらとも言えない」はニュートラル派、「利用したくない」はネガティブ派だ。重要なのは、なぜそう思ったかである。もちろんアンケートでは、回答理由の自由記述欄は設けておくが、それだけではわからない微妙なニュアンスをつかんでおく必要がある。この微妙なニュアンスがわかっているかどうかで、実際に買う人は「買う」「買わない」に大きく分かれるのだ。実際にビジネスを始めてからも自社のファンをつくり上げていくためには、この点を把握しておかなければ話にならない。

A社はアンケート回答者の電話番号やメールアドレスを記入してもらっていた。まず、設問6「自社がインターネット通販を行うとすれば利用するか」のポジティブ派、ニュートラル派、ネガティブ派のそれぞれに対して、なぜそう思うかについて、電話インタビューを実施した。ピックアップしたサンプル数は5サンプルずつ15件。とくに、アンケート自由記述の書き込みの多い人を選んだ。そのほうが積極的に答えてくれる可能性が高いからだ。

ここでは、いきなり「どう思いますか？」と聞いてはいけない。まずは、相手の気持ちをこちらのほうにひきつけておく必要があるし、アンケートに答えたことを忘れているかもしれない。

「もしもし、お休みのところすみません。以前、メールでこんなサービス（簡単なサービスの概要説明）についてお答えいただきましたが、その節はありがとうございました。つきましては、お答えいただいた内容について、ぜひおうかがいしたい点があるのですが、今お時間よろしいでしょうか？」で始める。

次に、聞きたい点にかかわりそうな周辺の設問を取り上げて、「○○の問いについては、○○とお答えいただきましたが、やはりそう思われますか？」といくつか重要な設問と回答した内容を思いだしてもらう。

そして、核心に迫る。「なぜ、利用したくないと思われたのでしょうか？」

インタビューでは、深追いは禁物だ。相手がだんだん答えたくなくなってきたら、思い切って切り上げる。「大変貴重なご意見ありがとうございました。今後とも弊社のサービスをよろしくお願いいたします」。もし、相手が乗ってきたら、今度は積極的に深く聞いてみる。多少の世間話も必要だ。結構答えてくれた人なら、また別の観点で聞けるかもしれない。

最後はこう締めくくろう。「大変貴重なご意見ありがとうございました。今後も皆さんのご意見をうかがいながら、良いサービスに進化させていきたいと考えております。そのために、またお電話させていただくかもしれませんが、その際には、ぜひともよろしくお願いいたします」。

◎――1000人の烏合の衆より1人の先行者

インタビューは、アンケートよりも重要だ。とくに新しいビジネスモデルを一般の人（ユーザ）にきいても、その価値や可能性は理解できない。すでに商品やサービスが出回っていればまだしも、まったく新しいマーケットを展開するには、やはり先行層の人を見つけ出さなければならない。そのために（発掘するために）アンケートを実施するというのは、たしかに大切だ。1000人の烏合の衆より1人の先行者がポイントなのだ。

3 調査レポートをつくる

調査レポートは量より質、網羅性よりも納得性。
仮説検証のエッセンスをつかみとるための
シナリオが大切。

◎レポートのためのレポートにしない3つの視点

調査レポートでよく陥ることは、レポートのためのレポートになってしまうことだ。せっかくいいデータを収集し、いい分析を行っても、調査レポート自体が独りよがりなものになってしまっては、戦略に落とし込むためのロジックを共有することができなくなってしまう。

調査レポートでもっとも大切なのは、次の視点だ。

①シナリオ性があり、ロジックが通っている
②各ページで言いたいことが一目でわかる
③ファインディング（わかったこと）に明確な特徴がある

シナリオとは、調査の仮説構築から検証結果までの1本の筋があることだ。分析の専門家に多いのが、分析することにこだわってしまって、いったい何の仮説をどういう視点で検証しているかがわからなくなってしまうケースである。調査レポートは、仮説項目にしたがって各章をまとめるという形にすると

シナリオがわかりやすくなる。

◎──仮説検証結果のシナリオは目次で決まる

調査レポートの章立ては次のようにまとめるとわかりやすくなる。

【調査の前提】
◎本調査の目的
◎調査で検証すべき仮説
◎調査内容と調査実施スケジュール
【調査内容・結果】
◎セカンダリデータ調査結果
◎プライマリデータ調査結果
【調査結果のまとめ】
◎調査から得られた検証結果のまとめ

調査レポートは、最初の仮説をどう検証し、どういう結果になったかというストーリーで描かれている必要がある。調査の前提は、その仮説を提示し、仮説をどのように検証したかの構造を示すことに集中する。調査内容は、一連のセカンダリデータ収集からアンケート調査、インタビュー調査のそれぞれを洗いざらい表現する。ページが３００ページを超えるような膨大な資料になる場合もある。そうなれば見る側も大変だ。データよりも、各章ごとにどのようなファインディングが得られたかのまとめを必ずつける。プレゼンテーションでは、このまとめを中心に発表すればよいようにしておく。データは、細かい質問などが出たときにあらためて見せるようにしておけばよい。エッセンスをまとめた5ページ程度のエグゼクティブサマリーを冒頭につけることもお勧めしたい。

最後に、各章ごとにまとめたファインディングをさらにまとめて書く。このとき、再度、仮説と検証結果のロジックをチャートで表現するようにしておく。

◎パワーポイントでのまとめ方～1スライド1メッセージが基本～

報告書は、パワーポイントでまとめることをお勧めする。グラフやチャートは1スライド1つという形で貼りつけていく。このときに、139ページの例のように貼りつけたデータから何が言えるのかの一言を吹き出しや、ワードアートを使ってわかりやすく表現する。1スライド1メッセージが基本だ。

プレゼンテーションの際、細かいデータ説明よりも、この吹き出しを読んでいけば、自然とデータがインプットされるようなまとめ方がベストだ。

◎アンケートのまとめ方

アンケート結果は、パワーポイント1スライドにグラフ化したデータと集計データを貼り付ける。ス

調査レポートの基本構成（目次）

はじめに
・事業を進化させていくための想い
・仮説の本質
・調査の趣旨 など

1 本調査の目的
・問題意識
・課題認識 など

2 調査で検証すべき仮説
・具体的な仮説項目
・検証のための変数 など

3 調査内容と調査実施スケジュール
・検証のための変数をどの調査で明確にしたか
・具体的なスケジュール など

4 セカンダリ調査結果
・市場データ
・競合データ
・ベンチマーキング／ポジショニング分析結果
・セカンダリデータ調査のファインディングまとめ

5 アンケート調査結果
・アンケート単純集計データ
・クロス集計の視点整理
・アンケートクロス集計データ
・アンケート調査のファインディングまとめ

6 デプスインタビュー調査結果
・デプスインタビュー対象者リスト／選定理由
・デプスインタビューまとめ
・デプスインタビューのファインディングまとめ

7 調査から得られた検証結果のまとめ
・セカンダリデータ、プライマリデータファインディングまとめから言えること
・各種分析ツールによる分析（SWOT、コア・コンピタンス、3C分析など）
・ビジネスモデルの阻害要因
・ビジネスモデルの訴求ポイント（ベネフィット）
・戦略の方向性

最後に

ライドの見出しは、何のデータが貼り付けてあるかが一目でわかるようにしておく。そして、グラフに対して、何が言えるのかを一言で、吹き出しを使ってまとめる。

アンケートデータは、必ずグラフ化すること。数値データだけで処理してはいけない。グラフ化することは、理解を早めるだけでなく、記憶にも残りやすい。アンケートが単一選択肢のものであれば円グラフ、複数選択肢のものであれば棒グラフという具合に、まとめる前にグラフの種類を決めておくほうがよい。凝ったグラフや一度に多種類のグラフを用いるのは禁物だ。

◎―インタビューのまとめ方

インタビューは、ファクトを正確に伝えることが大切。ファクトはインタビューで聞いた内容だけでなく、どのような話し方をしたのか、熱く語っていたのか、さめていたのか、怒っていたのか、笑っていたのか、微妙なニュアンスを伝えることが必要だ。そのために、インタビューはできるだけ相手の言葉どおり、「生声」の状態でまとめることが望ましい。臨場感を伝えるわけだ。

インタビュー結果は、インタビュー対象者の属性、アンケートの回答（主要な設問）を書く。次にインタビューの内容、インタビューからのファインディングを書く。インタビュー内容の主要なセンテンスを赤字またはアンダーラインでマーキングしておくと見る側がわかりやすくなる。

パワーポイントでのまとめ方

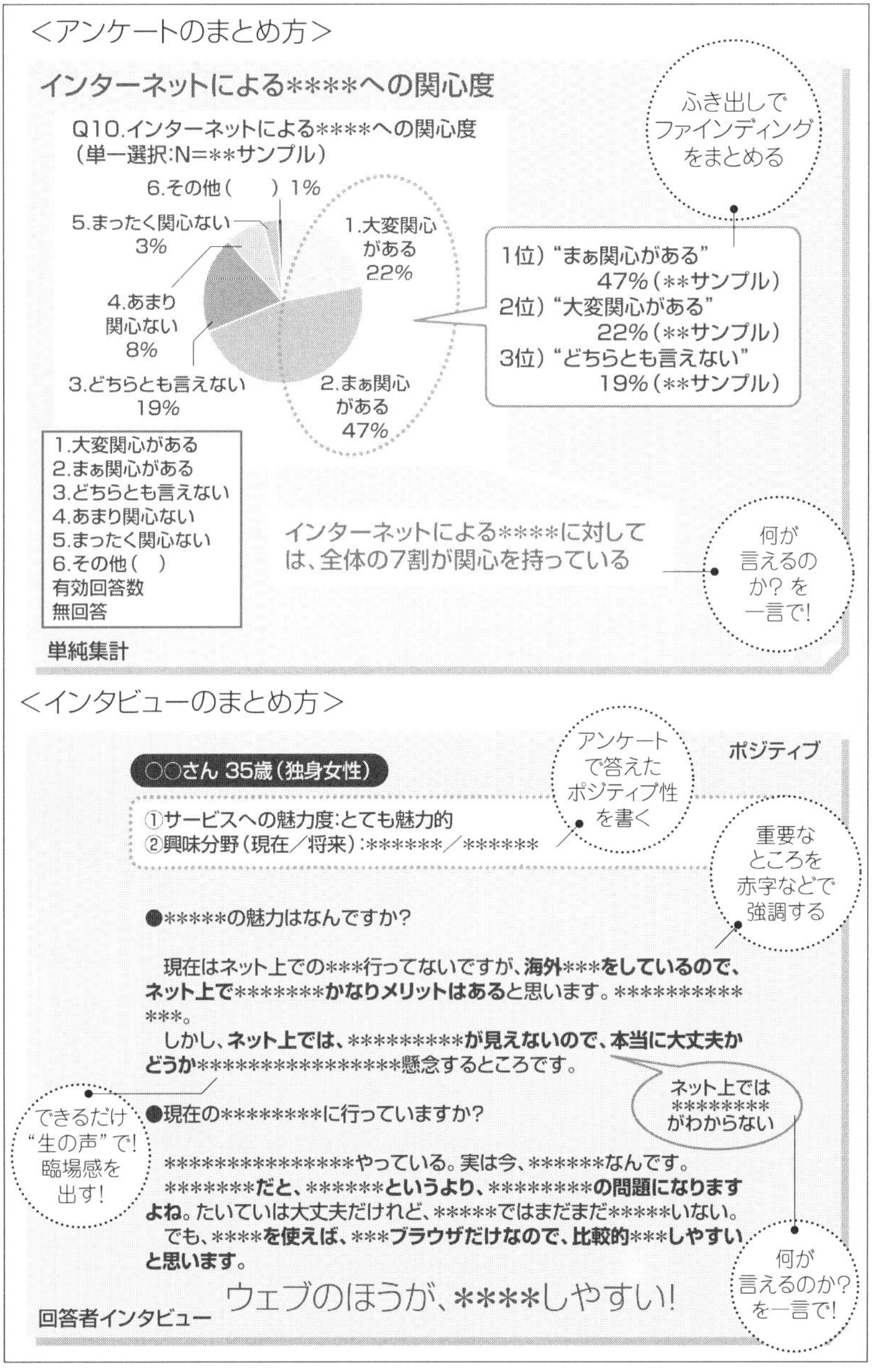

<アンケートのまとめ方>
インターネットによる****への関心度
Q10.インターネットによる****への関心度
(単一選択:N=**サンプル)
6.その他(　)1%
5.まったく関心ない 3%
4.あまり関心ない 8%
3.どちらとも言えない 19%
1.大変関心がある 22%
2.まぁ関心がある 47%
ふき出しでファインディングをまとめる
1位)"まぁ関心がある" 47%(**サンプル)
2位)"大変関心がある" 22%(**サンプル)
3位)"どちらとも言えない" 19%(**サンプル)
1.大変関心がある
2.まぁ関心がある
3.どちらとも言えない
4.あまり関心ない
5.まったく関心ない
6.その他(　)
有効回答数
無回答
インターネットによる****に対しては、全体の7割が関心を持っている
何が言えるのか?を一言で!
単純集計
<インタビューのまとめ方>
ポジティブ
アンケートで答えたポジティブ性を書く
○○さん 35歳(独身女性)
①サービスへの魅力度:とても魅力的
②興味分野(現在/将来):******/******
重要なところを赤字などで強調する
●*****の魅力はなんですか?
現在はネット上での***行ってないですが、海外***をしているので、ネット上で*******かなりメリットはあると思います。*************。
しかし、ネット上では、*********が見えないので、本当に大丈夫かどうか*****************懸念するところです。
ネット上では********がわからない
できるだけ"生の声"で!臨場感を出す!
●現在の********に行っていますか?
***************やっている。実は今、******なんです。

*******だと、******というより、********の問題になりますよね。たいていは大丈夫だけれど、*****ではまだまだ*****いない。

でも、****を使えば、***ブラウザだけなので、比較的***しやすいと思います。

何が言えるのか?を一言で!

回答者インタビュー
ウェブのほうが、****しやすい!

4

市場＆競合分析で仮説を精緻化する

データの分析は分析フレームが大切。
基本となる3つの分析方法で
仮説検証のフレームを押さえよう。

「3C分析」でビジネスプランのフレームを押さえる

「3C分析」は、「Customer（ターゲット顧客）」、「Competitor（競合）」、「Company（自社）」の頭文字をとったものだ。事業の背景やフレーム全体を押さえるために必ず行わなければならない分析フレームだ（「Channel（チャネル）」を加えた4C分析もある）。

3C分析のひとつが「ターゲット顧客分析」。「市場分析」ともいう。どのターゲットを狙っていくか？　どの市場を攻めるか？　シェアは？　市場規模は？　認知レベルは？　などをこの分析で明確にしていく。

「競合分析」では、競合の動きだけでなく、その特徴、戦略の方向性をまとめる。競合に関して集めたセカンダリデータから必要な項目をピックアップしてまとめる。競合は切り口によってまとめ方は何とおりもある。3C分析では、できるだけ市場から見たときの特徴、自社のビジネスモデルと照らし合わせて見たときの戦略の方向性や動きを整理しよう。

3C（4C）分析の考え方

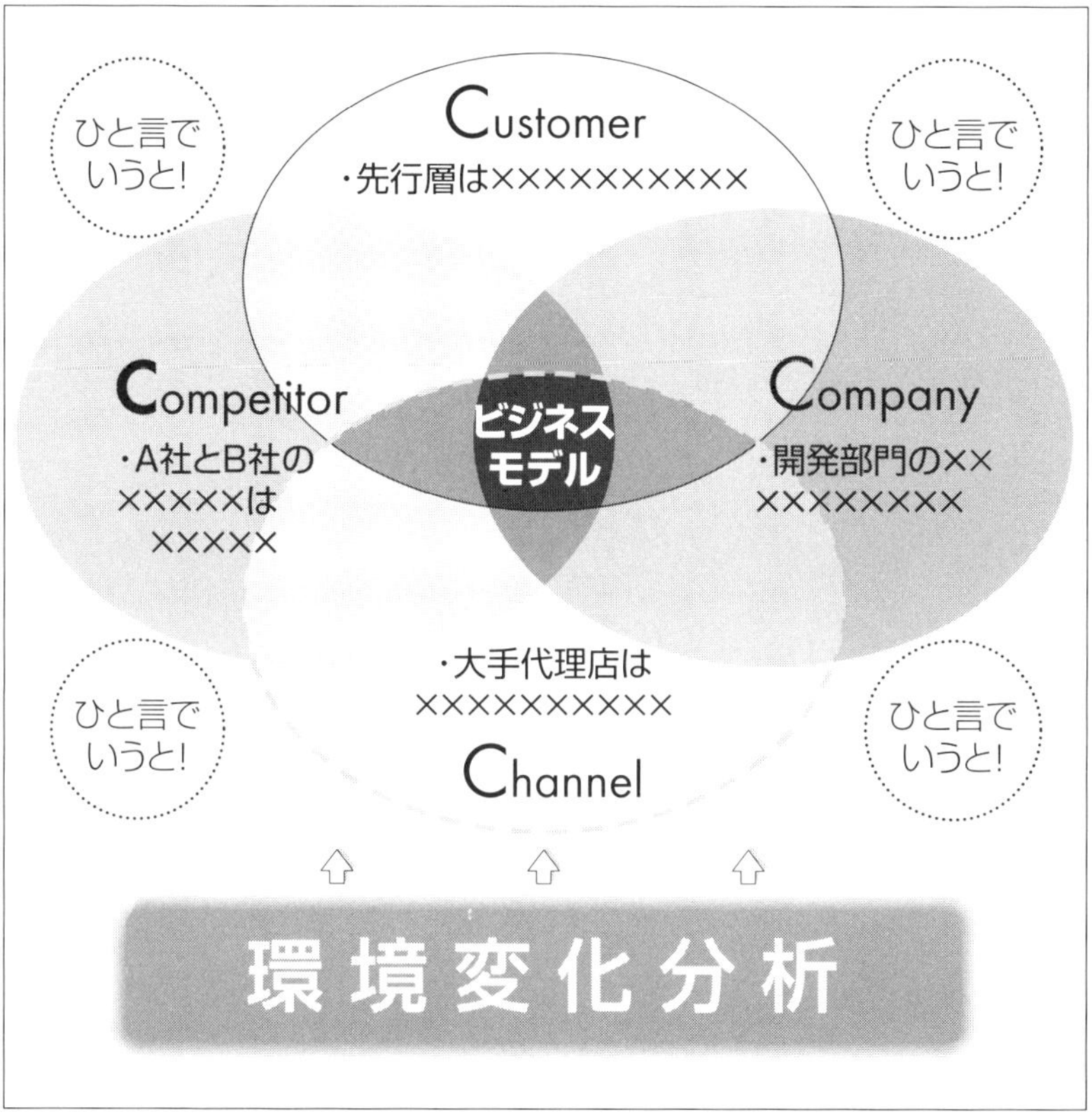

最後は「自社分析」だ。自社分析では、ソリューションや競合との差別的優位性、市場から見たときの特徴を中心にまとめていく。

3C分析では、セカンダリデータとアンケート結果からの客観的なデータ（事実に基づくデータ）を入れよう。中でも数値データやインタビューなどで出てきた言葉はカギカッコをつけて表現する。

各Cの最後には、必ず、「一言で言うと」で締めくくること。結局、何が言えるのか、というところを示すためだ。

また、データを表現する場合は、グラフやチャート、競合のホームページなど図で表現するほうが効果的な場合が必ずある。決して1

枚にまとめようとせずに、必要なデータは盛り込むようにしよう。何度も言うが、最後には一言でまとめるのだ。

「コア・コンピタンス分析」で競合との差別性を明らかにする

競合との優位性を客観的に評価し、自社としてのコア・コンピタンスを明確にするための分析方法が「コア・コンピタンス分析」だ。競合の強み、弱みを明らかにし、自社が将来どのコア・コンピタンスをより強化していくかを明確にしていく。

左ページの下のチャートのように、横軸に競合各社を並べ、縦軸に市場からの競争優位性となる項目を並べる。縦軸の項目は、市場から見たコア・コンピタンスをテーマとして取り上げる。コア・コンピタンスは自社のものだけではなくて、市場からの評価としてコア・コンピタンスになりうる項目をあげる。

縦軸が決まったら、各社に点数をつける。もっとも高い評価を１００点として、各社の点数をつけていく。次に、縦軸のテーマごとに重みづけをする。一般に市場から評価されている項目には、自然と優先順位がついているはずだ。それを係数という形で重みづけをする。一番高い、重要な項目から1～5の範囲で係数をつける。次に、各社の点数評価×係数による評価点を合計したものを下の欄に記入する。その合計数は、理論上市場シェアに相当するものとなる。

点数評価はできるだけ客観的に行うことが望ましい。そのためには、アンケート調査の結果を活用し

コア・コンピタンス分析

＜コア・コンピタンス分析の基本ステップ＞

Step 1	未来を読む	＊市場はどう変化するのか ＊未来のチャンスは何か ＊ニーズはどう変わるか ＊商品はどう進化するのか ＊技術進化の方向性は
Step 2	自社のビジョン／事業コンセプトに照らしてみる	＊共通する技術顧客、チャネルは何か ＊提供する価値、ベネフィットは何か
Step 3	顧客／市場を定める	＊ターゲットとすべき顧客（ユーザーメーカー）はどこか ＊ターゲットとすべき市場（対象商品／地域等）はどこか
Step 4	何がコア・コンピタンスとなるのかを検討する	＊競合他社との違い／差別的優位性は何か ＊顧客に提供するベネフィットは何か ＊市場にインパクトを与えるような事業の発展性はあるか
Step 5	これから獲得すべきコア・コンピタンスを明らかにする	＊今後獲得すべきコア・コンピタンスは何か ＊どのように獲得し、強化するのか

＜コア・コンピタンス分析のチャート例＞

必ずどこかが100になるように

ユーザから見たときのコア・コンピタンス

		自社	競合A社	競合B社	競合C社	係数
コア・コンピタンス	＜チャネル連携＞いつでも買える店舗展開力	70／140	100／200	80／160	55／110	2
	＜ユーザインタフェース＞誰でも使えるインタフェース開発力	60／300	80／400	100／500	70／350	5
	＜ユーザサポート＞＊＊＊＊＊＊＊＊＊＊＊＊	60／300	100／500	65／325	60／300	5
	＜営業組織力＞＊＊＊＊＊＊＊＊＊＊	55／55	80／80	100／100	75／75	1
	＜安定供給力＞＊＊＊＊＊＊＊＊＊＊	55／165	100／300	60／180	60／180	3
ポイント合計		300	460	405	320	
総合ポイント		960	1380	1265	1015	
市場シェア		比較して修正する				100%

よう。どうしても客観的に評価できないときは、チーム全体で議論をしながら点数評価していく。

コア・コンピタンス分析では、それぞれの評価を行った後、どの部分を強めていくか、攻めていくかを明確にする。そのためのギャップを知ることが大切だ。ギャップと、そのギャップをどのように埋めていくかという点を、最後にまとめる。

◎「ＳＷＯＴ分析」で戦略仮説を練り上げる

「ＳＷＯＴ分析」は、市場の変化に対して、自社の強み（Ｓｔｒｅｎｇｔｈ）、弱み（Ｗｅａｋｎｅｓｓ）、機会（Ｏｐｐｏｒｔｕｎｉｔｙ）、脅威（Ｔｈｒｅａｔ）を整理し、戦略の攻めどころを見いだす分析手法だ。市場分析から導かれたテーマを基に、自社にとってどの程度機会があるのか？ 強みを活かすには？ あるいは弱みを克服するためには？ 脅威はどの程度か？ などについて比較分析する。

まず左ページの図のように、強み、弱み、機会、脅威の4項目について、それぞれ整理する。その結果を基に、縦軸に強み、弱み、横軸に機会、脅威のマトリックスを使って、クロス分析を行う。

クロス分析では、市場の機会に対して強みを活かしていくためにはどうするか？ 市場の機会に対して弱みを克服して機会を取り込むにはどうすればよいか？ 脅威に対して強みを活かして対処するにはどうすればよいか？ 脅威に対して弱みをどう克服していくか？ という点で整理しなおす。

ＳＷＯＴ分析では各4つの象限のどの点が重要かを表現する必要がある。これも一言で最後は表現する。

SWOT分析

SWOT（強み・弱み・機会・脅威）分析

強み

○商品開発力での特徴的なR&Dができている
○シェアが41.7%の相対的安定シェアを押さえている

弱み

●品揃えが総花的で特徴がうすい印象をもたれている
●広告費をTV-CMに投資拡大しているのでコストが急増している

機会

○デフレ経済での低プライス新規市場が誕生している
○アジア市場で日本コギャル・ブームが起こり急伸している

脅威

●異業種からの新規参入が相次いでいる
●中国市場展開が大きな影響をもってき始めている

強み・弱み・機会・脅威を箇条書きで

	機会	脅威
強み	・低価格戦略的MDで展開しマーケットを押さえる ・アジア市場に日本スタイルで展開する	・先進R&Dでの開発で先手必勝 ・中国市場でのファッション・ムーブメントを起こす
弱み	・広く品揃えをさらに拡大し、囲い込みを展開する ・新チャネルとしてウェブ活用をはかり新業態を駆逐する	・ブランド「ジャパネ」のラインナップを展開 ・ネット上にトップユーザの意見を取り入れたきめの細かいCRMを実現する

クロスで考える！

つまり、囲い込みを強めたリーダー戦略である！

つまり何が言えるのか一言でまとめる

第4章 ベンチマーキング&ベストプラクティス分析を実施する

1

ベンチマーキング分析の概要

ベンチマーキングとはギャップを知ること。
目指すべきビジネスモデルと現状を
競合や参考企業との比較で探ろう。

ベンチマーキングで参考にするターゲットを絞り込む

ベンチマーキング分析は、これから自社が戦おうとする市場で勝つために、市場を超えてもっとも優れた企業の強み、さらに実践の仕組みを知ることが目的だ。本章で後述するベストプラクティスは、「その企業のエッセンスをどうやって参考にして自社に取り込むか」という方法論だ。

ベンチマーキングを行う前に、どのような企業をベンチマーキング対象として取り上げるのがよいのか見てみよう。ユニクロは、直販モデルをデルコンピュータ、情報システムをセブンイレブン、経営システムを米ウォルマートといった具合に、さまざまな項目でベンチマークを実施し、ベストプラクティスを取り入れて成功している。かれらの直販モデルや情報システムをベンチマークする際のポイントは何だろうか。ベンチマーキングを行う前に、ベンチマークする際の切り口を明確にしておこう。

ベンチマーキングの切り口は、情報収集&分析で行った仮説検証結果を用いる。分析結果から差別的優位性を生み出す切り口を見いだしてみる。たとえば、あるＢ２Ｃのショッピングサイトをやろうとし

ベンチマーキング&ベストプラクティスとは？

＜ベンチマーキング&ベストプラクティスによる仮説検証サイクル＞

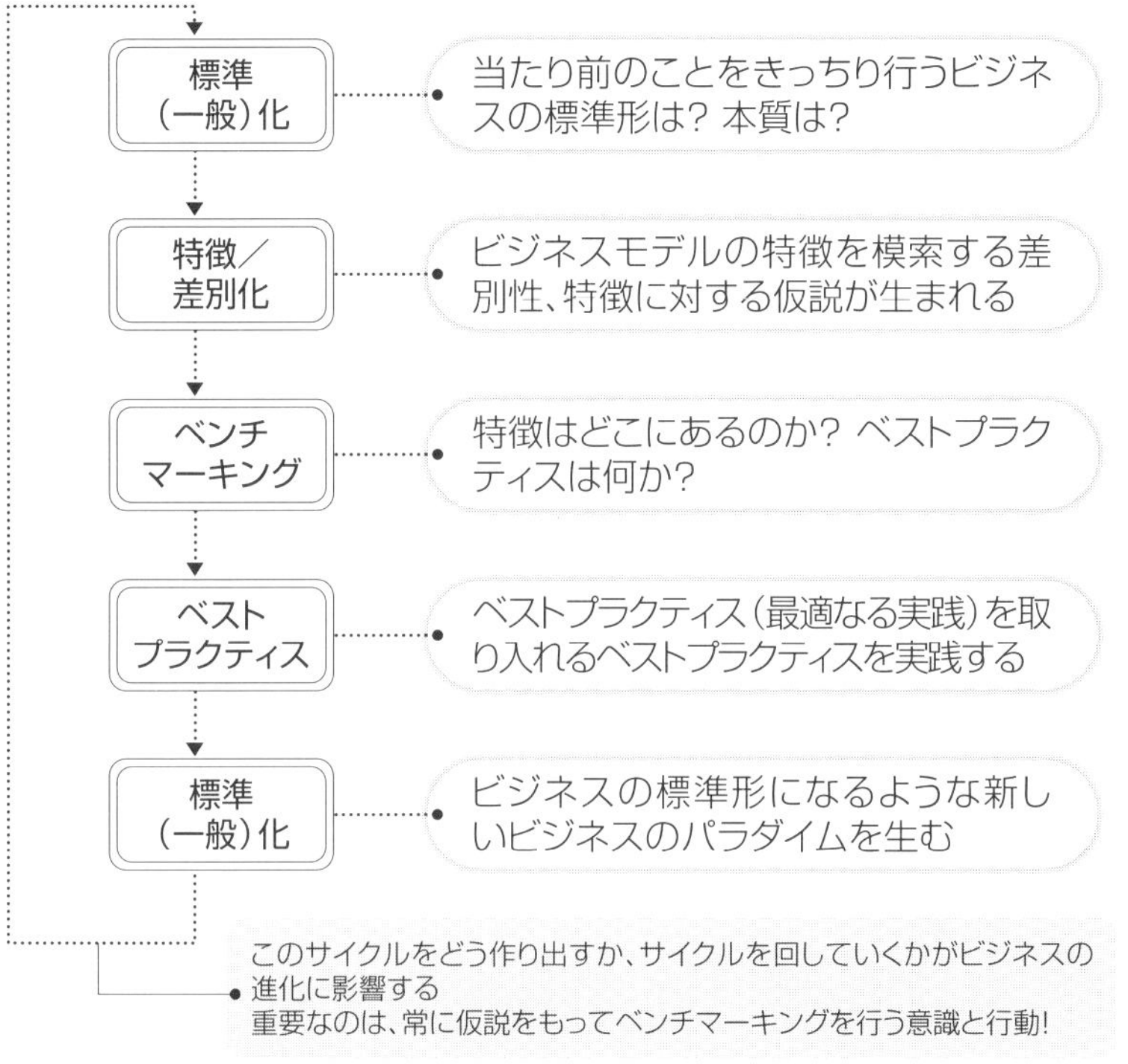
標準（一般）化
当たり前のことをきっちり行うビジネスの標準形は？ 本質は？
特徴／差別化
ビジネスモデルの特徴を模索する差別性、特徴に対する仮説が生まれる
ベンチマーキング
特徴はどこにあるのか？ ベストプラクティスは何か？
ベストプラクティス
ベストプラクティス（最適なる実践）を取り入れるベストプラクティスを実践する
標準（一般）化
ビジネスの標準形になるような新しいビジネスのパラダイムを生む
このサイクルをどう作り出すか、サイクルを回していくかがビジネスの進化に影響する
重要なのは、常に仮説をもってベンチマーキングを行う意識と行動!

ていた場合に、差別的優位性は「スピード」と「鮮度」だったとすると、その「スピード」と「鮮度」を構成する要素をツリーで分解してみる。

　この場合は、3PL（サードパーティ・ロジスティックス）による物流アウトソーシング、SCM（サプライチェーン・マネジメント）を実現する情報システム、在庫管理システムだ。それぞれの項目に応じたベンチマーク対象をピックアップする必要がある。3PLによる物流アウトソーシングであれば、デルコンピュータやアスクル、SCMを実現する情報システムは、デルコンピュータ、セブンイレブンなど、在庫管理システ

ムは……という具合だ。

◎ベンチマーキングシートを作成する

ベンチマーキング分析は、左ページの図のように、次の8つのカテゴリで整理する。

①ドメイン　②ターゲット　③ターゲット・ベネフィット&ソリューション　④価格　⑤収益構造

⑥チャネル（サービス提供プロセス）　⑦チャネル・メディア　⑧ユーザ機能

これらのベンチマークすべきカテゴリを、さらに細かく、項目別にブレイクダウンしていく。

ドメインは、「彼らはいったい何屋なのか?」の部分。ここではある程度大きなくくりで定義しよう。ドメインは、競合のサービス体系でもある。競合のホームページからサービスをすべて抜き出して、大きくくくると何になるかを考えてみよう。

ターゲットは、競合のサービスが、どういう人またはどんな企業に対して訴求しているかを探る。ターゲットはできるだけ詳しく想定しよう。たとえば、20代独身ＯＬで年収が４００～６００万くらいとか、30代男性ビジネスマンで趣味がアウトドアなど。競合がそこまで意識しているかどうかはわからないが、少なくとももどのターゲットにもっとも訴求しているかをサービスカテゴリから探ってみよう。

ターゲット・ベネフィット&ソリューションは、もっとも大切なベンチマーキングのポイントだ。競合のサービス体系と想定されるターゲット像から、ベネフィットとソリューションを整理していく。サービスごとに、考えられるソリューションを整理し、ツリーでベネフィットをまとめていく。

ベンチマーキングシートの作成

＜ベンチマーキングシート（例）＞

		自社	A社	B社	C社	D社	E社
1.ドメイン	サプライヤーダイレクトEC ☆1	◎	◎	◎	△		
	コミュニティ （下図参照）	△		○	◎	◎	◎
2.ターゲット	B2B	◎			△		
	B2C	△	◎	◎	◎	◎	◎
3.ターゲット・ベネフィット&ソリューション	役立つ情報が得られる			○	◎	○	△
	私好みの情報を教えてくれる	◎	○	◎			
	とにかく簡単にできる ☆2	○	◎	△	○	◎	○
	全部やってくれる （下図参照）		△		◎	△	
	いつでも買える・いつでもできる	△				△	◎
4.価格	広告料		**円	**円		**円	**円
	販売価格	**円	**円	**円	**円	**円	**円
	マージン	**円					**円
5.収益構造	広告収入		◎	○	◎	○	◎
	物品・サービス販売収入	◎	△	◎	○		
	マージン収入	△		△		◎	
6.チャネル	ダイレクト ☆3	◎	◎	○	○	○	○
	アフィリエイツ（アソシエイツ） （下図参照）		○	◎	◎	◎	
	アウトソーシング			○			○
7.チャネル・メディア	FAX		△		△		
	ネット端末／キオスク端末				◎	◎	
	携帯電話ネット	△	◎				
	ウェブ	◎	○	◎	○	○	◎
	ゲーム端末						
8.ユーザ機能	電子メール		○	○	○		
	レコメンデーション	△	◎				
	ワンクリック		△	◎	○		
	メルマガ	◎	○	○		△	
	マッチング			◎		◎	◎
	検索	△		△		△	△
	コミュニティ・会議室				◎	○	○
	マイホームページ				◎		

• どこに特徴があるのか？ 差別性は？ ベストプラクティスは何か？ を見いだす

ポジショニングによる比較を行ってみよう！

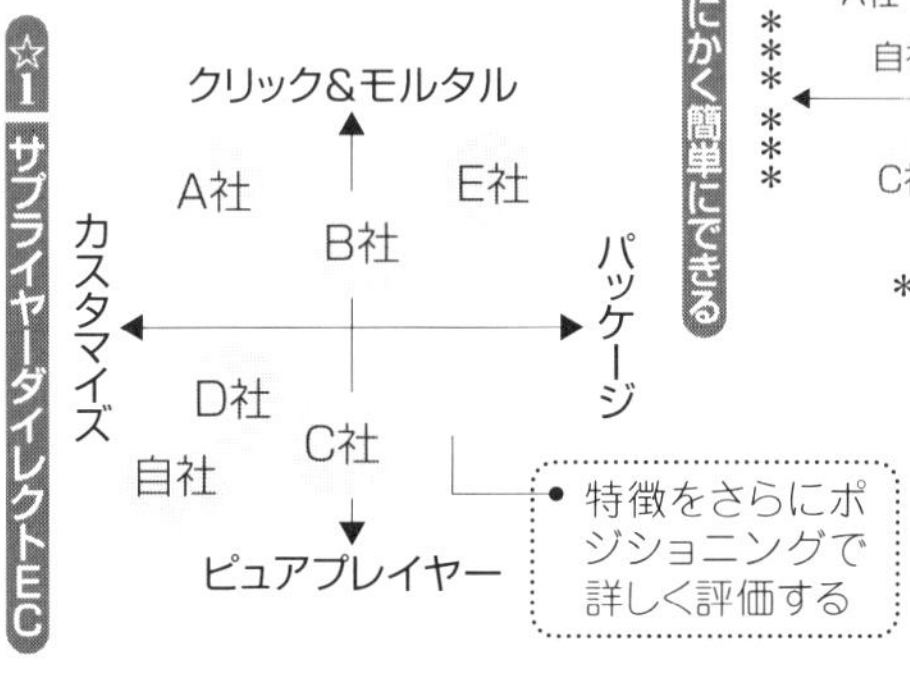

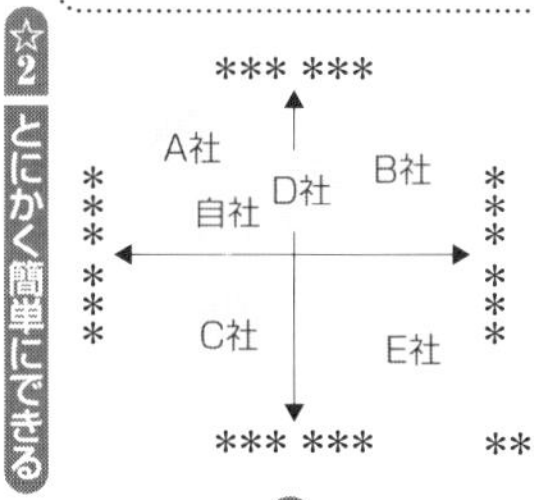

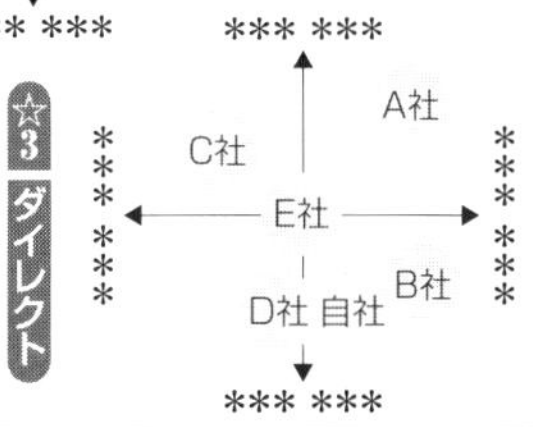

価格、収益構造、チャネル、チャネル・メディア、ユーザ機能はホームページや企業概要、商品パンフレット等からまとめていく。

ビジネスモデルによって、差別性の出る部分は異なってくる。ソリューションが同じでも、ユーザ機能が異なるとか、競合がどのカテゴリ、項目でもっとも差別性や特徴を出しているかを、ベンチマーキングで明確にしていくことが必要だ。

◎ベンチマーキング企業の情報の集め方&まとめ方

ベンチマーキングすべき企業の情報をどうやって集めてくるか。一番早くて、効果的なのはネットでの情報収集だ。ネットで集めるべき情報は次のようなものだ。

◎トップページ
◎企業概要（資本構成、主な事業領域、取引先、従業員数、組織構造、売上高など）
◎企業のビジョン・ミッション
◎財務諸表（ある場合にのみ）
◎ニュースリリース
◎製品（商品・サービス）構成・概要　など

ネットは基本的に、ホームページをくまなくみれば、大抵のものはそろう。どうしても情報が乏しい場合は、必要な情報を問い合わせ、メールでもらうとか、直接電話するなどすればよい。どうしてそのような情報が必要かと問われたら、素直に、「とても興味のあるビジネスをやっておられるので、ぜひ御社のことを知りたい」ということだけ個人名で伝えればよい。大抵は問題ないはずだ。ホームページ以外には、雑誌や新聞発表の記事などをネットで検索してみよう。最近の動きをうまくつかむのだ。企業によっては、記事発表された内容はホームページにまとめて公開している場合が多い。ホームページ内のニュースリリースで情報が乏しそうだと感じたら、雑誌、新聞を当たってみよう。

次に、ホームページ上には書いていない情報を得る。これは、実際の使い勝手や、商品が届くスピード、サポートの親切さなどである。ベンチマーキングは、実際に自分がユーザになってみると一番よくわかる。その企業が提示しているサービス内容と実際のギャップもよくわかる。ホームページだけでは、IRのために通常よりよく書きすぎている例もしばしば見受けられる。そんな色眼鏡を取り外すためにも、実際に使ってみることが一番だ。購入や登録までのクリック数、商品の選びやすさ、レスポンスメールの内容やスピード感などをチェックしよう。

ベンチマーキングのまとめ方は、

1／ベンチマーク企業のホームページ（トップページ）
2／ヒット商品などの最新情報ページ
3／売上・利益推移データ
4／ビジネスモデルの特徴（コンセプト）

を1シートにわかりやすく簡単にまとめるとよい。

次に、ベンチマーキングシート群の抜粋を1枚にまとめて、ファインディングとして「一言で言うとこの企業はどんな企業なのか」をまとめる。また、そこからのベンチマーキングの結果をまとめる。できるだけ、箇条書きでわかりやすくまとめよう。

ベンチマーキングは、深ければ深いほどよい。まとめるだけでなく主要な企業は、ビジネスプラン策定後も引き続きベンチマーキングをしよう。ここにも、仮説検証のサイクル化が必要な要素があるのだ。

◎ベンチマーキング結果を評価して最も優れた企業を選び出す

ベンチマーキングシートの各カテゴリを評価して、自社が比較すべき（目指すべき）優れた企業を選び出していく。最初に立てた、ベンチマーキングの切り口を参照しながら、ベンチマーク項目をそれぞれ評価していく。

ベンチマーク項目を見ながら、自社のビジネスモデルと照らし合わせて、ギャップを見ていく。左ページの図のようにギャップは点数評価で行う。市場や競争での優位性が高い順に係数をつけて点数評価との掛け算した値で評価する。評価が最も高い企業をベンチマーク対象として優れた企業とする。

たとえば、先ほどの「スピード」と「鮮度」という切り口で、ベンチマークを行った場合、B社が自社にとって最も優れた企業だったとしよう。そのベンチマークの詳細を見た場合に、最も高い評価はチャネル、収益構造、ユーザインタフェースだった。スピードと鮮度という場合に、とくに問題になるのは物流だ。それが、チャネル、収益構造、ユーザインタフェースでどのように現れてくるのかを知ることが大切だ。

ベンチマーキングによる評価

		A社	B社	C社	D社	E社
サプライヤーダイレクトEC	マスカスタマイズカ	90	90	60	80	100
	スピードSCM構築力	80	100	100	50	70
とにかく簡単にできる	ユーザインタフェースの使いやすさ	70	100	60	80	90
	マルチ・チャネルの多様さ	60	70	60	100	50
ダイレクト	ウェブポータル	80	100	80	50	40
	ユーザコミュニケーション	100	80	60	70	40

顧客の視点から評価すること!

ベンチマーキング・コンセプト

スーパーSCMによる“鮮度”の追求

ベンチマークは、あくまでターゲット顧客の視点で見ていく必要がある。物流という顧客には見えない仕組みであっても、必ずインタフェースなどの顧客との接点でその仕組みが現れてくるはずなのだ。経営システムも人事システムなどもすべて、ソリューションの表現方法やサポート体制などのユーザ機能に現れてくる。

ベンチマーキングで、顧客側にどう仕掛けていくかという点まで、彼我比較していく必要がある。

2

ベンチマーキング分析を実施する

ベンチマーキング分析は
できるだけ具体的な項目で比較すること。
明確なる差別性＝特徴が見えなければ意味がない。

◎ベンチマーキングで競合も参考企業も裸にしてしまう

第3章の125ページに登場したA社は、前回の調査結果で、決済方法とユーザインタフェース、カスタマーサポートが重要な仮説項目であることがわかった。そして、もっとも特徴を出すべき項目は、ユーザにとっての「快適さ」であることがわかり、それがコンセプトのカギを握ることになったのだ。「快適さの追求」がA社のベンチマーキング分析の切り口となった。

A社は、「快適さ」をさらに、

①ユーザ個人のプレミアムページの作成
②3PLによる即時配送物流システムの構築
③クリック&モルタルによるリアル店舗とのサービス併用

という3つの切り口にブレイクダウンした。

それぞれ3つの切り口で優れた企業と思われるリストを作成する。この段階では、もちろん競合も含めて幅広くリストアップする。できれば、各カテゴリで5社程度、計15社ほどピックアップすると、かなり内容の深いベンチマーキングができる。

プレミアムページについては、ユーザの個人ページということで、リクルートのキーマンズナビやデルコンピュータなどを取り上げた。３ＰＬによる即時配送システムについてはアスクルやデル、クリック&モルタルについては、米ノードストロームやユニクロなどを参考企業としてピックアップした。

彼らのビジネスモデルを細かく評価してみよう。151ページで示した8つの項目で分解してみる。実際には、企業秘密的な部分もあるため、一気には詳細がわからないかもしれないが、わからない部分は空欄にして、セカンダリデータレベルでわかる範囲のものはすべて記入していく。

わからない部分は、実際に聞きにいくことにもトライしてみよう。どうしても参考にしたいということであれば、インタビューに挑戦すべきだ。インタビューができないとなれば、専門雑誌などで特集が組まれている場合もある。

プレミアムページと一言で言っても、彼らベンチマーク企業がどのような課題を乗り越えたのか、運営に携わるのはどういう人で、どのくらいの規模でやっているのか、メルマガなどの配信の仕組みはどうなっているのか、メルマガの記事は誰が書いているのか、そのコストは……など詳しく聞き出していこう。

ベンチマーキングは、対象企業を裸にしてしまうことである。すべて出なくてもよい。もっとも知りたい部分にフォーカスして深く聞き出していくことのほうが大切だ。

3

ベストプラクティスによって「いいとこ取り」をする

ベストプラクティスとは
『最適なる実践』。
他社のいいところを自社に取り込む。

◎ベストプラクティスを2つの分析ツールで実施する

ベンチマーキングで優れた企業を抽出できたら、今度はそれをベストプラクティスとして自社にどのように取り込むかだ。ベストプラクティスとは最適なる実践。つまり、ベンチマーキング結果を、自社流にアレンジして実践することだ。他社のいいところを自社導入するわけである。

とは言っても簡単には「マネ」はできない。また、ベストプラクティスを実践することで、自社の強みやいいところをないがしろにしてもそれでは意味がない。うまく、自社流にアレンジして取り込むことが必要だ。そのためには、ベストプラクティスの「本質」をつかむことが重要になる。

ベンチマーキング分析で、優れた企業の優れた項目が明確になり、自社とのギャップがわかったら、ベストプラクティス導入のシナリオを描いていこう。シナリオ化の基本は、ツリー化である。

まず、ベンチマーキングした結果の中で、ベストプラクティスとして取り込むべき項目に優先順位をつける。ベストプラクティス実践のためのコスト、規模、能力を客観的に見て、できるところから始めていく。ただし、やみくもに始めるのではなく、あくまで将来像へのシナリオが一定描けている、そこに向けての一歩を踏み出すという感じだ。

優先順位が明確になったら、今度はどのように取り込むかのプロセスを明確にしていく。ベンチマーキングでは、優れた企業が具現化した項目しかあげていないはずだ。裏でどのような仕組み、仕掛けを実践しているかを細かく分析していく必要がある。

ベストプラクティスを分析するためには、次のようなフレームでの分析ツールが効果的だ。

①ビジネスシステム分析
②業務プロセス分析

大きくはこの2つに分かれる。たとえばデルコンピュータのような徹底的に顧客密着を実現するシステムをベストプラクティスとする場合は、この両方が必要になる。ビジネスシステムも業務プロセスも「顧客主義の徹底＝ＣＲＭ」がカギになるのだ。

◎分析ツールを使ったベストプラクティスの分析

①ビジネスシステム分析

ビジネスシステムとは、ビジネス構造全体の価値連鎖（バリュー・チェーン）の流れそのものだ。ビジネスモデルでは、ビジネス構造分析になる。ビジネス構造は第5章で述べるので、ここでは、ビジネスシステムとして分析する。

ビジネスシステムとは、エンドユーザに焦点を当てて、価値を生み出しているプロセスを描いたものだ。自社内だけでなく、上流から下流まで、エンドユーザに届くまでのすべてのビジネスの流れだ。ベストプラクティスはこの流れの中で、どこまでを統合し、あるいは排除して付加価値を生み出しているかを見てみる。

ユニクロの場合は、流通・販売からさらに調達・製造までさかのぼって、一気通貫での付加価値を形成している。デルはドリームチームを形成して、従来の調達・製造・流通の概念を変えてしまっている。彼らがどのようにしてそれを実現しているかをビジネスシステムの各プロセスごとに分析してみよう。

②業務プロセス分析

ベストプラクティスは、従来の概念を取り払うことが時として必要だ。ビジネスシステムと同様に業務プロセスもベンチマークしよう。ＥＲＰパッケージの導入も一つの手段だ。しかし、一概にＥＲＰパッケージが適切なわけではない。もっとも大切なのは、ターゲット顧客の付加価値を極大化させることだ。業務プロセスの基本はＣＲＭの業務プロセス分析だ。

ベストプラクティスのターゲットへのアプローチ、ターゲットとのコミュニケーションを分析する。彼らは顧客とのコミュニケーションを通して、データベースをどのように構築しているのか？　顧客データの活用方法は？　プロモーションは？　レスポンスは？　などの顧客との接点を分析する。

次に、受注からカスタマーサービスまでのビジネスシステムを適用する。先ほど分析したビジネスシステムを当てはめてみる。業務プロセス分析は、ベストプラクティスのマーケティング活動そのものを

ベストプラクティスのための分析ツール

①ビジネスシステム分析

	研究	開発	調達	生産	流通	販売	アフターサービス
自社ビジネスモデル	先進技術への投資小	営業と開発が分離	系列中心	カンバン方式	………	………	………
ベンチマーキング企業	フォーカスした投資	現場主義展開	ネット調達	フレキシブル方式	………	………	………
導入のポイント	フォーカス!	現場!	eマーケットプレイス	カンバン&フレキシブルの統合	………	………	………

自社の強み・弱みを客観化する必要あり!

②業務プロセス分析

	受注活動	受注業務	チャネル&ロジスティック	決済&回収業務	カスタマーサービス	データベースマネジメント
自社ビジネスモデル	200人体制でも厳しい	FAX中心+電話	自社マネジメント	………	………	………
ベンチマーキング企業	CTIを導入(100席)	Webが中心	3PL(パーティーロジスティックス)採用	………	………	………
導入のポイント	CTI導入	Webをコアに	3PLでアウトソーシング	………	………	………

効率化×高度化の両方をねらうべき!

分析することになるのだ。

◎──ベストプラクティスをツリー化する

もっとも優先順位の高いベストプラクティスをどうやって実践するかをツリーで描いてみよう。最初の項目に、自社への導入テーマとしてのベストプラクティスを描く。次に、ベストプラクティスを構成する要素を、導入のポイントとして2つ～3つあげる。それぞれの導入のポイントからさらに、実践のための施策として何が必要かにブレイクダウンしていく。

このツリーはさらに細分化していくと、それぞれ実践するためのチームのタスク、個人のタスクへと降りていく。このツリーに登場する項目は、とくに254ページで策定する個別戦略の中で具体的に描かれている必要がある。

新しいビジネスは、いいとこ取りこそ大切だ。逆に、しがらみをなくして他社のいいところを実践することが、新しい付加価値を生み出すのだ。

ベンチマーキング分析&ベストプラクティスの流れ

Step 1 ベンチマーク企業の概要をセカンダリデータからまとめる

・ホームページを詳しく見る
トップページの構成／ユーザインタフェースの使いやすさ／CEOのコメント／ニュースリリース／ビジネスのミッション／企業概要など
・収益の推移データ
BS・PL（財務諸表）／資本構成など
・ビジネス構造の概要
プレイヤー／物流・情報流・カネの流れなど

⇩

Step 2 もっとも優れたビジネステーマをピックアップする
▶ベストプラクティス

・スーパーSCM
・コールセンター
・ハイブリッド・チャネル
・ユーザインタフェース
⋮

⇩

Step 3 ベストプラクティスを分析ツールで検証する

・ビジネスシステム分析
・業務プロセス分析
▶ ベストプラクティス実現のための本質を探る（エッセンス）

⇩

Step 4 ベストプラクティス実践のための施策ツリーを描く

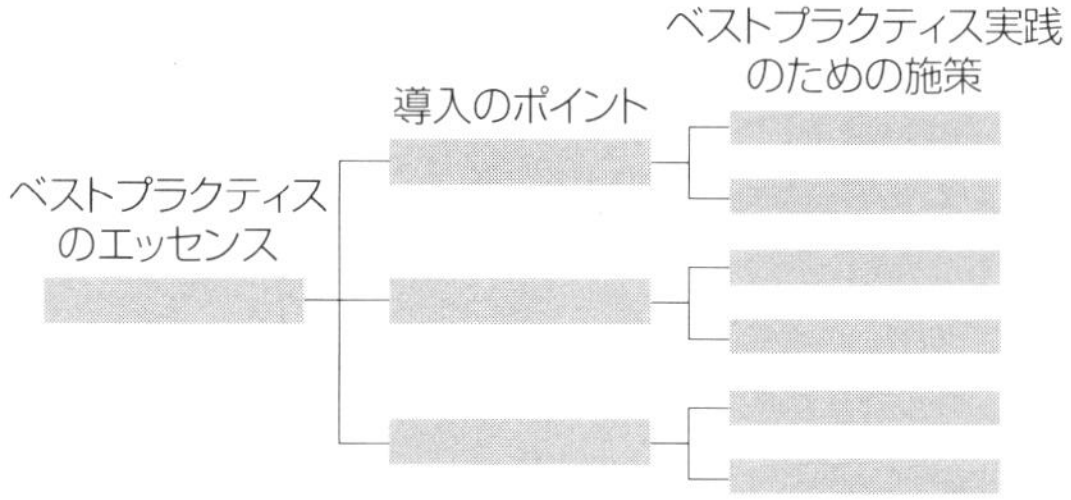

第5章 ドメインを決定する

1 ターゲット&ベネフィット&ソリューションを体系化する

ターゲット&ベネフィット&ソリューションは
ビジネスモデル・コンセプトのコアとなるもの。
体系化して、一本のロジックを組み立てよう。

調査&分析結果からターゲット・プロファイリングを描く

仮説検証の段階で行った調査結果や分析結果から、明確なターゲット像を規定しよう。すべてのサービスはこのターゲット像から始まる。ターゲット像を描く場合に、もっとも効果的な手法は、ターゲット・プロファイリングを描くことだ。左ページの図をごらんいただきたい。

75ページでも述べたように、ターゲット・プロファイリングという手法は、ＦＢＩ心理捜査官が、怪事件を捜査するときに使う手法の一つである。ある特定のターゲット像を描き、仮説を検証しながら、具体像へと迫っていく手法だ。

本ケースでは、ターゲットを「35歳、男性。既婚。子供女の子1人。（株）ＡＢＣインスティテュート勤務。年収８００万円。ダブルインカム。東急田園都市線『たまプラーザ』駅近辺在住。ウィークエンドは近所の仲間とテニス。毎週末の夜はホームパーティで……」としておこう。

次に、ターゲットをマッピングしていく。このターゲット像を、どんな軸のマトリックスに描くかで、

ターゲット・プロファイリングの例

名前・性別・年齢

○○ ○○
女性
35歳

住まい・家族構成

世田谷区****
持家（マンション）
DINKS

職業・所得

IT関連会社
営業企画
450万円
（世帯年収1150万円）

趣味・購読雑誌

海外旅行・音楽
鑑賞・ウィンドウ
ショッピング
FIGARO

好きなブランド

PRADA

好きな車

プジョー****

好きなインテリア

CONRAN
IDEE
無印良品

ライフスタイル

週末は友人と、***でランチタイムをエンジョイ。
が好きで、いつも車に乗るときは*。
アフターファイブの****は、必ず*****へ。
帰り道の****で、いつもの******。

具体的な
ターゲット像
を描く

（75ページからの内容を参照いただくと復習になる）

訴求すべきベネフィットが見えてくる。軸は、大きな項目よりも細かく絞ったほうがよい。

たとえば、「情報リテラシーが高い・低い」ではなく、「家庭用PCでネットサーフィンを毎日・1週間に1回程度・月に1回程度している」という具体的な項目で軸を整理することが望ましい。

マトリックスではなく、77ページの図で詳述したヒエラルキーでターゲット像を規定する場合もある（169ページにも簡略な図を示した）。ターゲット・プロファイリングはある特定の個人を示している。自社のビジネスモデルでもっともシンボリックなターゲット像だ。このシンボリックターゲットを基本に、どのような層のターゲットがありえるかを、ヒエラルキーで表現する方法だ。これをターゲット・ピラミッドと呼ぶ。

ターゲット・ピラミッドの描き方は、左ページの図のように、まず頂点にシンボリックターゲットを描く。次の層には、そこからある一定の軸でつながっている層を描く。たとえば、シンボリックターゲットが1日に数時間もネットサーフィンを楽しむ人であれば、次の層は、週に数時間ネットサーフィンを楽しむ層。シンボリックターゲットが、超アウトドア派ならば、次の層は、週末は自宅の庭でバーベキューを楽しむ層といった具合だ。

いずれの場合も、具体的なターゲットを描くことで、ベネフィットや提供するソリューションを構成するための、起点になるのだ。

◎ターゲットを起点としたベネフィットを描く

ターゲット像が決まったら、次にベネフィットを規定する。ベネフィットはターゲット顧客にとって利益になるもの、便利なものだ。「そうそう、そういうのが欲しかった！」と思ってもらえるものでなければならない。これは、単なるニーズ（顕在化している要求）ではなく、ウォンツ（潜在化している欲求）に応えるものでなければならない。

まず、ターゲットのニーズを描く。ビジネスモデルは、このニーズが発案の原点になっている場合が多い。よく耳にするもっとも基本的な要求だ。ビジネスモデルのアイデアはそのちょっとしたニーズを

ターゲット・ピラミッドの例

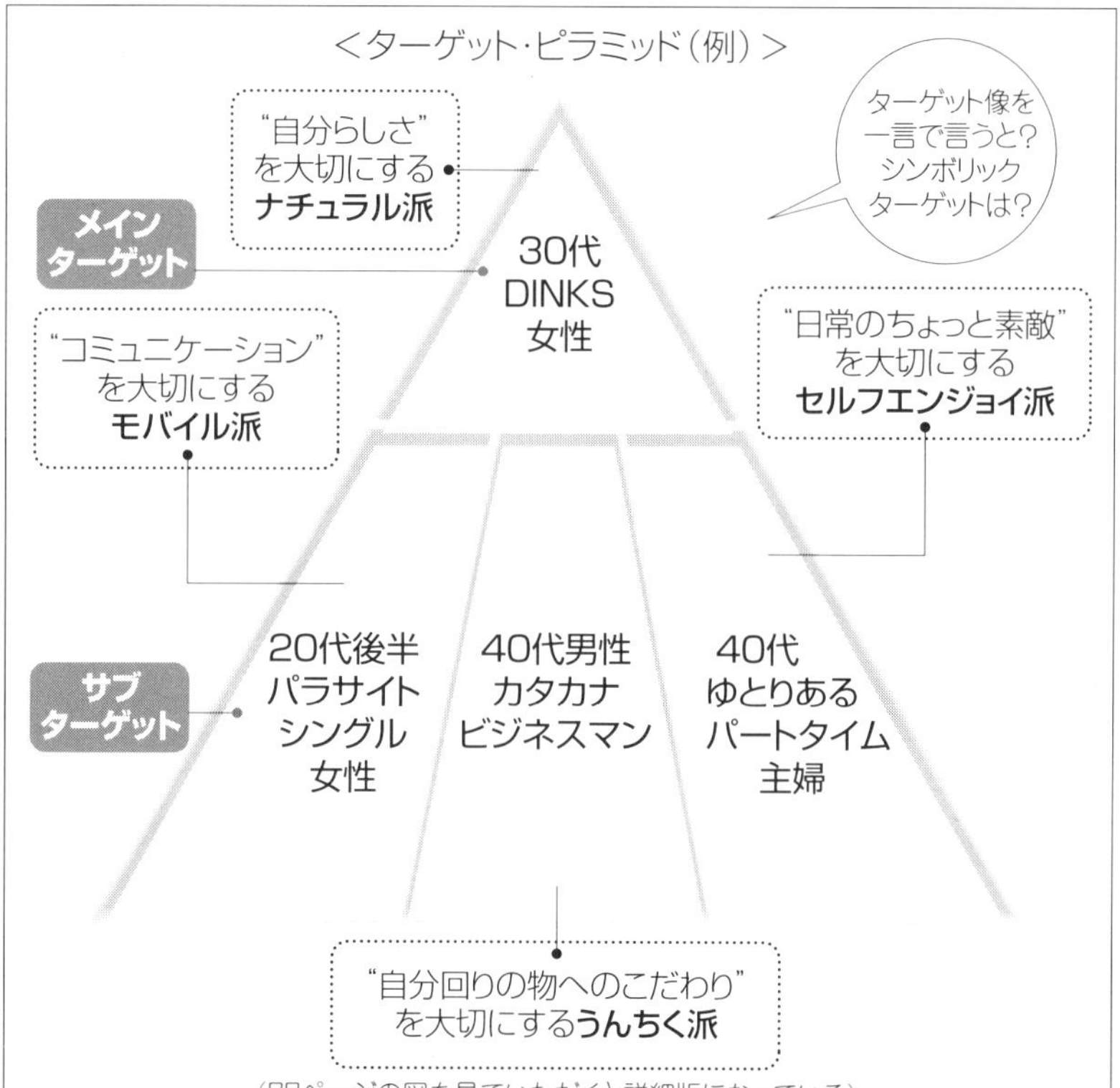

(77ページの図を見ていただくと詳細版になっている)

どのようにとらえるかで大きく変わってくる。

世界最大のネットオークションというビジネスモデル、eBayを創設したピエール・オミディオは、彼の妻パメラの一言がアイデアの発端だった。

当時、ペッツという人形の付いたキャンディケースのマニアだったパメラが、「他のコレクターとペッツを自由に交換したりできないかしら」とピエールに言ったことで、ピエールはインターネット上に個人間で自由にバーター取引ができるサイトをつくったのだ。

これは、ある一人のニーズから、ウォンツをつかみ、ソリューションへ展開した典型的なパターンだ。新規ビジネスには、このストーリーが必要だ。

ニーズを描いたら、そのニーズを構成するいくつかの要因に分解する。3つから5つ程度の要因をあげてみる。なぜ、そのようなニーズが現れたのか？ この要因がウォンツだ。そして、それぞれのウォンツを満たす要素がベネフィットになる。

ベネフィットを実現するソリューションを描く

ニーズ〜ベネフィットのツリー構造ができあがったら、今度はそのベネフィットを実現するためのソリューションを描く。すべてのベネフィットを一度に実現することは不可能だ。逆に、いきなりすべてのベネフィットを追う必要はない。将来的には、すべてのベネフィットを統合していく形で、ビジネスを展開させていくというスタンスで考えよう。

そこでニーズ〜ベネフィットのツリーの中で、もっとも優先順位の高い部分を規定する。そのベネフィットを実現するためのソリューションを構成していくのだ。ソリューションは、ベネフィットを実現するために必要なテーマだ。ソリューションのテーマが決まったら、ユーザ機能を規定していく。

ターゲットのニーズから
ウォンツへの落とし込み

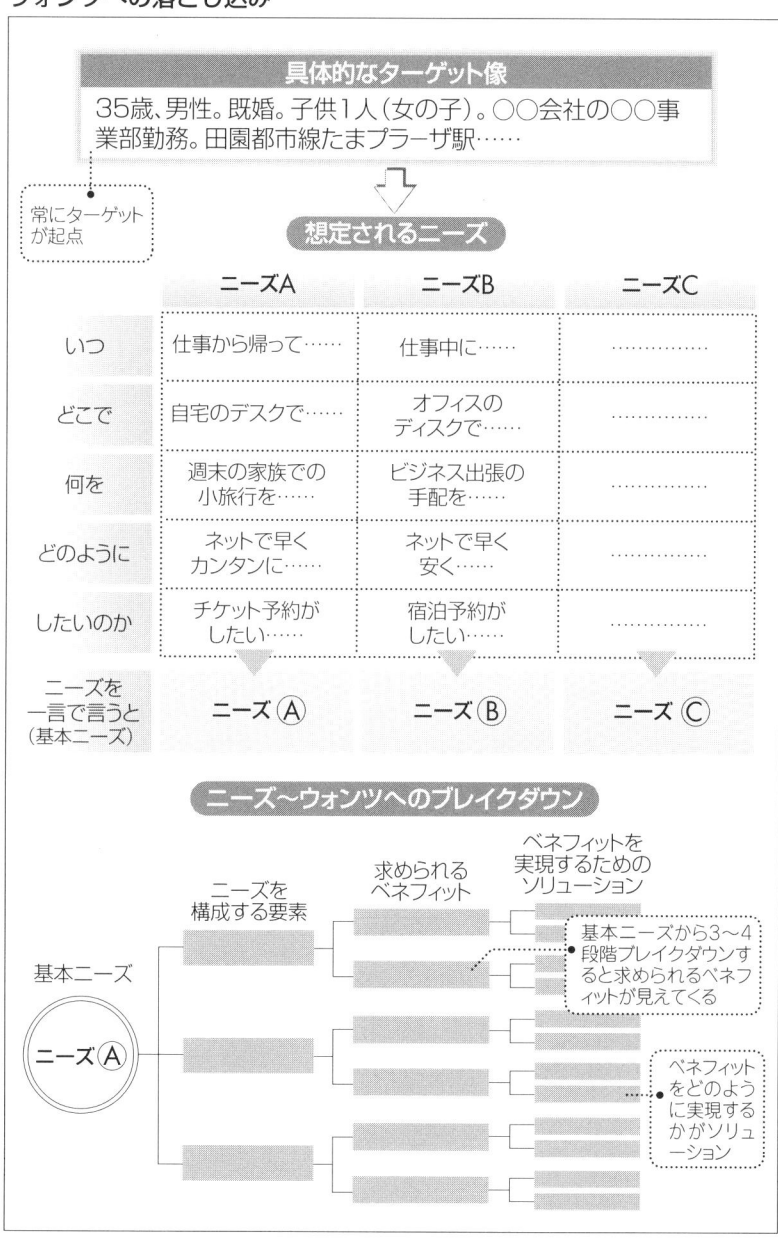

具体的なターゲット像

35歳、男性。既婚。子供1人(女の子)。○○会社の○○事業部勤務。田園都市線たまプラーザ駅……

常にターゲットが起点

想定されるニーズ

	ニーズA	ニーズB	ニーズC
いつ	仕事から帰って……	仕事中に……	……………
どこで	自宅のデスクで……	オフィスのディスクで……	……………
何を	週末の家族での小旅行を……	ビジネス出張の手配を……	……………
どのように	ネットで早くカンタンに……	ネットで早く安く……	……………
したいのか	チケット予約がしたい……	宿泊予約がしたい……	……………
ニーズを一言で言うと(基本ニーズ)	ニーズⒶ	ニーズⒷ	ニーズⒸ

ニーズ～ウォンツへのブレイクダウン

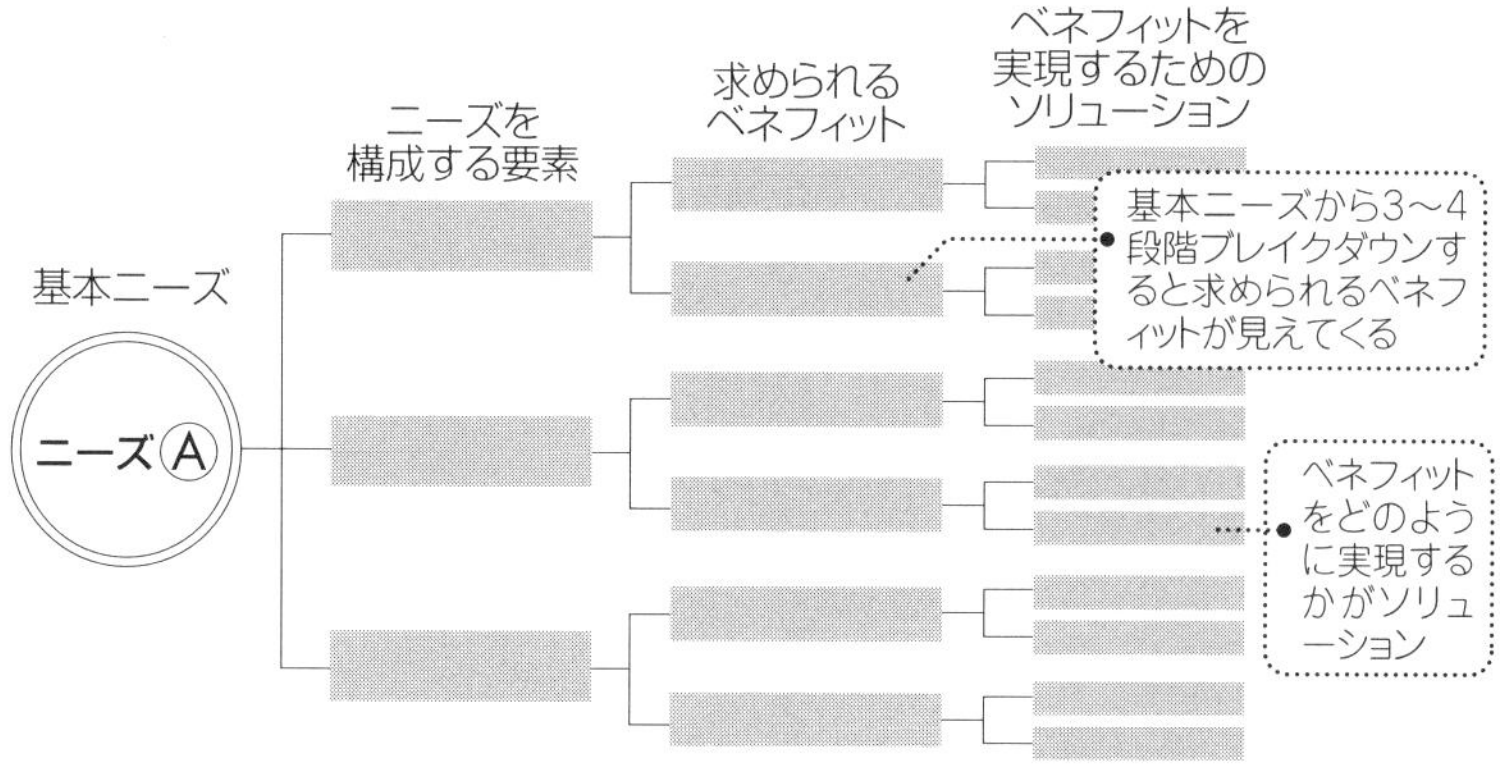

ニーズを構成する要素
求められるベネフィット
ベネフィットを実現するためのソリューション
基本ニーズ
ニーズⒶ
基本ニーズから3～4段階ブレイクダウンすると求められるベネフィットが見えてくる
ベネフィットをどのように実現するかがソリューション

2 ビジネスモデル・コンセプト体系を構築する

ビジネスモデル・コンセプトは、差別的優位性であり特徴だ。あいまいな表現ではなく、シンプルでわかりやすく、切れ味のあるものに！

◎──コンセプトはすべてのシナリオの本質だ

ビジネスモデル全体の根幹を担うのがコンセプトだ。ターゲットもベネフィット&ソリューションもドメインもすべてこのコンセプトに集約する。また、コンセプトからビジネス構造、戦略へと展開するのだ。意外にビジネス構造だけでは差別化できないケースが多い。コンセプトを決めることは、ビジネスモデル全体を決めることに等しい。つまり、コンセプトはビジネスモデルを構成するシナリオの本質そのものなのだ。

どんなビジネスモデルにも一つの明確なコンセプトがある。これにターゲットユーザが応えてくれる。そのコンセプトを体系化することが、ユーザに対して、自社のビジネスモデルが何をやろうとしているのか？何が特徴になるのか？どんなベネフィット、ソリューションを提供するのか？を示すことになる。

コンセプトの体系化は、次の方法で整理していく。

①ターゲット（ユーザ・市場）の特徴

ターゲット&ソリューション&利用シーンからコンセプトを体系化する

	定義	ポイント
1 ターゲット	・30代DINKS女性 ・ネットリテラシー有 ・インターネットショッピング 1回／月以上利用	クリック&モルタル
2 ソリューション	・買い物代行 ・家事代行 ・手続き代行	ホームコンシェルジェ
3 利用シーンに必要なユーザ機能	・エージェント ・リコメンデーション ・顧客DB	私はあなたを知っています

本質を一言で言うと……（キーコンセプト）

働く奥さんの味方
　～私はあなたのホームコンシェルジェ

キーコンセプトを補足すると……（サブコンセプト）

1. クリック&モルタル・サービス
2. 代行サービスのポータル
3. きめ細かい気配りサポート

②サービス・商品（ソリューション）の特徴
③利用シーンによる商品スペック（ユーザ機能）の特徴
④①〜③の差別的優位性を表現するキーコンセプトを規定する
⑤キーコンセプトを補足するサブコンセプトを2つ〜3つ規定する

①〜③は前節まで説明したものだ。ターゲット、サービス・商品、利用シーンによる商品スペックのそれぞれの特徴を一言で表現する。この一言が大切だ。

◎——コンセプトはエッセンシャル・コミュニケーション

コンセプトは特徴や差別的優位性を一言で表現したものだ。優れたコンセプトは、それだけで何がやりたいかがわかる。ビジネスモデルの本質を表現している。しかし簡単にコンセプトは表現できない。

通常、コンセプトを書こうとすると、すべてのことを網羅的に書いてしまうことがある。誰でもわかるようにという意識が先行してしまうからだ。誰にでもわかることは重要だが、内容が誰にでもわかる必要はない。誰にでもわかるようにするのは、表現のほうだ。

たとえば、iモードは「手のひらのコンシェルジェ」がキーコンセプトだ。決して「携帯電話と情報コンテンツを融合した、誰でも持ち運びできる情報コミュニケーションツール」とはいわない。内容よりも、特徴が一言でわかるようにすることが大切なのだ。説明ではなく、違いが何か、特徴が何か。これを、「エッセンシャル・コミュニケーション」と言う。

3

ビジネス・ドメインをまとめる

小さく始めて大きく育てる。
ビジネス・ドメインは、ビジネス成長のベクトルであり、
遺伝子記号だ！

目指す方向へ向かうための成長のシナリオを描く

ドメインとは「領域」という意味。ビジネス・ドメインはどんな市場でどのような事業を行うかの、そのビジネスの領域を示すことになる。新しいビジネスが大きく成長するか、あるいは消えてなくなるかは、このドメインが大きく影響する。ドメインは成長のベクトルなのだ。

ビジネス・ドメインを定義するためには、まずどんなサービスから始めていくかが重要になる。事業の立ち上げの中で最も成果の上がるコアとなる商品・サービスの領域をサービス体系として定義する。商品・サービスの広がりをベクトルでとらえ、サービス体系をどのように展開するかがドメインになる。

ベクトルでとらえるときに、どの方向へいくかのオプションを決める必要がある。そのためには2軸のマトリックスで整理したチャートに、はじめのサービス体系をプロットしてどの方向へ向かうかを決める。たとえば、身近な街の情報を携帯電話に配信するビジネスを考えていたとする。コンテンツの広がりとコンテンツ自体の深さという2軸でプロットすると、目指す方向としては、コンテンツをより広

げていく方向、特定のコンテンツをより充実していく方向、広がりと充実を同時に目指していく方向の3つが考えられる。このどれをドメインのベクトルとしていくか。

もちろん、この場合は、広がりと充実の両方を兼ねた3つ目の方向がベストだ。しかし本当にターゲットユーザが欲しいのは、あるカテゴリに特化した情報であり、そこに集まるユーザ同士のコミュニティかもしれない。その場合は3番目ではなく、コンテンツを充実させていく2つ目のベクトルが最適になる。最初のスタートは同じでも、ユーザ機能やベネフィットが大きく変わってくるのだ。

ドメインの方向性が決まったら、今度はその方向へ向かうための成長のシナリオを描く。すべてのビジネスは、小さく始めて大きく育てるのが基本だ。いきなり大がかりなビジネスは、立ち上げにコストや時間がかかるだけでなく、機動性も失われてしまう。市場を創造していくためには、機動性が命だ。

小さく始めるが、将来性が大きいというビジネスプランを描くためには、このドメインのシナリオづくりがとても重要になってくる。次の3つのプロセスでドメインを描いてみよう。

①ドメイン設定のフィールドを描く
②サービスに広がりを持たせながら、時系列で発展の過程を描く
③最後に、向かう方向へすべての商品・サービスを統合していく

◎進化のシナリオとしてのロードマップ〜ドメインマップを描く

ドメインは時間経過とともに、どのようにビジネスを展開するかのロードマップの集大成だ。ロード

マップには、商品レベルの商品ロードマップ、事業レベルの事業ロードマップがある。どんな商品やサービスを市場に登場させていくのか？　一度に登場させるのか？　あるいは徐々に浸透させていくにしたがって登場させていくのか？　技術の発展経路は？　事業自体の発展経路は？　という具合に、だんだん大きな事業へと育てていくプロセスを、あらかじめ描いておくことが必要だ。

まず事業ロードマップを押さえておこう。事業ロードマップの部分、部分が商品ロードマップとして描かれているようにしておく。事業ロードマップは縦軸に特徴となる事業構造の進化、横軸にサービスやベネフィットの進化の両面から描いていく。

事業ロードマップの最終地点は、この事業によって何を実現するのか？　というポイントを描くことだ。そこに向けてたどる筋道をつくっておく。内容は広がる場合もあるし、あまり広がらずに展開する場合もある。しかし、最終的には、目指すべき事業像にすべてが統合されていくシナリオを描くことが大切だ。

商品ロードマップは、どのような商品やサービスをどんな開発サイクルで行うか？　というシナリオを描く。このシナリオは、第3章で述べた、「仮説の構築〜検証〜修正」という一連のサイクルとともに展開するものだ。顧客の嗜好の変化、インフラ技術の発展などさまざまな要因によって変化することが予想される。それらも踏まえて、あらかじめ想定しておくのだ。

ロードマップは、仮説検証のプロセスそのものだ。ロードマップにしたがって、仮説を構築し、検証し、修正していく。最初のロードマップというシナリオをしっかりつくっておこう。

サービスマップ〜
ドメインマップのチャート例

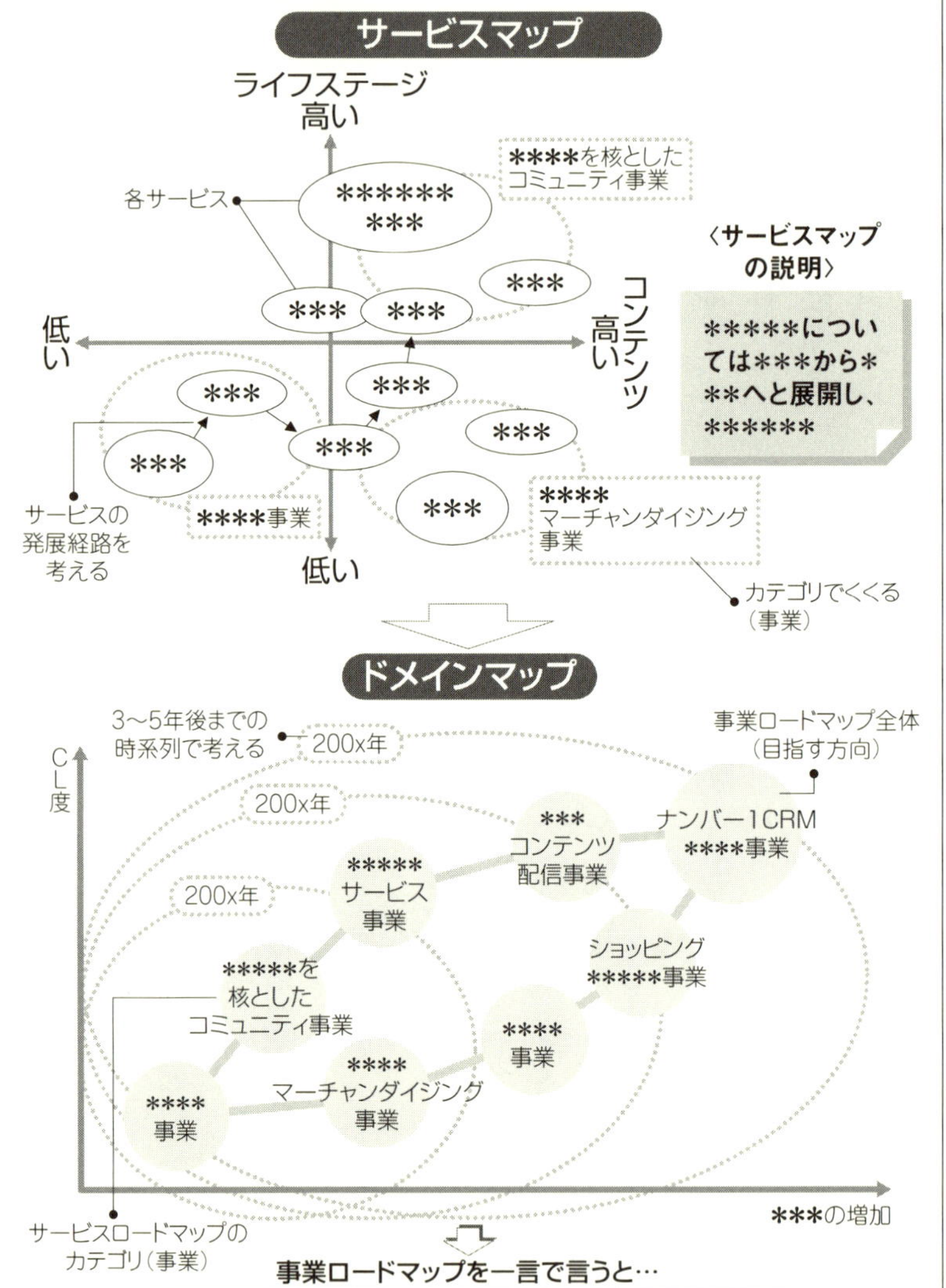

事業ロードマップを一言で言うと…

****によるナンバー1CRM*********

各サービス〜事業〜ドメインへ!
小さく始めて大きく育てる⇒成長の全体像を示す

4 ビジネスモデル構造をまとめる

人、モノ、カネ、情報の流れは？
パートナーとのＷｉｎ－Ｗｉｎを実現するための
最適な構造とは？

ビジネスモデル構造は、クリック＆モルタルで構成する

従来のビジネス構造は、メーカー発想での単純なフロー構造であった。ところが、インターネットの台頭で、単純な一方通行の流れではなく、複雑で双方向なビジネスの構造が可能になった。ユーザを起点としてソリューションを実現するための発想で生まれるものだ。

ビジネス構造の発想を根本から変えたのは、デルコンピュータ。日本のビジネスモデルという言葉の原点とも言われる、デル・ダイレクト・モデル。サプライチェーンの構造そのものを変えてしまった。

常にビジネス構造を考える上で、必要になるのがインターネットというインフラだ。従来型は、リアルの世界での都市のインフラ上でのビジネスであった。そこに、サイバーという都市のインフラが出来上がったのだ。インターネットは特別ではない、しかし、インターネットだけでも無理がある。

「クリック＆モルタル」という言葉がある。インターネットが普及していく反面、ポッと出のＢ２Ｃのピュアプレイヤーたちがネットビジネスと称したビジネスモデルで失敗が相次いだ。インターネットが

道具であり、インフラであることが定着した以上、もはや、インターネット自体が特徴となることはありえない。クリック&モルタル、リアルとサイバーで最適なビジネス構造を描けることが、ビジネスモデル成功の必要条件になってきている。

ビジネスモデル構造を構築するステップは次の通り。

①プレーヤーを決める
②モノの流通構造を決める
③情報の流通構造を決める
④収益構造を決める
⑤インタフェース（接点）機能およびインタフェースを実現するシステム機能を決める

ビジネスモデルのプレーヤーは、エンドユーザ、パートナー、自社の3つが基本になる。すべてがＷｉｎ－Ｗｉｎで成り立つことがビジネスモデルの基本になる。力関係は基本的には、エンドユーザ以下はすべて並列で考えることが望ましい。従来のようなパートナー同士の力関係の不均衡は、結果的にエンドユーザに付加価値の低減という事態を引き起こしてしまう。つまり、ソリューションの前提としてのパートナーシップが必要なのだ。

インタフェース（接点）機能は、もっともオリジナリティが出る部分。後述するビジネスモデル特許は、ここに特許性が表れてくる。ビジネスモデル特許は、インタフェースとそれを実現するシステムが対象になるのだ。

ビジネス構造はベストプラクティスを重視する

ビジネス構造を描く際には、他社のビジネス構造をいくつか整理してみよう。ビジネスモデルは、ビジネス構造自体が特徴になる時代は過ぎている。インターネットが台頭した当時は、リアルのチャネルや物流、情報流の構造が大きく変化したため、ビジネス構造自体が特徴、差別性を生んでいた。しかし、今ではビジネス構造自体はあまり大きな特徴とはならない。ただし、業界として旧態依然としたビジネスシステムを行っている場合は、最初のうちはビジネス構造だけでも特徴のあるビジネスモデルとなることはある。

ビジネス構造はすでにさまざまなものが出ている。大きくはＢ２Ｂ、Ｂ２Ｃ、Ｃ２Ｃ、Ｃ２Ｂという４つの市場構造のパターンでビジネス構造は変化する。また、物販なのか、エージェントなのか、コンサルティングなのか、ＡＳＰなのかなどサービスの形態によってもビジネス構造は変化する。自社のビジネスモデルがどのカテゴリに属するかを考えて、そのビジネスに近いベストプラクティスを取り上げて、ビジネス構造を描く際のテンプレートにしてみよう。

Ｗｉｎ－Ｗｉｎ度をチェックする

ビジネス構造に登場するプレーヤーはターゲット顧客も含めて、お互いがＷｉｎ－Ｗｉｎの構造になっている必要がある。ビジネスモデルではプレーヤーはパートナーだ。力関係でビジネスが築ける時代はとっくに過ぎている。お互いにハッピーになる構造がどうやれば可能になるかを考える必要がある。

そのためにチェックすべきは、

①収益構造

②情報の流通構造

③顧客に対しての役割・ブランドアイデンティティ

大きくこの3点をチェックする。もしくは、パートナーと時間をかけてディスカッションする。1つ目の収益構造はパートナーとの役割分担を明確にし、付加価値とコストのバランスを調整する。サービス・商品の価格はターゲットユーザを主体として決めるので、ターゲットユーザに対する付加価値とパートナ同士の付加価値の構造（収益のあるべき姿）の詳細を明文化しておく必要がある。

2つ目の情報の流通構造は、収益構造以上に大きな問題だ。情報がオープンでかつ即時的に流れるようになっているか、あるいはどこにストックされるかというフローとストックを規定しておこう。ここは、ターゲットユーザーから得られた情報をパートナー同士でどう共有するか、また、各プレーヤーが持っている情報を共有し、どの情報をユーザのベネフィットとして返していくかについて、情報内容とシステム、ビジネスフローを調整しておく必要がある。

3つ目は、顧客に対して、それぞれのパートナーがどのような役割・責任を負っているのか、ブランドはどのように確立されるのかという点も明確にしておく必要がある。

ビジネス構造の描き方

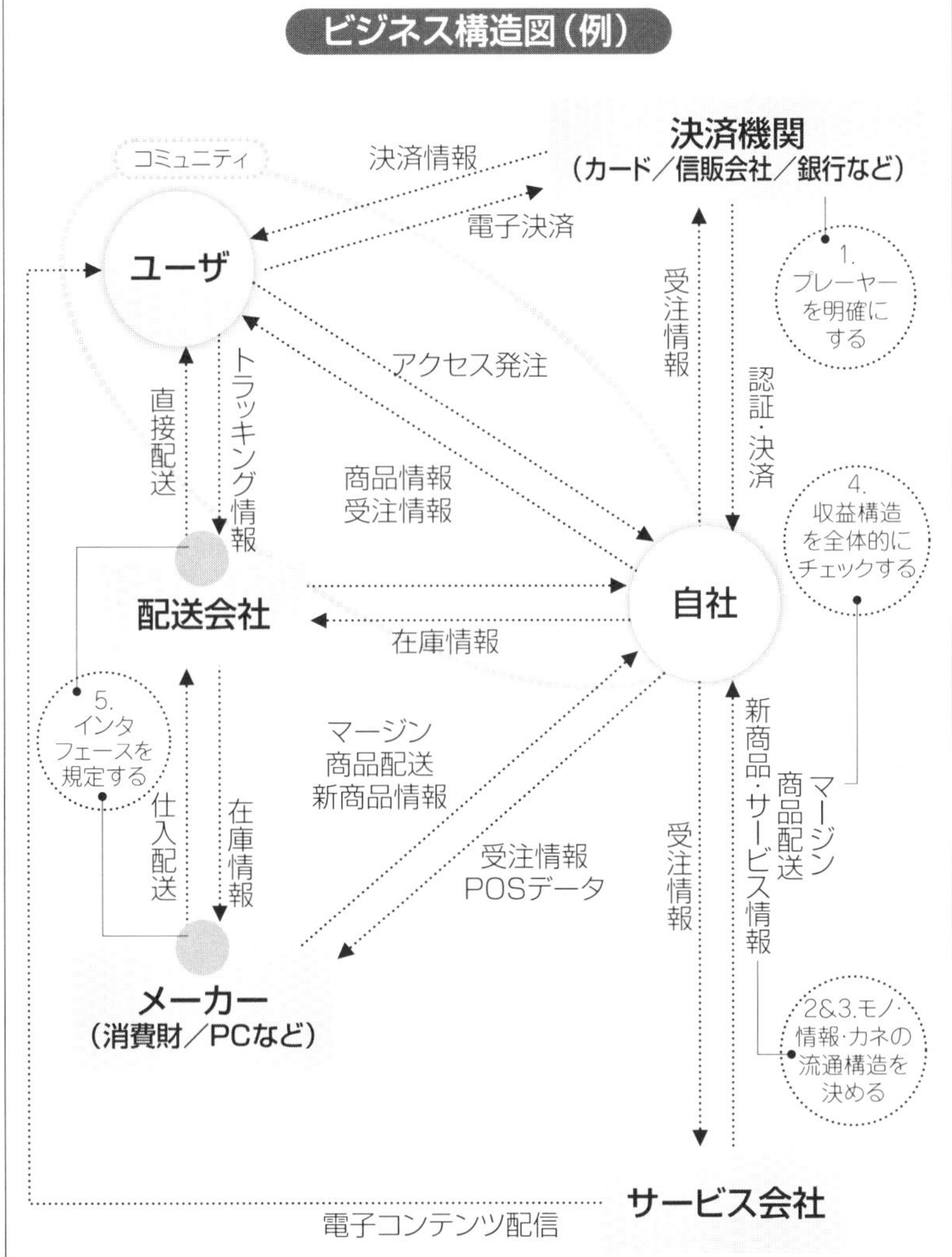

ビジネス構造図はモノ・情報・カネが全体で完結していること!

5 ビジネスモデル特許のテーマを整理する

ビジネスモデル特許は、
ビジネスを実現するための「機能」が対象になる。
「機能」を具現化するための特許テーマを整理しよう。

◎ビジネスモデル特許は必ずチェック

ビジネスモデル特許は、アメリカではビジネス・メソッド・パテント（特許）と呼ばれている。ビジネスの方法を特許として認めるということだ。アメリカと異なるのは、言葉の定義だけでなく、日本の場合は特許申請が早い順に認められ、アメリカでは発明が早い順に認められる。基本的に違うということを認識しておこう。

ビジネスモデル構造を検討する場合に、ビジネスモデル特許に抵触の可能性がないかどうか、あらかじめチェックしておくことが必要だ。また、インターネットを用いた技術やシステムは、大規模な投資をせずに、簡単につくれるものが多い。ビジネス構造自体に差別性や特徴が現れにくいため、特許という形で、ビジネスモデルのオリジナリティを保つという発想もある。

いずれの場合でも、ビジネスモデル特許は、常に念頭においておく必要がある。ビジネスモデル特許のテーマをどのように設定するかで、ビジネスモデルの特許の可能性は大きく変わる。

ビジネス構造からビジネスモデル特許を整理する

ビジネスモデル特許は、ビジネス構造のフレームからチェックを行っていく。通常、ビジネス構造自体を特許にはできない。ビジネスモデル特許は、ある特定のビジネス構造を生み出すための機能や仕組みに対して得られるものだ。ビジネス構造を生み出すプレーヤーとの間のインタフェースやシステムは必ず特許をチェックしよう。また、それに付随するあるいは発展の可能性がある仕組みまですべてチェックする。

ビジネスモデル特許の可能性が高い機能を、その概要とチェック用のキーワードで整理する。そのキーワードを基に特許庁のデータベースなどへアクセスして常にチェックするようにしておこう。

特許のチェックは特許庁のデータベースで

ビジネスモデル特許のチェックは、特許庁のＤＢ（http://www.ipdl.jpo-miti.go.jp/homepg.ipdl）にアクセスするとすぐにチェックできる。しかし、特許は申請してから約18カ月は表に出ないため、大部分はまだＤＢ化されていないケースが多い。結局はｇｏｏなどの検索エンジンでキーワード検索するか、近いビジネスモデルを行っている企業のホームページなどへアクセスしてみる。ビジネスモデル特許が申請されている場合、「特許申請中」などの表示がある場合があるので、それも要チェックだ。

◎――ビジネスモデル特許に必要な資料

ビジネスモデル特許申請には、次のようなものを資料として用意しよう。たいていの特許事務所は、これらを用意しておくと議論のベースができると考えておいてよい。Ａ４判用紙に10ページくらいだ。

◎ビジネス概要
◎ビジネス構造図
◎システム構成図
◎データベース設計図
◎ネットワーク構成図
◎肝になる画面イメージ

また、実際に申請したものがビジネスモデル特許になるかどうかという点については、大きく次のような基準をクリアしなければならない。

◎明らかに創造性があり、技術レベルでも進んでいる
◎仕組み、仕掛けの効果が大きく、ソリューション＆ベネフィットが明確に伝わる

出願には、１件あたりトータルで50万円程度の費用を準備しておけばよい。ただし申請後18カ月の間、潜伏期間があるので注意が必要だ。ビジネスモデル特許出願中の旨は、ウェブページや主要な説明資料に必ず明記しておくこと。

ビジネスモデル特許の検討(チャート例)

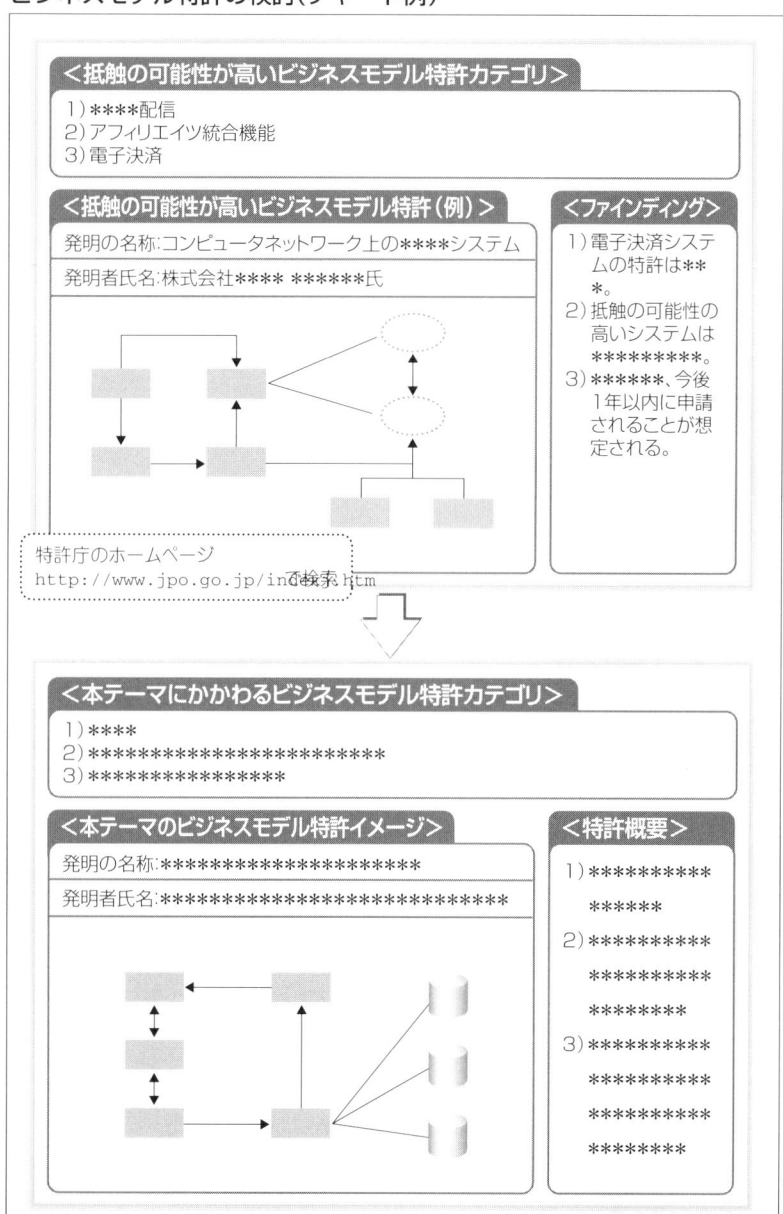

＜抵触の可能性が高いビジネスモデル特許カテゴリ＞

1)****配信
2)アフィリエイツ統合機能
3)電子決済

＜抵触の可能性が高いビジネスモデル特許(例)＞

発明の名称:コンピュータネットワーク上の****システム

発明者氏名:株式会社**** ******氏

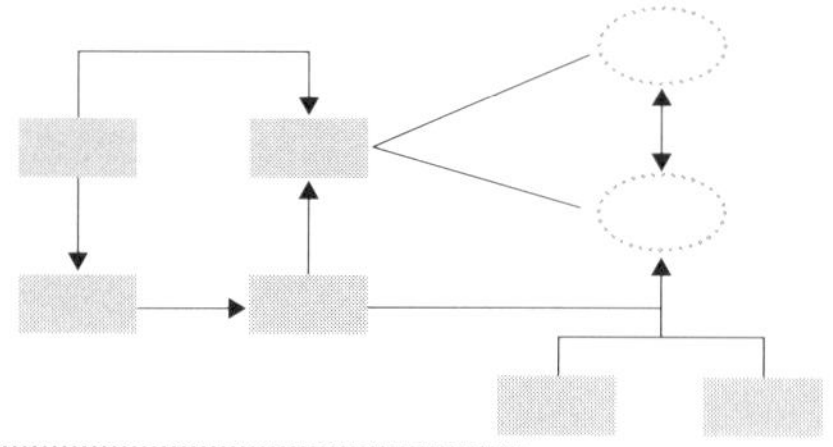

特許庁のホームページ
http://www.jpo.go.jp/index.htm で検索

＜ファインディング＞

1)電子決済システムの特許は***。
2)抵触の可能性の高いシステムは*********。
3)******、今後1年以内に申請されることが想定される。

＜本テーマにかかわるビジネスモデル特許カテゴリ＞

1)****
2)*************************
3)*****************

＜本テーマのビジネスモデル特許イメージ＞

発明の名称:**********************

発明者氏名:*****************************

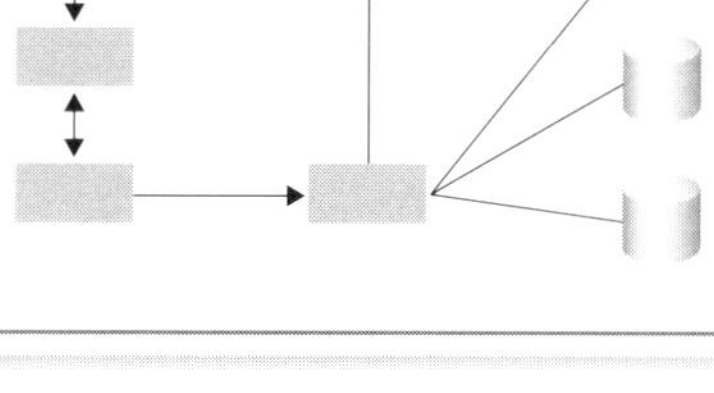

＜特許概要＞

1)****************
2)****************************
3)**************************************

第6章

市場規模を算定する

1 何をもって「市場規模」とするのか？

本来「市場規模は算定するものではなく、自らの手で創り上げるもの」である。

◎ベーシックな知識と、数字に対する勘が必要だ

いきなり質問である。左ページの問いにいくつ答えることができるだろうか。

一人ひとりのビジネス活動が、日本の景気を支えている。経済を動かしている。自分の身近な数字（質問5→4→3→2→1の順）は答えられるだろうが、1と2は答えられただろうか？

第1章で学んだように、ビジネスプランのはじめにはマクロ環境がある。日本のGDPも重要な指標だ。しかし、1の質問に答えられない社会人が結構多い。グローバル化などといわれて久しいが、国際経済の数字を押さえているビジネスパーソンもまだ少ない。

市場規模や市場占有率（マーケット・シェア）は、知識として知っていなくても、大枠の数字を押さえていれば、桁数を間違えるという恥ずかしい思いはしなくて済む。

「日本も401kスタート。日本の個人金融資産は、どのくらいですか？」

とクライアントであるアメリカ企業のエグゼクティブに質問されたとしよう。

いくつ答えられるか？

質問1 日本のGDPは?

質問2 御社のいる主要業界の国内市場規模は?

質問3 あなたの扱っている事業または商品の市場規模は?

質問4 あなたの会社および部門の売上高は?

質問5 あなたの取扱商品の売上高は?

Ａ１「１４００億円」
Ａ２「１・４兆円」
Ａ３「１４０兆円」
Ａ４「１４００兆円」

さて、自信のほどは？　桁を間違える人は、数字への勘が鈍い証拠なので要注意だ。

日本のＧＤＰよりも果たして、多いのか少ないのか？　まず、日本のＧＤＰはいくらだ？　このくらいのベースがないと、恥をかくかもしれない。

ＧＤＰはざっくりと５００兆円、個人金融資産は、１４００兆円と覚えておこう。ちなみに２０００年度のＧＤＰ実質成長率は、０・９％だ。推移を追うようにしよう。

◎――日本の有望ビジネス分野の市場規模は？

コンサルタントは、仮説が命。この仮説構築&検証力をつけるために、数字を推定するゲームを行う。たとえば、「日本には、何本の電信柱があるか？」「六本木の20坪のラーメン屋。月の営業利益は？」「幕張に６Ｆ建てのブックストアをつくったら……」など。

このゲームを、フィージビリティ・スタディに活かした場合、市場規模の推定ができる。そのようなコンサルティングのときに、日本のこれから伸びそうな主要業界の市場規模を覚えておくと、推論もしやすい。

◎情報通信関連分野：38兆円→１２６兆円（２０１０年）
◎環境関連分野：15兆円→37兆円（２０１０年）
◎住宅関連産業全体：36兆円→52兆円（２０１０年）
◎医療福祉分野：38兆円→91兆円（２０１０年）

情報通信つまりＩＴ関連市場は、やはり２０１０年に、３倍規模に膨れ上がる予測だ。

まだ小規模だが、将来性のありそうな分野も紹介しよう。

◎航空・宇宙（民需）関連分野：４兆円→８兆円（２０１０年）
◎新エネルギー・省エネルギー関連分野：２兆円→７兆円（２０１０年）

これらのデータは、経済産業省のホームページで見つけることができる。ちなみに、ホームページアドレスは〈www.meti.go.jp〉である。ブックマーク（お気に入り）に入れておこう。

業界の区分も動いている。つくづく市場は生き物なのだ、と思う。たとえば、あなたの会社が、新し押さえるべきデータはしっかりと！

マクロ環境として押さえる数字

1.GDP（実額&成長率）
2.株価（日経平均、米国Nasdac）
3.円レート（ドル、ユーロ）
4.金利（公定歩合、短期金利）
5.物価（卸売、企業向けサービス）
6.設備投資
7.消費支出
8.年代別人口
9.物価
10.失業率

必ず5〜10年の推移でグラフ化！

各業界・市場環境として押さえる数字 ※99年データ

自動車

国内販売台数：586万9000台
国内出荷額：7兆2900億円
マーケットシェア：※軽除く販売台数

1位	トヨタ	41.5%
2位	日産	19.4%
3位	ホンダ	10.0%

2000年、2位ホンダ3位日産に

マンション

発売戸数：16万2740戸
発売額：5兆9400億円
マーケットシェア：発売戸数

1位	大京	7.2%
2位	リクルートコスモス	4.1%
3位	三井不動産	4.0%

パソコン

国内出荷台数：921万5000台
国内出荷額：1兆8977億円
マーケットシェア：※出荷台数

1位	NEC	22.3%
2位	富士通	20.8%
3位	IBM	10.1%

2000年、1054万台に

銀行預金

再編の波！みずほ UFJ 三井住友

預金残高：490兆円
マーケットシェア：預金残高

1位	東京三菱	9.5%
2位	第一勧銀	7.2%
3位	住友	7.0%

※郵便貯金は残高260兆3000億円

海外旅行

旅行者数：1636万人
消費額：5兆3950億円
マーケットシェア：

1位	日本交通公社	14.0%
2位	近畿日本ツーリスト	6.7%
3位	HIS	5.2%

近ツリと日本旅行の合併

コンビニ

店舗数：3万6900店
売上高：6兆5500億円
マーケットシェア：売上高

			日販
1位	セブン-イレブン	30.0%	(66万円)
2位	ローソン	18.6%	(45万円)
3位	ファミリーマート	14.1%	(47万円)

「一目でわかる市場規模&業界シェア」（松井睦著）日本実業出版社

データの意味を深く読むには、比較が大切！
最近5〜10年の前年度比、各国比、業界比、競合比較をすることで未来が読めるくＩＴ分野へ進出するとしよう。しかし、ＩＴ関連市場は巨大だ。その中が、またそれぞれの区分で分けられる。

197ページの図のように、たとえばハード／ソフト／サービス。そして、ソフト市場もまた、ＯＳ（オペレーションシステム）、ミドルウェア、アプリケーションなどに分かれる。とりくもうとしている事業が、ＥＲＰパッケージだとすると、アプリケーション・ソフトのＢ２Ｂ向けに分類される。

またその中が、対象機種によって、「クライアント向け／サーバー向け／メインフレーム向け」などに分類され、あなたの企業が対象としている市場は、よりセグメント化されてくる。競合の存在も明確に見えてくる。そしてその市場で、あなたは何％のシェアをとるつもりなのか。このようにセグメント化した明確な市場をとらえることが、このあとに続くビジネス・ビジョンや戦略をつくる際に大変重要になる。

市場構造を押さえたら、時間軸でも押さえておこう。そうすると、元気のいい業界と下り坂の業界などがはっきりと見えてくる。

２００１年、セガの株価がストップ高になったときがあった。理由は、家庭用ゲーム機市場からの撤退発表。あの湯川専務（当時）のドリームキャスト生産を打ち切り、ゲーム・ソフト・プロバイダーへとシフトする。なんと、プレステ向けソフトも供給するという。

昨日の敵が、今日のお客さん。反対に、これまでのお客さんが明日の競争相手、ということもしかり。まさに、カストペディター（カスタマーとコンペティターの造語）の時代となった。

出荷台数を過去10年でみると、たしかに家庭用ゲーム機は伸び悩み。普及率は7割に達し、96年をピ

経済産業省のホームページで市場規模チェック

http://www.meti.go.jp

国民生活白書&経済白書
などの景気指標は……
http://www.cao.go.
へアクセス!

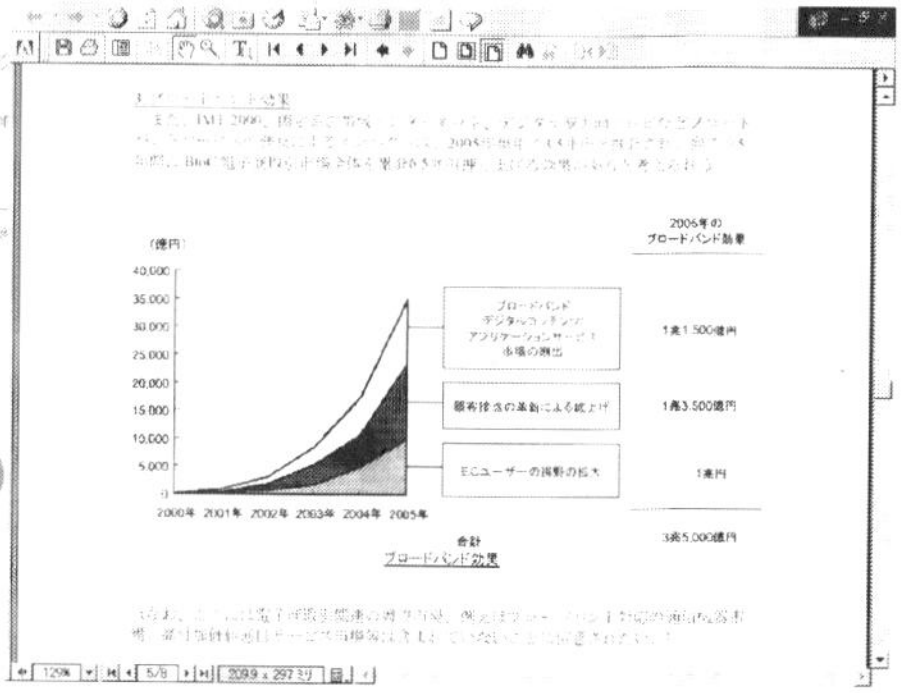

レポートはPDFでダウンロード可

2010年市場規模予測

◆情報通信関連分野
126兆円

◆環境関連分野
37兆円

◆住宅関連産業分野
52兆円

◆医療福祉分野
91兆円

各省庁の白書データは、
http://www.kantei.go.jpからアクセスできる。
経済統計情報のリンク集は、
http://www.stat.go.jp/info/link/index.htm

ークに出荷台数はハッキリと下り坂。マイクロソフトのX－Ｂｏｘが参入したが、果たしてどうなることかわからない。99年のシェアは、ＳＣＥ（ソニー・コンピュータエンタテインメント）が、約60％。チャレンジャーは、ほぼ同率でセガと任天堂が20％。この三つ巴の中にマイクロソフトが顔を出し、セガはいち抜けた。

一方、ゲームセンターはセガがリーダーである。セガのアミューズメント事業部には、高性能のゲームセンター向けソフトの開発者たちがたくさんいる。彼らにとってみれば、家庭用ゲーム機はお手のもの。蓄積されたハイ・クオリティとハイ・スキルを武器にして、ゲーム・ソフト・プロバイダーとして自社のコア・コンピタンスを最大化させていく戦略だ。湯川専務（現・取締役）には、ソフトのＣＭでの再会を期待しよう。

ゲーム業界に関連して言うと、キャラクター・グッズの市場はいくらだろう。どのくらいの単位を考えるだろうか。何千億円？　何兆円？

答えは、２兆５０００億円。それでは、シェア第1位は？　サンリオのキティ？　いや、違う。キティは惜しくも第2位（12％）。キャラクターの世界のリーダーは、やっぱりミッキー・マウス（14％）。とは言っても、このデータは98年の統計結果なので、その後のポケモン・ブームを考えると、ランキングは変わるかもしれない。

キャラの用途は、商品別でみると、食品系24・7％、玩具21・5％、日用品15・8％。90年以降、このご時世でありながら、前年度比１０００億円以上で伸びつづけている元気いっぱいのオバケ市場だ。

市場構造～セグメント化

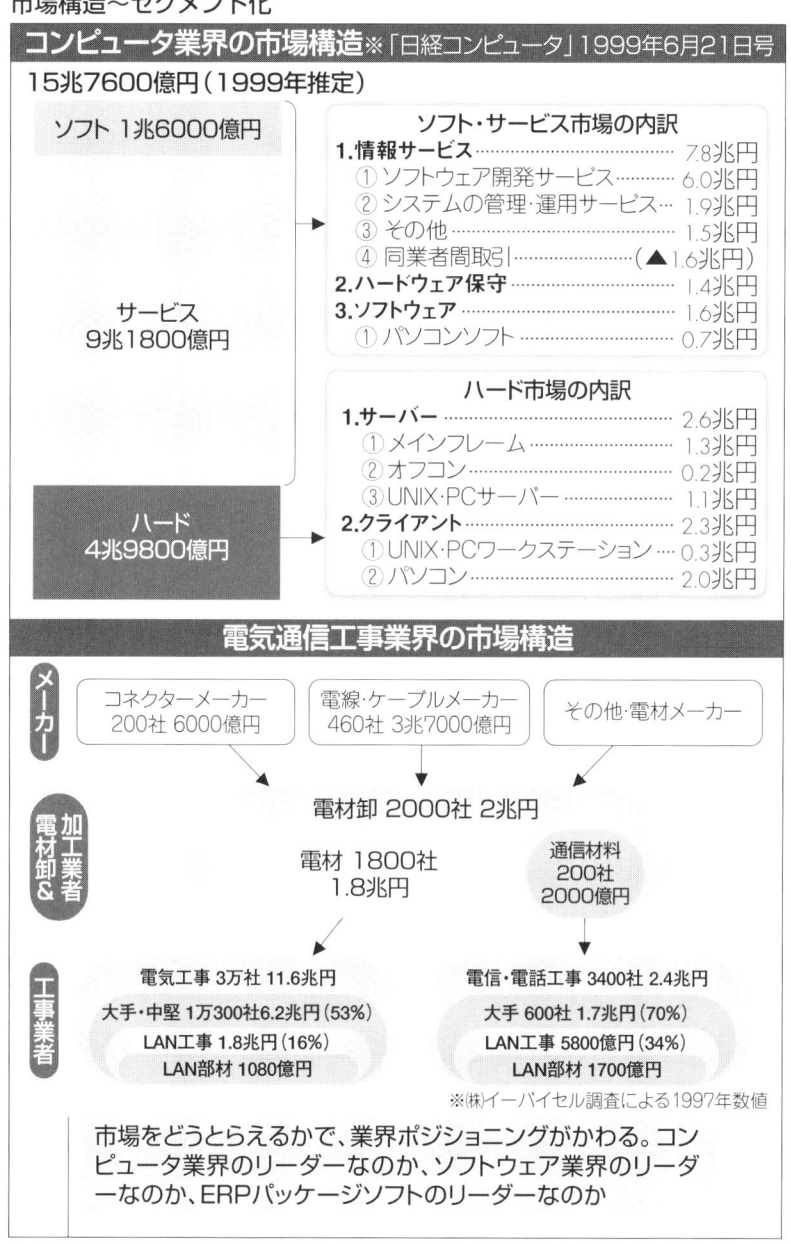

コンピュータ業界の市場構造※「日経コンピュータ」1999年6月21日号

15兆7600億円（1999年推定）

- ソフト 1兆6000億円
- サービス 9兆1800億円
- ハード 4兆9800億円

ソフト・サービス市場の内訳

1.情報サービス	7.8兆円
①ソフトウェア開発サービス	6.0兆円
②システムの管理・運用サービス	1.9兆円
③その他	1.5兆円
④同業者間取引	（▲1.6兆円）
2.ハードウェア保守	1.4兆円
3.ソフトウェア	1.6兆円
①パソコンソフト	0.7兆円

ハード市場の内訳

1.サーバー	2.6兆円
①メインフレーム	1.3兆円
②オフコン	0.2兆円
③UNIX・PCサーバー	1.1兆円
2.クライアント	2.3兆円
①UNIX・PCワークステーション	0.3兆円
②パソコン	2.0兆円

電気通信工事業界の市場構造

メーカー

- コネクターメーカー 200社 6000億円
- 電線・ケーブルメーカー 460社 3兆7000億円
- その他・電材メーカー

加工業者&電材卸

電材卸 2000社 2兆円

- 電材 1800社 1.8兆円
- 通信材料 200社 2000億円

工事業者

電気工事 3万社 11.6兆円
- 大手・中堅 1万300社6.2兆円（53%）
- LAN工事 1.8兆円（16%）
- LAN部材 1080億円

電信・電話工事 3400社 2.4兆円
- 大手 600社 1.7兆円（70%）
- LAN工事 5800億円（34%）
- LAN部材 1700億円

※㈱イーパイセル調査による1997年数値

市場をどうとらえるかで、業界ポジショニングがかわる。コンピュータ業界のリーダーなのか、ソフトウェア業界のリーダーなのか、ERPパッケージソフトのリーダーなのか

市場規模はどんなときに必要か

市場規模を算定することには、大きく３つの目的があると考える。逆に言うと、この３つの目的があまり必要でない場合は、省略することもある。

【第1目的】社内外ネガティブ派／慎重派への説得工作のため
【第2目的】投資計画・資金調達・事業収支などの財務計画のため
【第3目的】市場の定義やターゲット像を精緻化するため

東京ディズニーランドやiモードのここまでのブレイクを需要予測できた人はいない。反対に、ケーブルテレビの伸び悩み、ポケベルの衰退、キャプテン・システムの撤退などを予想した関係者も少数だ。つまり新規事業で、かつ、まだ存在しない新市場を創造していく場合、その事業への投資を判断するのは、大きな賭けである。最新の技術開発やインフラが整うことで、一気に市場構造が変わるのが、市場創造型事業の特徴であり、先が読めない。

ネガティブ派・慎重派は必ずいる。とくに新しい技術と新しい市場ということになれば、なおさらだ。そこで、何か客観的なロジックが必要になってくる。A社が新しいネット関連のインターネット・データセンター（iDC）というビジネスに参入する際、こんなシナリオが使えるかもしれない。

①２０００年は、アメリカからEXODUS（エクソダス）などの巨大iDCが日本市場に入ってきた。このままではおいしいところを盗られてしまう。わが社もiDC事業に参入すべきだ。

②インターネット・データセンター１カ所の１年間の売上が50億円としたら、ハードは２倍＝１００億円、SIは６倍＝３００億円、ネットビジネスとしては、20倍＝１０００億円の売上構造になるという

試算がある（ｉＤＣイニシアティブ／www.idcinit.com）。

③そして、ご存知のとおりインターネット関連ビジネスは、Ｂ２ＢとＢ２Ｃをあわせて２００３年には日本国内70兆円強といわれている。

④単純計算では、ｉＤＣ１カ所に３兆円強のビジネスチャンスがあることになる。このチャンスを逃す手はない！　今、先手を打たないと！

というロジックだ。

たしかに、絵に描いたモチになりやすいのが、市場規模および需要予測であることは否めない。〝とらぬ狸の皮算用〟と自重しながら算定する場合も多い。しかし、ではお飾りにすぎず意味がないのかといえば、否である。

方程式で論理的に攻める。それによって、議論できる土壌をつくるということが大変重要だ。自分たちの戦場を徹底的に知らずして、勝つ戦略はつくれないのだから。

それでは次に、自分たちの手で市場規模を算定する場合を見ていこう。

2

市場規模算定の方法論

しょせん、推論。されど、ロジック。
聴いていて納得のいくロジックかどうか。
主観と客観を織り交ぜて、見えないものを創り上げるのが市場規模算定だ。

自分で市場規模を算定する方法

Ｈ社の社内ベンチャー制度。候補者たちのビジネスプラン策定をワークアウトで支援するプログラムでは、一日で10くらいの提案を聴き、練り上げていく。

ビジネスプランに「思い」は重要だが、「思い」がありすぎるのも困ったことになる。誰が聴いても無理がある。かなり独りよがり。「それ、本当？」と言いたくなるデータや生の声のオンパレード。バイアスがかかっていることが明白だ。しかし、本人は熱い。人の意見は耳に入らない。参加者全員が、「それ、欲しいと思わない」と言ってみても、本人には聞こえない。彼のアンケート調査によると、ビジネスパーソンの10人中7人が欲しいと言っているという結果になる。

当然、その購買意欲70％という係数を市場規模算定に使えば、ビジネスパーソン向けの新商品として魅力的な市場規模が導き出される。しかし調べてみると、設問の書き方に問題があったり、被験者の選定にかなり偏りがあった。そこで、ＨＲインスティテュートが監修の下、再調査した結果は、商品の魅力度８・３％という惨憺たるものだった。

数字に騙されないように気をつけよう。算定された市場規模を見るときには、その金額ではなく、そのロジックを徹底的に確認すること。ロジックがＯＫであれば、次に根拠として使っているデータの信頼性をチェックする。つまり、自分がつくる際にも、このような客観的な姿勢を忘れてはならない。

ロジックを組み立てる際に使われる代表的手法は、次の７つ。また、③と⑥と⑦など、複数の組み合わせもありだ。

①時系列趨勢法
②多変量パラメータ法
③類似市場相似法
④現場積み上げ法
⑤参入企業推定売り上げ積上法
⑥購入希望アンケート法
⑦デルファイ法

すでに市場が存在している事業において、将来の市場規模を予測する場合は、手っ取り早く①〜④が使われる。一方、まったく新しい市場を創り上げていく場合は、⑤や⑥や⑦といった自分たちの手により生の声を吸い上げる必要が出てくる。

③類似市場相似法

類似市場の伸長ラインを参考とする

対象事業／商品の市場規模推移と近いものを探索し、その成長ラインを使い変数を設定して修正する

④現場積み上げ法

現場の営業担当の販売目標／生産担当の生産目標／経理担当の利益目標などでの決定（市場規模というより自社のシェア推移）

トップボックス15%のみ採用ターゲット母数×15%×@×変数1×変数2（購入者が3年で一回りするときは、3で割る）
この変数1と2は、類似市場の成長曲線のライフサイクルによる低減率／安全率／その他

⑦デルファイ法

A氏…現在250億、3年後500億 なぜなら……
B氏…現在300億、3年後600億 なぜなら……
C氏…現在350億、3年後650億 なぜなら……

有識者／市場データ／競合企業の担当者などの定量的意見と定性的意見を総合して決定

市場規模は、既存が新規で大きく算定方法が変わる！

市場規模推定7つのメソッド

既存市場によく使われる　セカンダリデータ中心

①時系列趨勢法

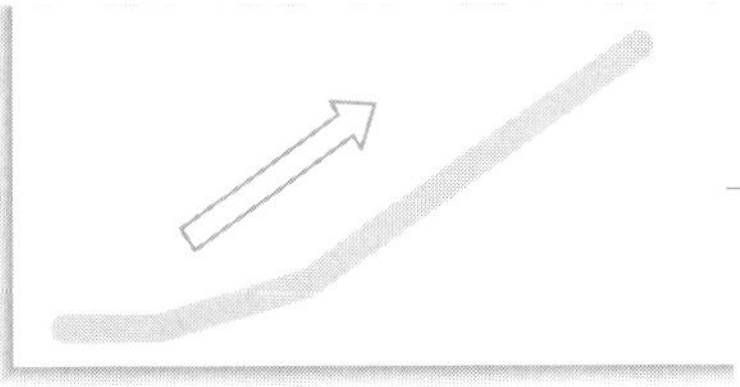

過去数年の市場推移を3年ごと程度に平均化し、直近1～2年の伸長ラインで推測する

②多変量パラメータ法

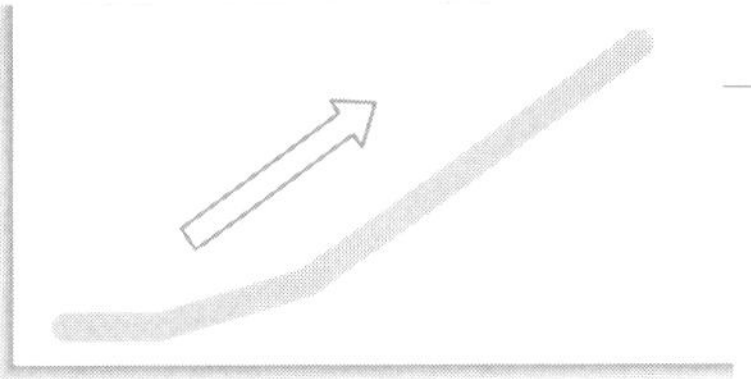

伸長ラインの要素を分解し、その要素～変数（パラメータ）ごとに、変数の決定をする
（変数の例）
★トップ企業の伸長ライン
★経済成長率
★卸売物価指数
★ターゲット層の人口増加率
★市場価格

新規市場創造の場合　アンケートやインタビュー実施

⑤参入企業推定売り上げ積上法

市場参入企業の当該事業／商品の売上の推定値の合算

⑥購入希望アンケート法

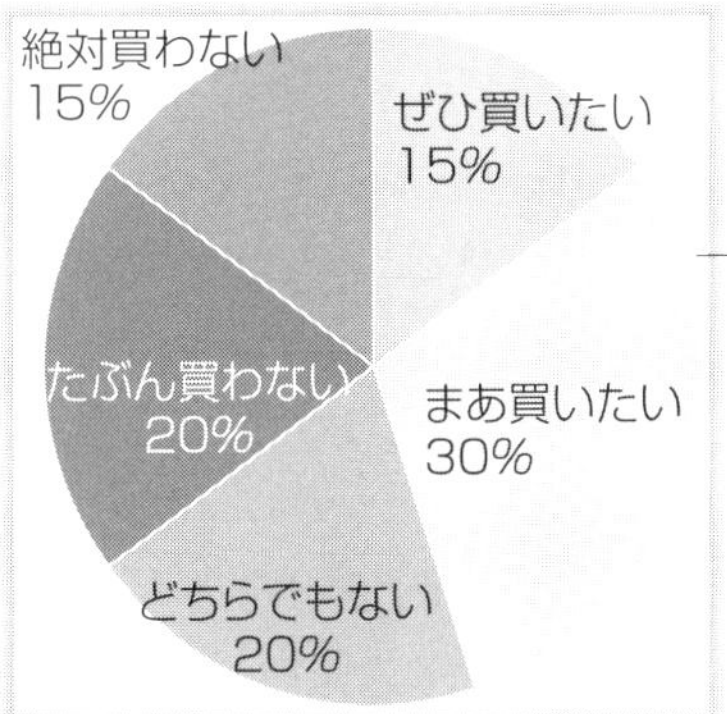

難しいのは、新規市場創出の場合の市場規模。7つのメソッドを互いに組み合わせて使った複数の算定法から納得の数字を導き出す

推論のための根拠となるデータ収集

情報収集とは、仮説を検証するために行うものである。ここでは、新しい事業や商品の市場規模を算定するための仮説を検証していくことになる。仮説自体はこれまでに第1章から第4章で、すでに検討してきた。ターゲットは？　利用シーンは？　需要価格帯は？　利用頻度は？　どこで買う？　効果的なプロモーションは？　訴求ベネフィットは？

104ページで述べたように、収集するデータは入手の経路によって、セカンダリデータとプライマリデータの大きく2種類に分かれる。

セカンダリデータ（二次情報）の情報源

すでに誰かが集めてくれたデータ、つまりお金さえ払えば、デスク・リサーチ（机に座って行うリサーチ）で手に入れることのできるセカンダリデータの主な情報源としては、

【国内の市場規模】中央官庁　地方自治体　業界団体　経済団体、矢野経済研究所、電通総研、富士キメラ総研などの総研系シンクタンク　など

【海外の市場規模】ガートナーグループ　ＩＤＣジャパン　ジュピターグループ　ＢＩＧ5（5大公認会計士事務所）系コンサルティング企業　など

があげられる。

とりあえず、さまざまな業界の市場規模やシェアを手っ取り早く知りたいときは、対象データが少し

2大データの情報源

たとえばWBT（ウェブ・ベースト・トレーニング）を調べるのであれば……

	国内	海外
セカンダリデータ	◆すでに出版されている関連書籍をネット検索&購入 ◆シンクタンク、市場調査会社のレポートを購入 ◆官公庁系&大学系のレポートを購入	◆英語圏でのすでに出版されている関連書籍で、売れている順にチェックし、購入 ◆関連雑誌記事検索 ◆WBTソフトベンダーのHPから事例情報収集 ◆WBTのサイトでデモ体験
プライマリデータ	◆関連本の著者インタビュー ◆関連雑誌の記者インタビュー ◆WBTソフトベンダーなど有識者インタビュー ◆競合との意見交換 ◆想定ターゲット、チャネル、パートナーへのアンケート調査 ◆アンケートから見つけたオピニオン・リーダーへインタビュー	◆WBT、eラーニング専門のメーリングリストやコミュニティに参画し、情報収集 ◆ネット上でキーパーソンを見つけ、メールでアプローチ（コミュニティリーダー、コンサルタント） ◆WBT、eラーニング関連の欧米で開催されているイベントのHP情報からキーパーソンへアプローチ ◆外資系の日本法人HP担当またはWBTソフトベンダーにインタビュー

臆せず
キチンとアプローチ
すれば競合だって
インタビュー
できる!

個人的には、ソフトバンクパブリッシングの「BUSINESS STANDARD」やHOT WIRED JAPANのメールニュースがおすすめだ。

古いが、日本実業出版社の『一目でわかる市場規模&業界シェア』を手元に置いておけば便利だ。

すでに市場が形成されている事業であれば、これらの情報源から白書や市場予測レポートを購入すれば、即利用できる。こうした情報源からは、市場規模そのものの数字だけではなく、ターゲット層の嗜好性や需要価格帯などの情報も得られるはずなので参考にできる。

販売されている報告書であれば、調査担当の個人名が記載されているケースが多い。もしも、市場規模を導き出す考え方に疑問があれば、直接メールか電話で問い合わせることが可能だ。もしも感じのいいリサーチャーを見つけることができたら、必ず情報源として関係性をキープすること。

なぜなら、彼らは特定の業界を担当しているので、最新動向などにも詳しいはずだ。そして、今度はもう一つの情報源としてアプローチしよう。それは、プライマリデータの情報源としてだ。

◎ プライマリデータ（一次情報）の情報源

自分の頭と手足を動かさなければ得られないデータ、どこにも売っていない生情報、プライマリデータは、フィールド・リサーチとして直接対象と向き合って、はじめて得られる。

市場規模を算出する場合、定量調査（アンケート）と定性調査（インタビュー）を組み合わせる場合がほとんどだ。自分たちの仮説を、まずインタビューでオピニオン・リーダーにぶつけて練り上げ、それをアンケートで裏付けをとり客観化するという形で組み合わせる。

オピニオン・リーダーとは、業界の有識者やリードユーザのこと。先ほどのリサーチャーや雑誌記者、または関連書籍の著者などを当たる。そこからまた、適任者をご紹介いただくというのが効率がいい。大体の市場規模の感覚を、ひととおり5～6名に聞いてみれば、市場の単位が見えてくる。また、有益なセカンダリ情報のありかも教えてもらえることがあるので、必ず聞いてみよう。類似市場のデータがあれば、それも教えてもらおう。

インタビューで練り上げられた仮説を基に、アンケートの設問設計をする。同時に被験者の選定や実施方法なども決める。郵便にするのか、ネット調査か、訪問・電話かなど。

回収した質問用紙から、市場規模算出に活用できるデータを抽出し、デルファイ法などと組み合わせながら、市場規模を算定する方程式を組み立てる。

この進め方について、次の項で具体的にケースを通して紹介しよう。

3 市場規模を算定する

客観的な市場性の検証として、社内や投資家を説得する材料である「算定市場規模」はビジネスプランにつきものだ。

◎プライマリデータから市場規模を算定する

　ＳＩベンダーであるＳ社のＳ事業部でのシーン。

課長「おい、山田君。この前デモを見せてもらったコマース・システムのことなんだが、あれ、社内でなかなか好評じゃないか」

山田「ありがとうございます。まだまだ手を加えたいと思っておりますが……」

課長「それで、手を加えるついでに、うちの新しいパッケージ商品にしてもらいたいと思っているんだよ。実は、先日部長がクライアントのDさんに自慢したら、DさんのところでもそろそろECを始めたい、ということらしいんだ。そこで、部長からいっそのこと、うちのクライアントのeビジネスを支援するパッケージとして焼きなおしてほしいと言われているんだ」

部長「お、鈴木課長と山田君。ちょうどよかった。その話なんだが、役員に提案するからコマース・ソフトの市場規模を出しておいてもらう必要がある。山田君、よろしく頼むな。このパッケージは期待できるぞ」

そして1カ月後。あれからすぐに、フィージビリティ・スタディを開始し、山田君の怒涛の日々が始まった。そして今やっと、アンケートの回収データを分析した結果、市場規模が見えてきた。

山田君は、ネットを使って主要クライアント候補企業へ、謝礼付きアンケート・メールを出した。そのアンケートには、自社のホームページへのリンクがあり、社内のコマース・ソフトのデモ版が実体験できるようになっている。そして利用結果を答えてもらう仕掛けだ。回収率は、郵送よりもずっと高く、30％にも上った。それに実査にかかる時間もネットのおかげで2分の1に短縮された。

実は、このアンケートの中には、市場規模算定のベースの変数となる4問の質問も含まれていた。回答は、複数選択肢からのシングル・アンサーだ。

質問1「このようなシステムの導入を検討中ですか？」（5段階評価）

質問2「デモ版を体験されて、このソフトは検討対象になりますか？」（5段階評価）

質問3「（検討される方対象）いつ頃導入される予定ですか？」（5段階時期）

質問4「（検討される方対象）ギリギリいくらまでなら検討しますか？」（複数選択肢）

そして、市場規模算出の前提条件を次のように絞った。

1／ターゲット業種（5業種）の設定

2／ターゲット規模（300人以上）の設定

3／単価の設定（1事業所当たり100／300／500／1000万円の4ケース）

4／アンケート結果からの変数設定

①**質問1**に導入検討中と答えた大企業↓15％
②**質問2**に検討対象と答えた大企業↓10％
③**質問3**の導入の予定時期↓1年以内４％／2年以内50％／3年以上46％

こうした変数としての前提条件を基に、左ページの図のように数字を組み立てていく。

まず、総務庁統計局の「事業所・企業統計」のデータを使って、５つのターゲット業種の３００人以上の事業所数を調べたところ、９５００事業所。

今回のアンケート結果を参考にして、「一事業所当たり５００万円」の単価設定を採用すると、対象市場規模は４７５億円。しかし、これはあくまでも最大の数値。通常は、アンケート結果を活かして、ポテンシャル市場とフォーカス市場の2種類を算定する。

質問2と質問3の支持率である、15％と10％。実際の営業活動でターゲットとするのは、フォーカス市場なので、10％をかけると約48億円。そして、それに市場浸透の時間軸として質問4の答えである％をかけると、1年目2億円、2年目24億円、3年目以降22億円という試算が成立する。

もちろん、商品は改良・進化していくし、ターゲット企業の規模も中堅／中小まで広がることを考えれば、48億円を超えて成長しつづける可能性がある。

このように、「いったい全体、どうやったらそんな数字を作れるのだろう」と途方にくれそうな課題も、なんとかなるのだ。ここで重要なのは、この市場規模があっているいないではなく、どのような変数が組み合わさっているのか、という方程式をロジカルに示すことだ。そして、数字の出所を明確にすること。

市場規模算定プロセスのサンプル

＜法人向け商品の市場規模の場合＞

1 「事業所・企業統計」の最新版を入手

2 ターゲット業種を選定（事業所区分）

3 ターゲット規模を選定（大企業）

9500事業所 2×3

4 商品単価を設定

500万円

5 全体（最大）市場規模を算出

475億円 3×4

6 アンケートから大企業の導入検討率＝15%をかけてポテンシャル市場を算出

71億円 5× 15%

7 アンケートから大企業の本商品への検討率＝10%をかけてフォーカス市場を算出

48億円 5× 10%

8 アンケートから導入予定時期をかけて市場浸透の時間を算出

1年目	2億円	7×	4%
2年目	24億円		50%
3年目以降	22億円		46%

＜前提条件の設定＞
「事業所・企業統計」をもとに…

ターゲット業種：農業・鉱業・水産をのぞく5セグメント × **ターゲット規模**：従業員300人以上 × **単価条件**：100万円、300万円、500万円、1000万円

9500事業所

＜アンケート結果から変数設定＞

ポテンシャル市場 ▶ **Q2導入検討中 15%**

フォーカス市場 ▶ **Q3検討対象 10%**

市場浸透の時間軸 ▶ **Q4導入予定**
1年以内 4%
2年以内 50%
3年以上 46%

＜推定市場規模＞ 単価＝500万円

9500事業所×500万円＝475億円

ポテンシャル市場（Q1）
475億円×15%＝71億円

フォーカス市場（Q2）
475億円×10%＝48億円

市場規模にも3種類ある。1）全体市場規模、2）ポテンシャル市場規模、3）フォーカス市場規模。
ビジネスプラン上は、フォーカス市場規模を活用

方程式は、ツリーにできる。このツリーが粗い人と緻密な人で、当然算定結果とその説得性に違いが出てくる。まず、ツリーで大枠の変数の構成を押さえ、細かい条件設定による試算はマトリックスで整理するというように、ツールを使い分けよう。

人によっては、質問３の検討対象企業はもっとあってもいいと考えて、20％と仮定するかもしれない。また反対に、価格設定が５００万円では高いと判断し、３００万円で試算する人もいるだろう。要は、ベースとなるロジックとデータがしっかりしていれば、あとの変数はいかように判断するも意思決定者しだいだ。

この出来上がった数字が、あまりに外れていないかどうかは、確認したほうがいい。その場合、類似市場や海外市場のデータ、またはオピニオン・リーダーの勘をチェック指標とするべきだ。そうしておけば、聴き手から質問されても自信をもって、対応できるはずである。

自信をもって提示する市場規模ではあるが、もちろんバクチの世界だ。競合数、競合の強さ、技術革新度、価格競争力、代替サービスの出現。このような変数でいくらでも変化してしまう。

市場規模を創り上げていくプロセスにおいて、徐々にだが、具体的に見えてくる市場の姿というものをつかんでいくこと。この感覚が大切なのだ。

第7章

ビジネス・ビジョンを設定する

1 ビジネス理念を決める

戦略的目標としてのビジネス・ビジョン。
ビジネス・ビジョンとは、夢や希望、志そのものだ。
高き志として十分、チームを引っ張れるものにしたい。

◎何のための事業なのか？ どのように行動するのか？

ビジネス・ビジョンは、左ページの図のように次の4項目で構成される。

①ビジネス理念（事業の意義／事業の活動指針）
②市場規模（全体市場規模／ポテンシャル市場規模／フォーカス市場規模）
③定量目標（売上高／利益率／ＲＯＥ／ＥＶＡ／拠点数／クライアント数など）
④定性目標（ポジショニング／組織文化／マネジメント・スタイルなど）

②の市場規模はこれまでに見てきた。③④の目標は、次項でふれる。ここでは、①ビジネス理念について考えよう。

ビジネス理念は、「Ａ／事業の意義」と「Ｂ／事業の活動指針」に分かれる。

「Ａ／事業の意義」としては、あなたの事業はどんな問題意識から、何を提供したくて存在するのか、が明確にされなくてはならない。

ビジネス・ビジョンの設定

ビジネス・ヒエラルキー

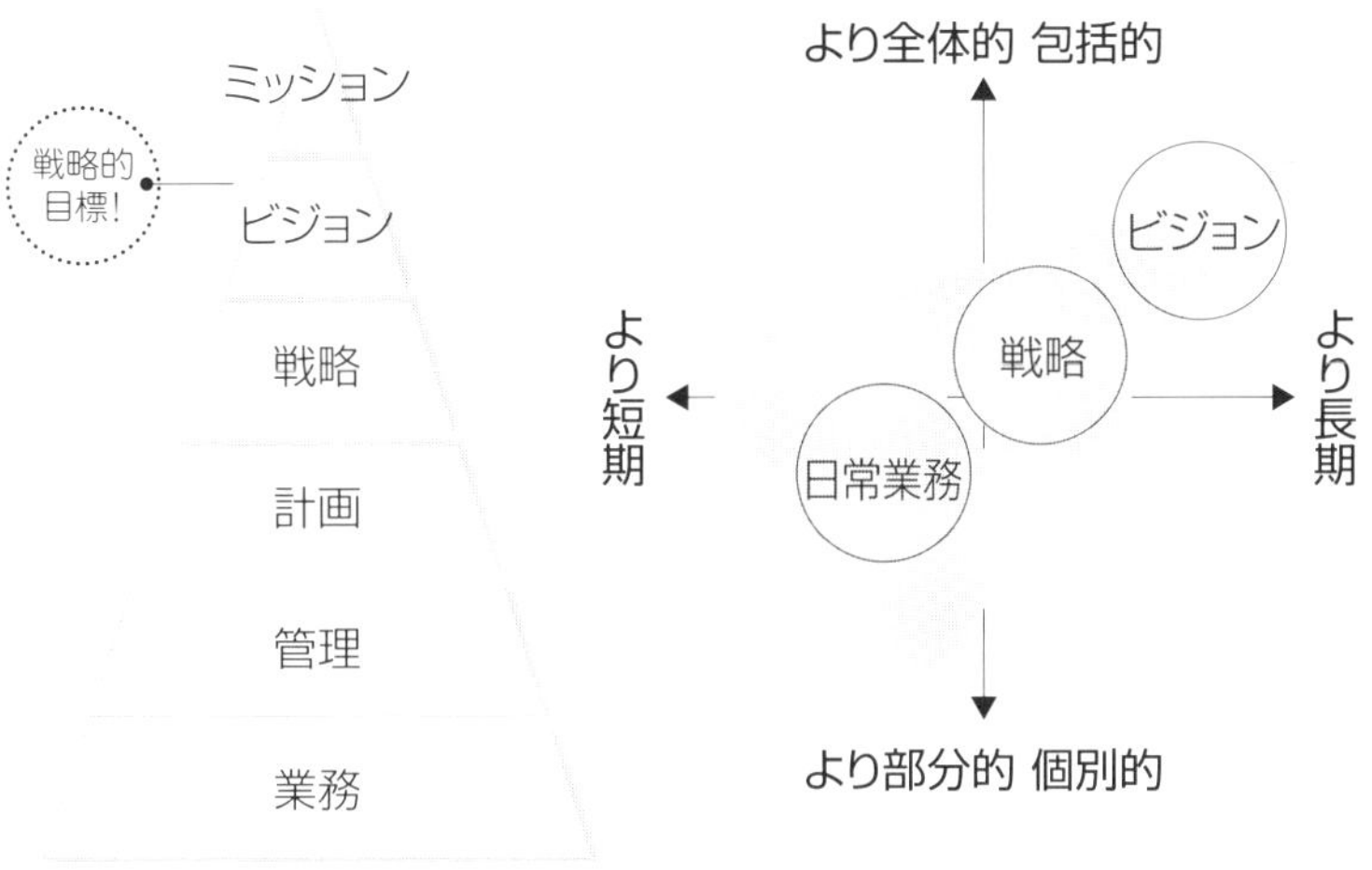

ビジネス・ビジョン構成要素

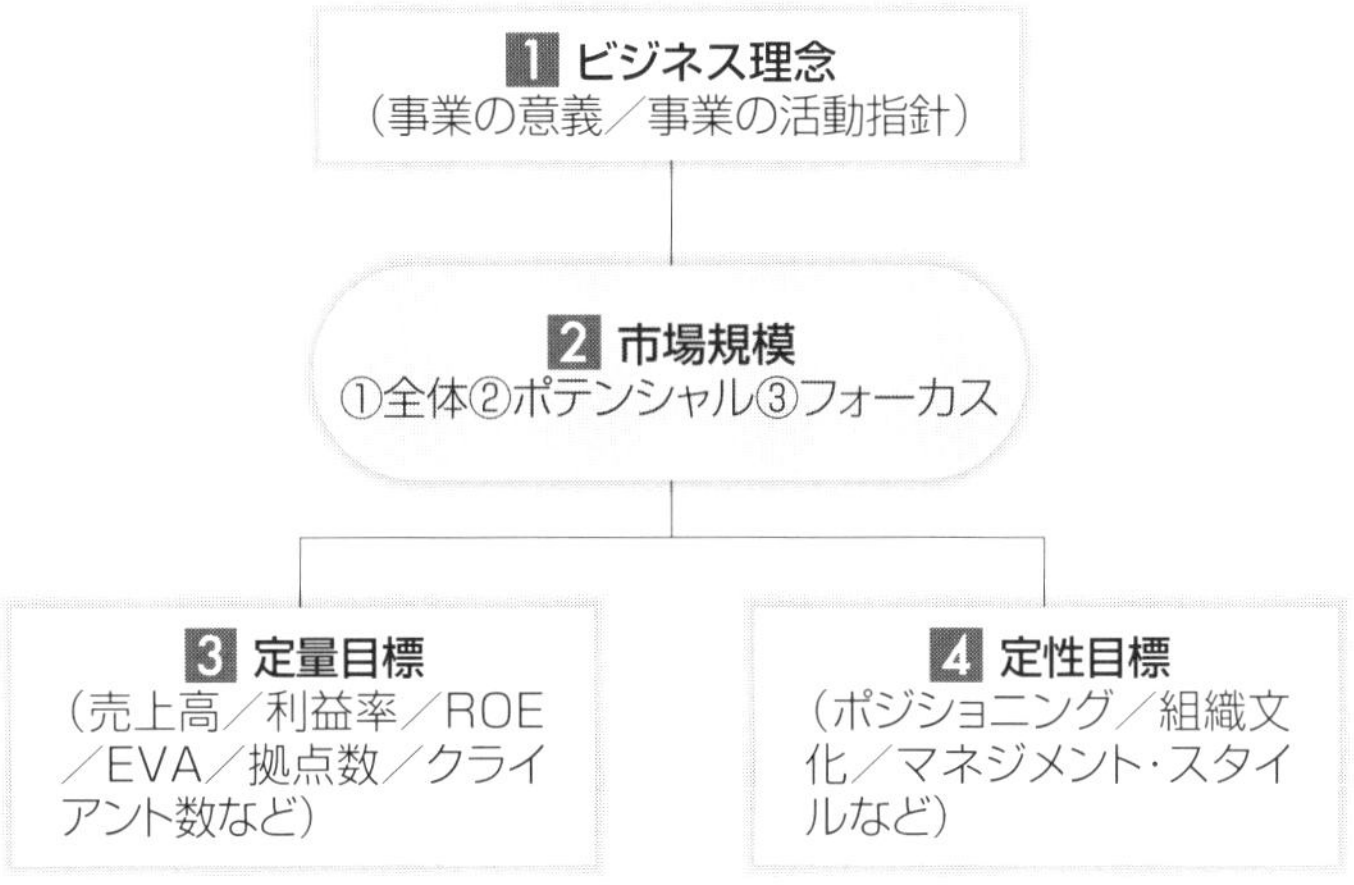

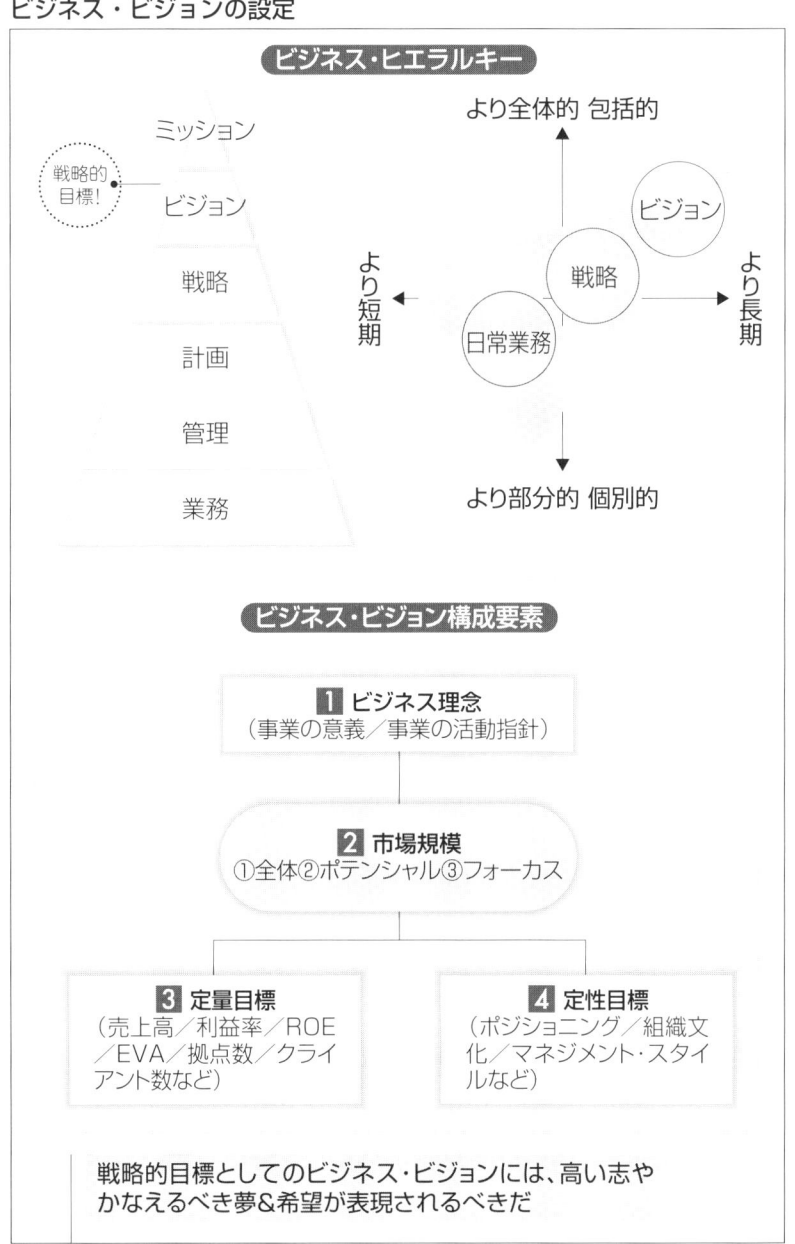

戦略的目標としてのビジネス・ビジョンには、高い志やかなえるべき夢&希望が表現されるべきだ

介護ビジネススタートを祝う、その晴れやかな場で、
「あなたのような金持ちに、本当に介護がわかるのか」
と、通りかかった老年の男性にいわれた折口雅博元・コムスン社長。一瞬言葉に詰まった後、「うちの父も14年間介護が必要で……」と答えた。

介護ビジネスにおいて、高級外車や大豪邸を所有する六本木族のイメージは、そぐわなかったようだ。ビジネス・ビジョンはすばらしい。コムスンのビジネス理念は、強く正しく美しい。社会が必要としているサービスだ。だからこそ、実現無理と思われていた計画数を、はるかに超える拠点数・ヘルパー数を達成することができたのだろう。

しかし、残念ながら、全国２００以上の拠点と大量の宣伝広告を支えるにいたるお客様をつかむことはできなかった。拠点の統廃合、大量の解雇。コムスン労働組合が結成され、株価は下落。２０００年10月には、元・日本介護サービス社長の樋口公一氏に社長交代した。その後、折口氏をベンチャーの旗手ともてはやしていたメディアが、手のひらを返したように、折口氏バッシングへと変わった。厳しい現実がそこにあった。

もし、あなたが新規ビジネスの主体者なのであれば、ここに教訓がある。いかにすばらしいビジネス理念を掲げても、あなた自らがそのビジネス理念を実現するように生き、かつ行動していないと、人々はあなたについていかない。ビジネス理念が力強ければ強いほど、その意義や活動指針にそぐわない行動をとることは、致命傷である。

信念や思いが込められたビジョンが、まず必要。しかし、それを本当に組織の従業員やお客様と共有

し、実現へ向かっていくためには、あなた自身の日常の行為そのものが「いったいホンモノか？ 本気か？」と値踏みされていることを忘れてはいけない。

◎ビジネス理念は、心に響かなくてはならない

組織には、風土・文化がある。あなたの会社や所属部署は、どんな言葉で表現できる場（プレイス）だろう？

◎トップとでもオープンに話ができる
◎新しいアイデアを尊重してくれる
◎常に主体的に考え動くことが期待されている
◎「笑顔と挨拶」これだけは、徹底されている
◎クレイジーだが、あったかい人たちが集まっている
◎自己向上意欲の高いポジティブな人が多い

何によって、このような組織風土が生まれるのだろう。構成する人？ いや、違う。それ以前に、「ではなぜ、そういう人たちが集まるのか？」ということへの答えが必要だからだ。それが、ビジネス理念。

つまり組織風土は、その組織を支配している「理念・信念」によって創り上げられるのだ。

求める人材をひきつけるのが、ビジネス理念。だからあなたは、まず次の質問に答えなくてはならない。いったいどのような人たちと一緒に夢を実現したいのか。どのような仲間をもちたいのか。ビジネ

ス理念を策定するときには、

①新しいビジネスにかかわる仲間たち

②彼ら・彼女らと一緒のオフィスの具体的シーン

この2点を明確にしよう。シンボリックな人材イメージ。オフィスでのシンボリックなコミュニケーション・スタイル&シーン。これらを、クリアにしていくことだ。こうして、シンボリックターゲットである人材像が見えてきたら、次に理念だ。

彼らの心に響く事業の意義と活動指針を考えていく。決して、お題目にならないよう、言葉を練りに練る。このとき、自分のコピーライティングのセンスによほど自信がある人以外は、プロを活用するべきだ。言葉は、繊細だ。Tシャツやマグカップに似合うシンプルな表現がベスト。こうして、人の心に働きかけるイキイキとした理念をつくろう。

◎「事業の意義&活動指針」の議論から生まれるもの

クリアなビジネス理念があると、その組織に遺伝子が生まれる。遺伝子の中心は、理念に裏付けされた共有するコア・バリュー（価値）だ。遺伝子によって、その組織独自のさまざまなものが創り上げられる。

◉社風

◉マネジメント・スタイル

クリアで心に響く理念サンプル

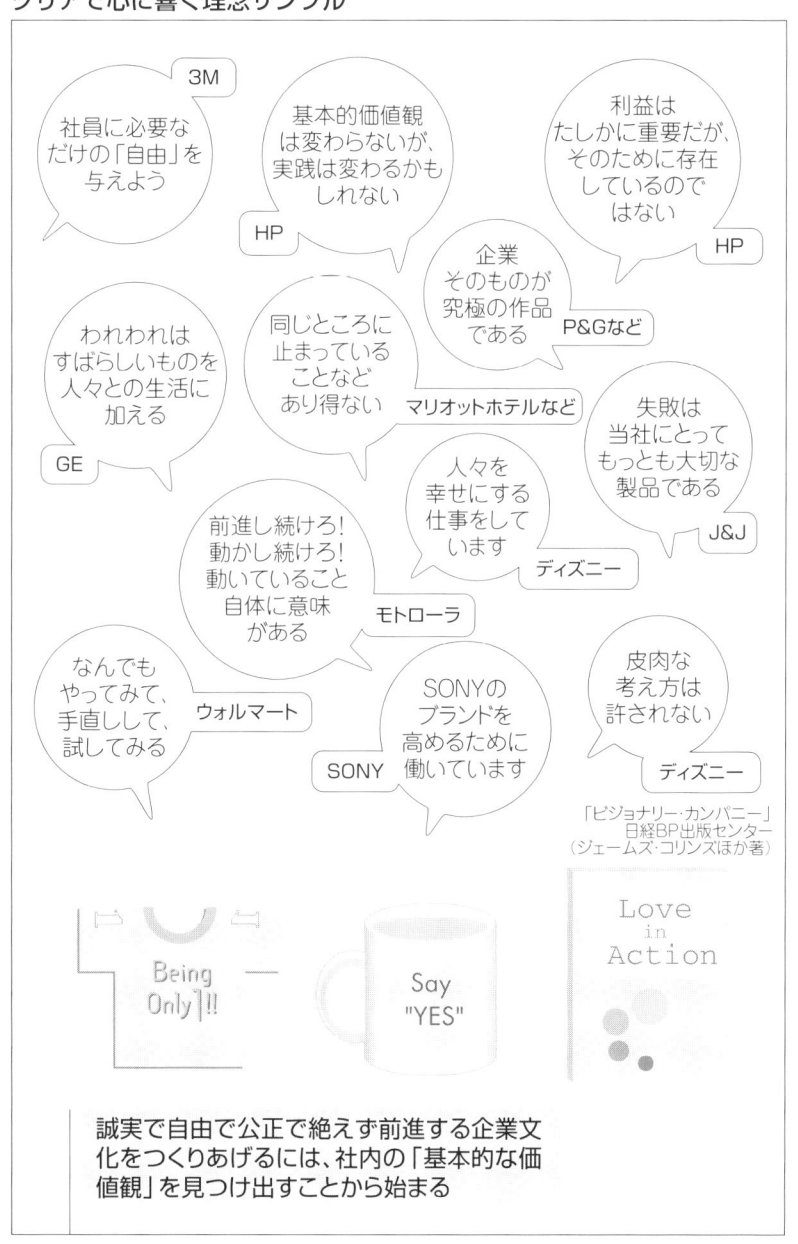

社員に必要なだけの「自由」を与えよう（3M）

基本的価値観は変わらないが、実践は変わるかもしれない（HP）

利益はたしかに重要だが、そのために存在しているのではない（HP）

企業そのものが究極の作品である（P&Gなど）

われわれはすばらしいものを人々との生活に加える（GE）

同じところに止まっていることなどあり得ない（マリオットホテルなど）

失敗は当社にとってもっとも大切な製品である（J&J）

人々を幸せにする仕事をしています（ディズニー）

前進し続けろ！動かし続けろ！動いていること自体に意味がある（モトローラ）

なんでもやってみて、手直しして、試してみる（ウォルマート）

SONYのブランドを高めるために働いています（SONY）

皮肉な考え方は許されない（ディズニー）

「ビジョナリー・カンパニー」
日経BP出版センター
（ジェームズ・コリンズほか著）

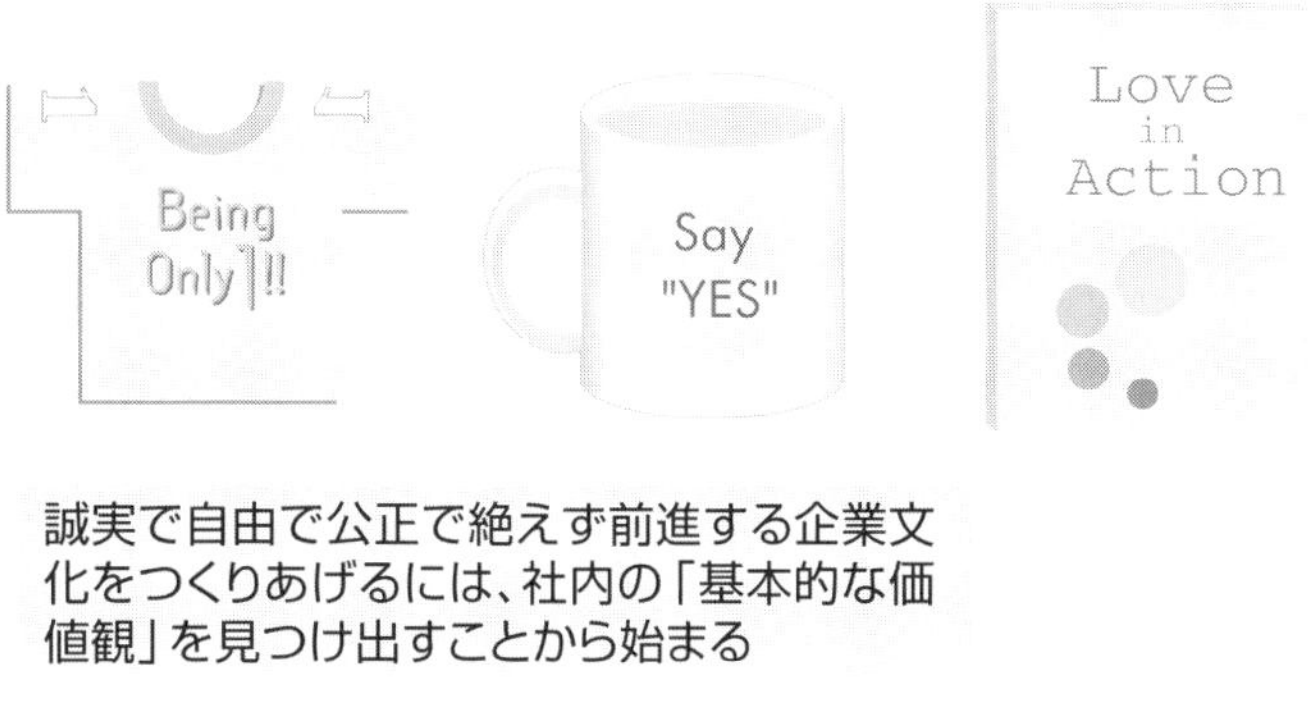

誠実で自由で公正で絶えず前進する企業文化をつくりあげるには、社内の「基本的な価値観」を見つけ出すことから始まる

◉ビジネス・エシックス
◉コミュニケーション・スタイル
◉ルール
◉ポリシー
◉共鳴する人材（価値観）
◉環境変化への鋭敏なセンス
◉コーポレート・プラットフォーム
◉人事評価項目
◉人材育成方針……。

ニューヨークの郊外に、世界中の流通業が見学に来る「ステュー・レオナルド」というスーパーがある。「スーパーマーケットのディズニー・ランド」と評判だ。

日本の食品メーカーS社のマーケティング研修の一環として、１９９５年から3年間、毎年1月中旬にその店舗を訪れた。おみやげにもらった置物が、今もＰＣの横に置いてある。岩の形をした淡い灰色の置物。これは、実際にステュー・レオナルドの店舗入り口真正面に置いてあるもののレプリカだ。その岩には、こう刻まれている。

Ｏｕｒ Ｐｏｌｉｃｙ（私たちの信条）

〈Rule1〉　THE CUSTOMER IS ALWAYS RIGHT！
〈ルール1〉　お客様は、いつも正しいのです！
〈Rule2〉　IF THE CUSTOMER IS EVER WRONG, REREAD RULE1！
〈ルール2〉（ありえないことだが）たとえお客様が間違っていることがあるとしても、
もう一度ルール1を読みなさい！

Stew　Leonard

世界中からの企業視察があまりに多いので、創業者の長女ジルがその対応のための会社を興し、彼女が社長兼ガイドで2時間ほど店内を説明してくれる。感動の「Wow!（うわお！）」がこの店の合言葉。「Wow!」というピンをもらって、胸につける。説明を受けているときも、いたるところで「Wow!」と感動の雄たけびを叫ぶ（私たちが！）。

2

定量目標・定性目標を設定する

ゴールが見えないと、行き当たりバッタリの出たとこ勝負になる。
それでは、無意味な試行錯誤の連続だ。
同じやるなら、意味ある試行錯誤をしよう。

マイルストーン設定の意味

さて、ビジネス・ビジョンの最後は、目標（ゴール）設定だ。

ここまでに、やりたいこと＝事業ロードマップ、お客様＝ターゲット、そして市場規模が見えた。1年後、3年後、5年後に、いったいどんな事業にしたいのか。思いっきり仕掛けて、大化けさせたいのか。ソコソコ堅実に収益を確保できるビジネスがいいのか。これまでは、結構大きな夢をドーン！と描いてきたが、このあたりから急に業務レベルを意識してか、小さくまとめたがる傾向がある。そうなると、このあとの戦略が切れ味のない、勝つための意志を感じないものに終わる可能性が大になる。

ビジネス・ビジョンは、「戦略的」目標であるべきだ。従来型の計画の延長線上にある「積み上げ的」な目標に終わらせないこと。そのために、環境分析で市場の動きを読み、深く探り、オリジナルなコンセプトを練ってきたはずだ。

「戦略的」目標は、組織と個人をストレッチする。可能性を最大限に引き出す。「無理そうだけど、イヤ、でもなんとか」――この「なんとか」を引き出す。一人ひとりの「なんとか」が形になれば、達成できる。

ＨＲインスティテュートが２０００年夏からサポートしている〝草の根ムーブメント〟がある。「あなたが総理を選ぶ！」をキャッチコピーとした「首相公選の会」だ。ＴＶや新聞で大きくとりあげられたので、ご記憶の方もいるだろう。会の代表を務めるのは、ＨＲインスティテュートと親交のある小田全宏氏。松下政経塾を出た後、日本全国に〝公開討論会〟を普及させた立役者でもある。会の設立前から、会のマーケティング戦略を支援している。コンセプト、ネーミング、ロゴマークの開発からアクションプランまで。

この会は既存の政党、思想とは関係ない。誰もがヘンだと感じていることをヘンでない形にする。そのために一人ひとりが意思表示することから始める。そんな活動だ。

最終的なゴールは、国民一人ひとりの手による首相の選出。その実現のためには、憲法改正だ、議院内閣制から大統領制への転換を、などと論点は多々あるが、ともかく「今の首相の選ばれ方は、どう考えても納得できない！」ということだ。ほとんどの人の反応は、「いいですねぇ！」となる。しかし、「いいですね」では、実現への動きにならない。そこで、どうするべきか。色々と考えた。225ページの図のように大きく3つのアクションがあるが、その中でも目玉は〝賛同署名運動〟だ。

２００１年7月の参院選を一つのゴールとして、いくつかのマイルストーン（道標〜通過ポイント）を掲げた。

マイルストーン1：２０００年12月　１２６０人

マイルストーン２：２００×年×月　１万２６００人
マイルストーン３：２００×年×月　１２６万人
当面のゴール：２００×年×月　１２６０万人

なぜ、〝１２６０〟にこだわるのか。日本の人口が、１億２６００万人だからだ。イメージしやすい。10人に一人が賛成すれば、１２６０万人。家族や職場やコミュニティで、自分の周りの10人のうち一人。そしてその人の周りの……。

草の根の賛同者が、地域の団体や個人に署名をお願いし、ＦＡＸやウェブでも日々全国から署名が集まっている。こうした活動も、「ともかくいつまでに何票」というマイルストーンを立てることが大切だ。「首相公選の会」の場合は、多少大風呂敷でも、やる気を引き出すシンボリックな数字を掲げている。しかし、まったく不可能ではない。こうして、総論を各論に落とし込む。具体的な活動目標を示し、共有し、お互いに目標にコミットメントする。草の根組織において活動を成功させるキーは、こうした具体的なビジョンやアクションの提示と共有化だ。実はまだまだ賛同が必要だ。

ここではわかりやすいので、時間軸が比較的短いマイルストーンの例をあげてみた。ビジネスプランのビジョンとしてのマイルストーンの場合は、１年・３年・５年・10年というスパンだ。

◎どんな規模のビジネスにしたいのか

さていったい、どのくらいのビジネスに育てていきたいと思っているのか？

「首相公選の会」実現へのマイルストーン

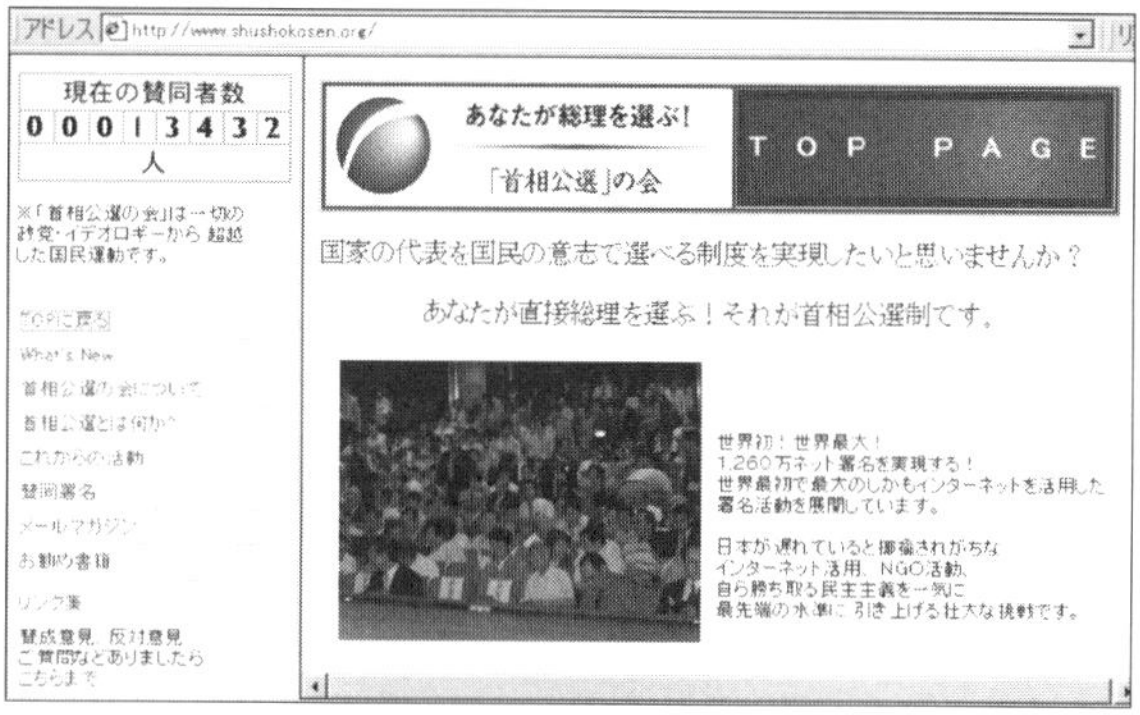

首相公選制実現までのステップ

↓

「首相公選の会」推進委員会結成

↓

地域実行委員会結成/『首相公選論』出版/ホームページ立ち上げ

↓

日本列島縦断リレーシンポジウム

↓

一般国民署名

↓

2001年参議院選挙立候補者の過半数が「首相公選制」に賛同

↓

300小選挙区の実行委員会でシンポジウム開催

↓

次期衆議院総選挙で衆議院議員の2/3以上が「首相公選制」に賛同

↓

憲法部分改正案決議

↓

日本初の国民投票

↓

首相公選制実現!

途方もないと思えることでも、着実に一歩一歩、プラン化していくことで具体化されてくる。
人々をひきつけるには、具現化のストーリーが大事

ソフトバンクの孫正義社長は、自分のことを「豆腐屋さん」と語っている。たしかに、彼のビジネスの単位は「1丁（1兆）2丁（2兆）3丁（3兆）」だ。

定量目標とは、明確に数値として、「このくらいのビジネスです」と示せる目標。たとえば、売上高・利益率・経常利益・市場シェア・キャッシュフロー・ページビュー・客単価・平均ＲＯＩ・従業員数・株価・ＥＶＡ・ＭＶＡ……など。事業の成績表の数字の部分だ。

ＧＥのような「ストレッチ」文化の醸成。これは、数値化された定量目標を、組織内でもっとも効果的に使った結果だと言える。かなりがんばる数字を掲げる。そのために、どうしたらいいのかを考える。こうして、主体的なとりくみを促す。しかしよく見かけるホッケー曲線はいただけない。かのダイエーは、Ｖ字戦略などと開き直っている。どうやって、急激な上向きを達成できるのか、納得できるだけの具体的な根拠が示せなければ、非現実的で無意味・無関係な目標となる。

たとえば学習塾や予備校にＷＢＴ専門で参入するビジネスの目標値はどれほどに設定するか。市場自体はすでに存在するので、99年８３００億円の市場規模をまず参考としよう。最大手の公文でさえ約6％のシェア。つまり、小さいところが星の数ほどある業界なのだ。2位の河合塾と3位の代々木ゼミナールが、3％弱。初年度、シェア０・５％を狙ったとして、41・5億円。２００人の学生のうち、1人の割合で、ＷＢＴへのリプレースがありえるのではないか、ということだ。

もう一方で、先の市場規模算定のところで示したように、アンケートやインタビューといった実際の生の声を反映して、需要予測をする。こちらからのフォーカス市場が、40億円弱。そこで、初年度売上高の目標値を4億円としよう。

そこからの伸びをどう考えるか。ここでマイルストーン発想が出てくる。ふつう、3年で単年黒字へ転じて、5年で累積の赤を解消というシナリオが一般的だ。もちろん、初期投資の額によって幅がある。自分たちらしい戦略的な目標設定をするための流れを追ってみよう。

①環境分析→②分析のまとめ→③目標仮説

どのようなシナリオにするかは、環境分析からある程度見えてくる。WBTは日本では、まだ3年はブレイクしないだろう、などという予測だ。環境分析からの仮説を検討し、次に、

④コア・コンピタンスの見直し→⑤戦略目標の設定

この段階で自分の会社としての味つけ、独自性が煮つめられる。

環境分析からの仮説は、一般的になりがち。マクロ環境や市場・業界環境の情報を分析しても、A社もB社もC社も、だいたい似たような仮説にいたるはずだ。しかし実際はSI企業、研修企業、出版社、コンテンツクリエイター企業、コンサルティング企業など、さまざまな分野からの参入が予想でき、ひと筋縄ではいかない。自分たちのねらおうとする市場はどこで、同じ土俵で戦う競合はどこなのか、といった仮説まで必要だ。

そして、各社トップのWBTに対する思いや、組織のもっているWBTに関する強みや資産、アライアンス力やコンテンツ作成力……などが違う。自社のこれまでの状況と、未来への思いを織り交ぜることで、独自の戦略的な目標設定ができあがる。

ビジネス・ビジョンとしての目標は、あまり細かくないほうがいい。その事業がうまくいっているかどうかを知るためのもっとも重要な指標を3つ4つ決めて、社内スローガン的に使うことが目的だ。

このあと戦略とアクションプランができた段階で、事業収支シミュレーションや事業評価軸の決定を行う。詳細はそこで詰めるので、この段階では戦略を考えるための目標、つまり戦略目標設定というざっくりとしたゴールを示すことで十分だ。

収益構造およびビジネス理念が本業と大きく異なる場合、別会社化（分社化）することだ。バーンズ&ノーブルなど、成功しているクリック&モルタル企業の多くは、ネット事業の部隊を別会社化（分社化）している。

◎——ビジネス理念と定性目標と戦略の関係性

戦略目標は、数字だけではイメージがつかみにくい。そこで、

①どんなブランドイメージを構築したいか
②マーケットでのポジショニングはどこが狙いか
③どんな差別的優位性を武器とするか
④どんな市場や商品を戦略対象とするか
⑤どんな組織&マネジメントを実現していきたいか

といった数字で表しにくい目標もあわせて設定する。左ページに、より大きめ（そんなに大きくないが）のケースA、ニッチをねらった小さなケースBのサンプルを記した。市場規模は同じだが、ターゲットが異なる。よって定量目標も定性目標も内容はかなり違ったものになる。

戦略目標設定のサンプル〜WBTの場合
（大きなケースA／小さなケースB）

Aのケース

1 ビジネス理念

事業の意義 →「学ぶ」楽しさと意義を新たに創出
事業の活動指針 → 楽しさ×心地よさの追求

2 市場規模

ポテンシャル市場＝150億円
フォーカス市場＝40億円

3 定量目標

1.ポテンシャル市場の26.1％
　＝40億円の10％を初年度で達成（4億円）
2.B2B会員＝100社
　B2C会員＝50万人
3.コンテンツ・メニュー
　7ジャンル 77コース／ジャンル

4 定性目標

1.戦略的カンパニーとして別会社化する
2.コンテンツ・パートナーを組織化する
3.最大（最多）のコンテンツ・メニューを提供する

Bのケース

1 ビジネス理念

事業の意義 → 主体的でがんばる日本人の完全バックアップ
事業の活動指針 → プロフェッショナリズムの徹底

2 市場規模

ポテンシャル市場＝150億円
フォーカス市場＝40億円

3 定量目標

1.ポテンシャル市場の6.8％
　＝10億円を3年かけて達成
2.B2B会員＝20社
　B2C会員＝5万人
3.コンテンツ・メニュー
　3ジャンル 33コース／ジャンル

4 定性目標

1.ニッチな存在として、クオリティを追求していく
2.LTVの最大化を目指したコミュニケーションを魅力とする
3.マジメにがんばるBiZパーソンを徹底的に支援する

リアルの教育市場と同様にWBT市場も、さまざまな新規参入プレイヤーでひしめき合うことが予想できる。

差別的優位シェアである26.1％でリーダーのポジションになるくらい競争が激しい市場になっていくだろう

定性目標のベースは、ビジネス理念であり、エッセンスが理念である。定性目標は、ブランド、ポジショニング、コア・コンピタンス、マネジメントなどフォーカスしたい部分について、ビジネス理念をもっと具体的に表したものだ。これから策定していく「戦略」とどう違うのかと思う人もいるだろう。

戦略は、目標をどうやって達成していくのかを示している。前ページの図のように、「WBTのリーダーになるために、うちの豊富なビジネス・コンテンツを活かしてどう戦っていくのか」を議論するのと、「WBTのニッチャーとして、自己向上意欲の高い社会人のあいだで知る人ぞ知る存在になるために、どう戦っていくのか」を議論していくのとでは、戦う視点が異なる。

このレベルがまだ擦り合っていないと、異なる目標を持つもの同士の議論となり、かみ合わない。前者であれば、戦略の議論に「チャネル」「アライアンス」が大きな比重を占めるが、後者の議論であれば、「コンテンツ」「顧客サービス」「ブランド」が、戦略テーマとして重要になる。

このレベルのことは、戦略を議論する前に、ある程度決めていないと、戦い方が根本から変わってしまう。「戦略」を議論していくための「前提条件」が、ビジネス・ビジョンとしての目標なのだ。当然、対象事業に対しての議論がどこまで真剣に練り上げられているかによって前提条件の粗さは変わる。しかし、定性目標として一定の枠がないと、堂々めぐりの戦略策定プロセスに陥るので注意が必要だ。

さて、それでは設定されたビジネス・ビジョンをどう達成していくのか――その戦い方を第8章と第9章で策定していこう。

第8章

ビジネス戦略体系を構築する

1

ビジネス戦略体系の考え方

ビジネス戦略体系は、
4つの構成要素が一貫した流れでつくりあげられなければならない。
中でも、〝らしさ〟＆〝勝つため〟の基本戦略が中心だ。

◎ビジネス・ビジョン達成のためには？

第5章のあたりで、「ここまでくれば、残りは軽く目標つくって事業収支か」となりがちだ。これが甘い。たしかにこれまでは、ほとんどの日本企業が戦略レスだったので、戦略のわからない相手に戦略を語っても仕方がない。しかし、ビジネスプラン提案資料の中に入れる入れないは別として、当事者は必ず自分たちでビジネス戦略体系をつくるべきだ。最後まで手を抜かないでいただきたい。

ビジネス戦略体系とは、第7章のビジネス・ビジョンを達成するための次の4つを意味する。

①戦略オプション
②基本戦略
③個別戦略（市場・商品・価格・チャネル・顧客サービス・営業・生産・開発など）
④個別戦略をブレイクダウンした計画（ビジネスモデル特許も含む）

中でも一番大切で時間をかけてほしいのが、戦略オプションだ。甲乙つけがたい戦略の選択肢。戦略

戦略シナリオ全体像とビジネス戦略体系

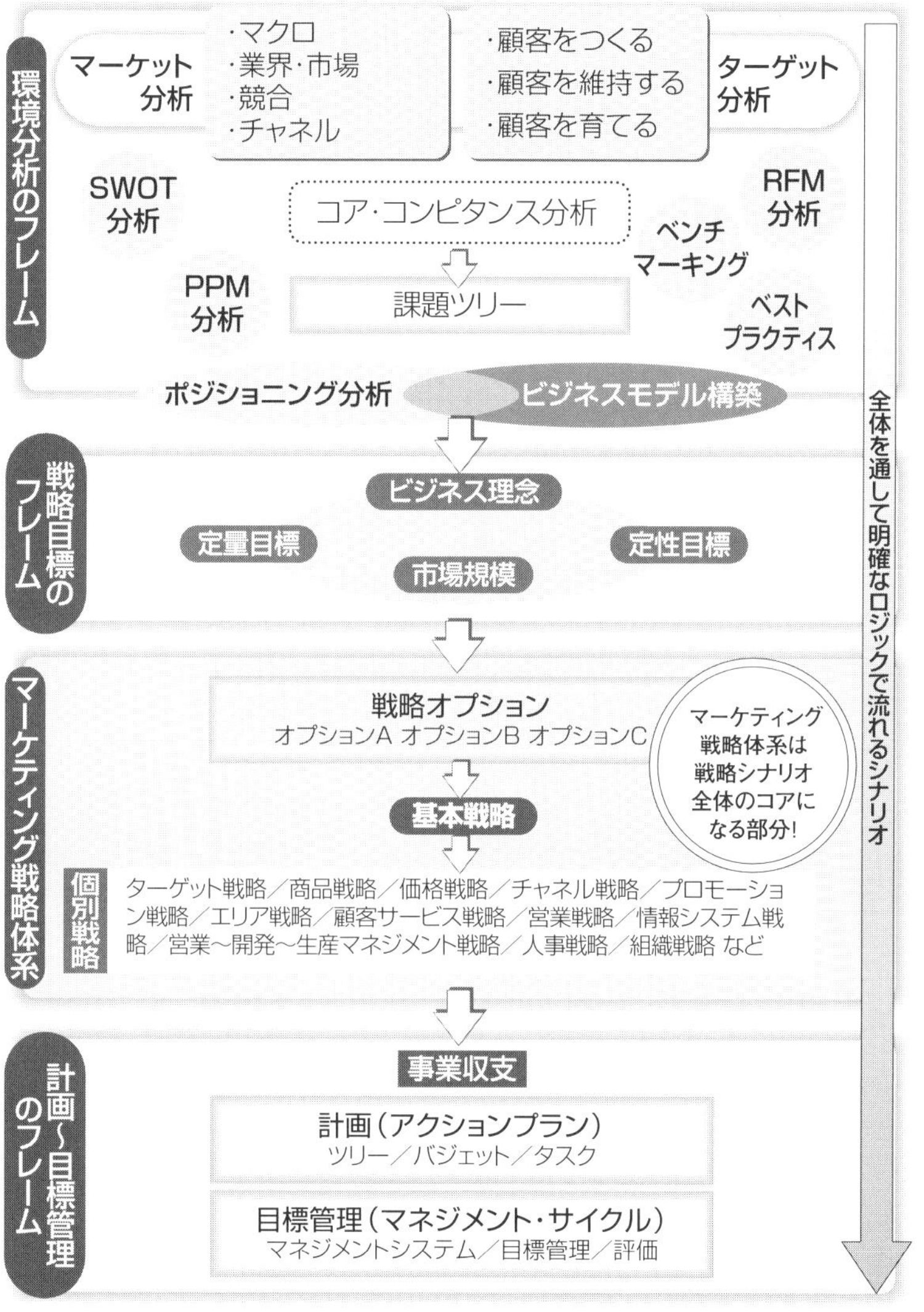

一貫したシナリオで流れているかチェックしよう。設定したビジョンを戦略体系で現実のビジネスへと展開させる

オプション策定では、どんなに険悪になろうが人間関係をこわそうが徹底的に議論していただきたい。

選択肢としてのオプションを提示するということは、必ずや議論になる。「私はA」「いや私はB」「いやいや私はやっぱりC」と自分の主張をする。だから、すぐ調整機能が働き出す。丸めてしまう。「和」を以て貴しとする日本企業の文化。これではダメだ。ビジネス戦略体系とは、戦略オプションで、参加者全員の英知の結晶化をはかり、議論をつくし、基本戦略をみんなで決め、個別戦略と個別テーマごとのアクションプランに落とし込むこと。それが、全員の心と技の結集だ。

◎戦略体系構築の5つのツール

戦略発想ができる人は、いつも考えている。いつも集中している。考える技術をもっている。

この3点に該当しないと思う人は、これから紹介する5つのツールを使いこなしていくといい。この思考プロセスと考える技術を習慣化しよう。そうすれば、戦略発想のできる頼れるリーダーに自己変革できる。

〈ツール①〉 戦略オプション・マトリックス

〈ツール②〉 戦略オプション評価

〈ツール③〉 基本戦略&個別戦略フォーマット

〈ツール④〉 個別戦略チャート（これは、いろいろなスタイルあり）

〈ツール⑤〉 戦略〜アクション・ツリー

5つのツールについては、第9章でつくり方を紹介する。ステップ・バイ・ステップでサンプルを参考につくってみよう。

「〝戦略テーマ〟って何だ?」

「自分らのビジネスの場合の、戦略テーマはいったい何になるのか?」

「戦略テーマ上、関連する重要な部署を、今から巻き込まなくていいのか?」

「〝らしさ〟が表れている基本戦略か? 他社とどう違うのか?」

「アクションプラン展開上、外部要因などのリスクは何があるのか?」

このような、問題意識を引き出すきっかけとなるのが5つのツールだ。叩き台として各自がフォーマットを埋めてくる。そして、ディスカッションを通して戦略が練り上げられていくプロセスで、共通の言語や共通の思考パターンが自分たちのものになっていく。

HRインスティテュートのワークアウト・プログラムでは、このプロセスをしっかりとメンバーの方々に身につけていただく。こうして初めて、戦略発想が自分たちのものになる。本章で紹介する5つのツールはHRインスティテュート版なので、自分たちで使いやすいようにアレンジしていただきたい。

戦略体系構築の5つのプロセス

戦略体系策定の大きな流れは、237ページの図のとおりだ。

〈プロセス①〉 戦略オプションを少なくとも3つ以上つくる

〈プロセス②〉戦略オプションをそれぞれ評価する
〈プロセス③〉オプションから基本戦略を絞り込み、精緻化する
〈プロセス④〉基本戦略からブレイクダウンした個別戦略をそれぞれつくる
〈プロセス⑤〉個別戦略～アクションプランへと落とし込む

花王のライバルで、マーケティングの強いＰ＆Ｇ。多くの出身者が、Ｐ＆Ｇを巣立ち、企業のトップになっている。マイクロソフトのＣＥＯのバルマー氏、ＡＯＬのケース会長、イントゥイットのクック会長、まだ未知数だがウェルチ氏の公認となるＧＥのイメルト氏などなど。共通項は、マーケティング発想と戦略発想に長けていること。

Ｐ＆Ｇから戦略発想を武器とした強いトップが生まれるのは、偶然か？　いや、そうではない。Ｐ＆Ｇの会議では、プロセス①～③の発想が、厳しく求められるという。

「では、あなたが思うこのテーマの戦略（または、解決策とか何でもいい）を3つ提示してください。そのメリット・デメリットを次に示してください。そして、その中から、1つに絞り、その選択の根拠を教えてください。はい、どうぞ」

この文化の中で育ち、戦略発想を完全に習慣化しているからこそ、先の読めない時代に自分のロジックを信じて突き進んでいくことができる強いトップが生まれるのだ。

それでは5つのプロセス（そこで使用するツールも）ごとに、ステップ・バイ・ステップで見ていこう。

戦略体系構築の5つのプロセス＋ツール

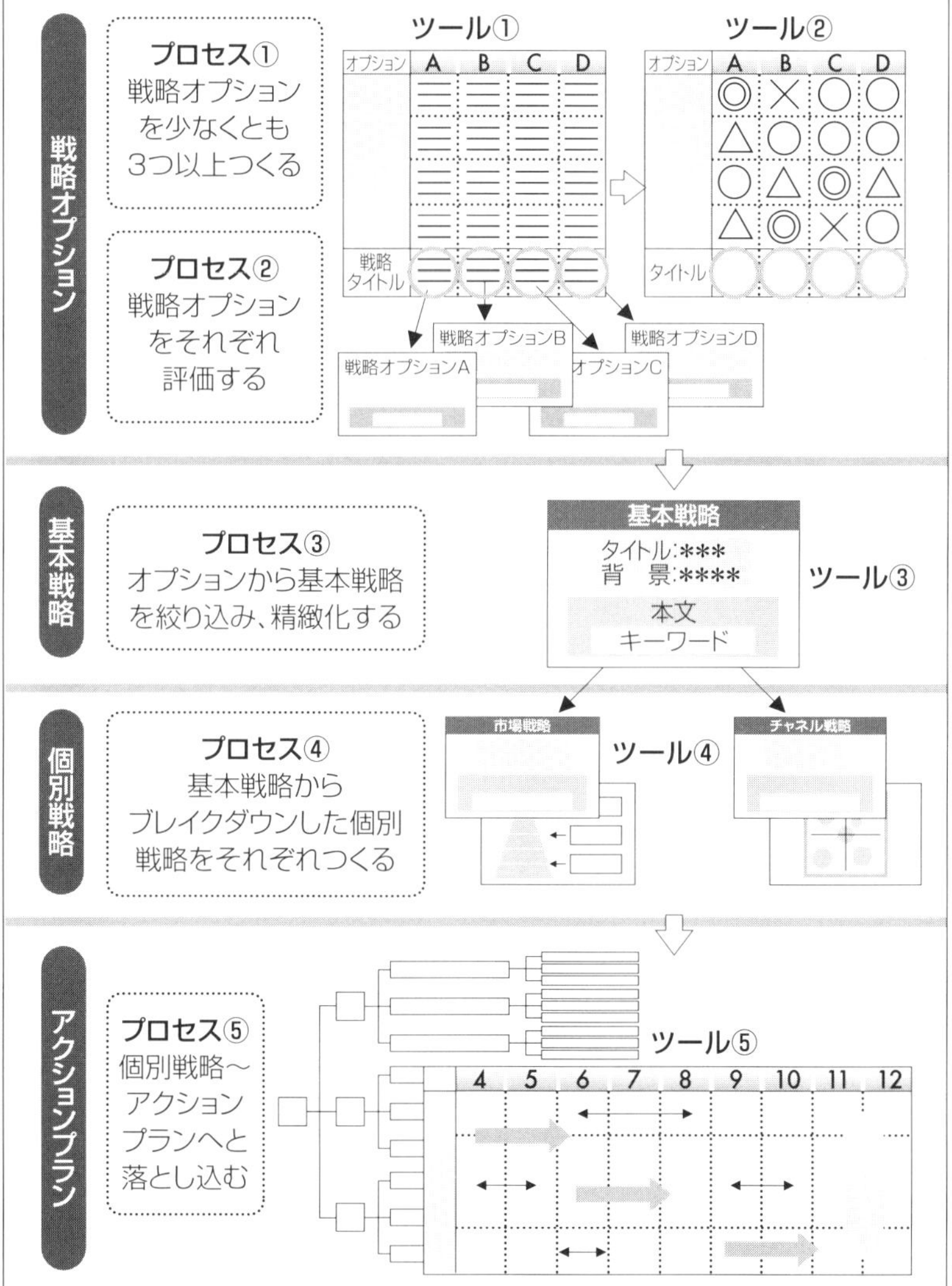

戦略オプションでの議論が深くできると、そのあとのプロセスはすでにシナリオ化できているので楽になる。
何と言っても甲乙つけがたいオプション設定が必要だ

2 戦略オプションを3つ〜5つ考える

「プロセス①戦略オプションを少なくとも3つ以上つくる」ときの「ツール①戦略オプション・マトリックス」の使い方・つくり方を見てみよう。

◎オプションという考え方の重要性

繰り返すが、戦略オプションは、非常に重要である。というか、ベースとなる「仮説候補からのロジカルな選択」という思考&行動パターンが重要だ。日本人は、このオプション（選択肢）という発想をしない。「おい、叩き台つくってみてくれ。それをあとで揉もう！」と、誰かのつくった1案でディスカッションが始められる。これでは、端から洩れが出る可能性が大だ。

マーケティング担当者がつくった「今、市場に仕掛けるためには、一気に独自のブランド力を浸透させることが成功要因なので、メディアミックスで短期決戦！」という案をベースに、時間をかけて調査・議論してきたとしよう。CMイメージまで見えてきた。このパターンで進むと、上司へ提案した途端に、「なるほど、しかし既存チャネルの有効活用は検討したのかね?」「あの外資企業とのアライアンスはどうなんだ?」「広告費はないよ」などと言われ、それで話は終わってしまう。どんなに時間をかけて調査や議論をしていても、また振り出しへ、となる。これでは、くじける。

戦略経営とは、〝戦略が明確な企業〟という意味だけではない。どの部門、どの人に聞いても、いつも戦略オプションを考え、議論し、戦略が決まり、その戦略を遵守・実行しようとする組織文化がある経営を言うのだ。経営に正解などない。いつも変数だらけだ。だからこそ、自分たちの案が、正解になるように突っ走るべきである。オプション文化への変革が、日本企業には必要だ。

アメリカは、ディベート文化。一方、日本は談合文化・根回し文化。アメリカは、効率性を重視する。逆説的だが、オープン&自由を重視することが、長い目で見ればもっとも効率的なのだ。それこそ、徹底的に議論しての決定であるから、振り出しには戻らない。議論自体にはウンザリするほど時間をかけるが、決めたら従う。これに対して、日本は、クローズ（密室）&規制を重視してきた。一見、こちらのほうが意思決定は早いように思う。しかし、その決定が動き出してから、こじれると大変なことになる。誰も関与していない、納得していない決定だったのだから当然だ。そして、アカウンタビリティ（説明責任）も曖昧になる。責任の回避と擦りつけ合い。無関係、無責任。

戦略オプションは、日本人の会議のあり方、ディスカッションのあり方を変えるものである。ぜひ、選択肢としてのオプション（仮説の提示と検証サイクル）を思考パターンと会議パターンに活用し、ロジカルな議論を広めてほしい。

戦略オプション・マトリックスの策定プロセス

戦略の候補は、オプション・マトリックスで整理するとわかりやすくなる。

オプション・マトリックスでは、はじめに縦軸に個別戦略テーマ（市場戦略・商品戦略・価格戦略など）をとり、横軸にオプションA／B／C／……といった複数の戦略オプションをとる。そして、そのマトリックスの各セルを縦に埋めていく。流れで示すと左ページの7つのステップになる。

1／これまでの環境変化分析結果およびビジネス・ビジョンの確認・整理
2／重要と思われる（個別）戦略テーマ（市場・商品……）の仮決定
3／戦略タイトル（戦略エッセンス）の仮決定
4／戦略オプションA／B／C／……の縦のラインの議論
5／戦略オプション別に（個別）戦略テーマを縦のラインで記入
6／再度、全体のチェック・修正
7／一言でわかる戦略タイトルのコピーライト

戦略オプション作成は、慣れると簡単だが、最初は、なかなか難しい。とにかくなんとか一度つくってみて、できあがりで評価し、どうしたらうまく伝わるのか、議論してみよう。大切なのは、議論自体なので、結果にこだわらず、それぞれの意見を思いきってぶつけてみることだ。

ここで、大きく戦略オプションを考えるときの戦略トレンド・キーワードの代表例を提示しよう。WBTをベースにして考えてみる。243ページの図をごらんいただきたい。

B2C↔B2B　モバイル↔非モバイル　地方分権↔東京一極集中　マルチメディアデータ↔テキストデータ　ボイス↔データ　独立志向↔安定志向　コミュニティ↔1：1カウンセリング　コーチング↔コンサルティング　標準化↔個別化　デジタル家電↔PC　グローバル↔ローカル　マ

戦略オプション・マトリックスの策定プロセス

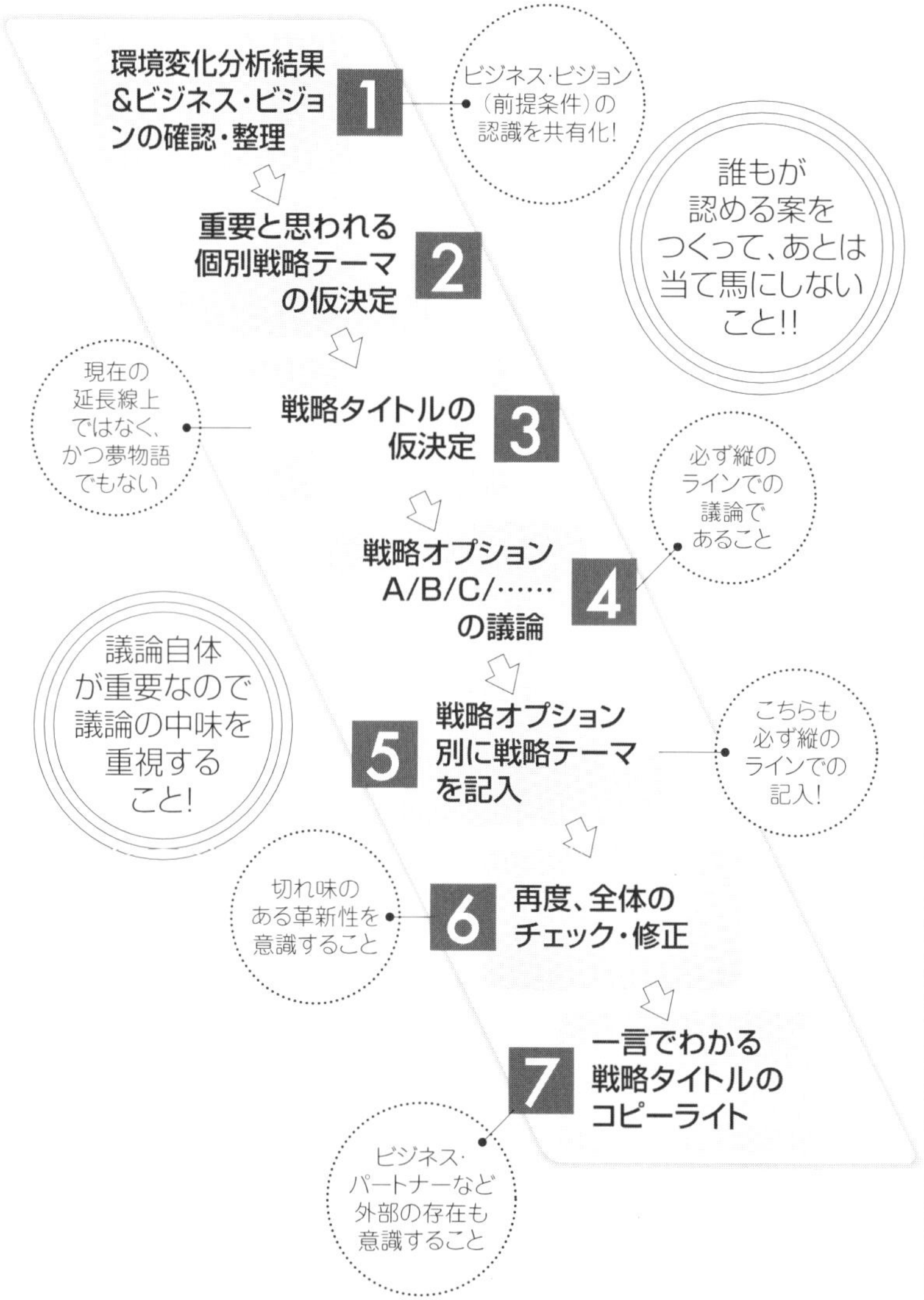
1
環境変化分析結果&ビジネス・ビジョンの確認・整理
ビジネス・ビジョン（前提条件）の認識を共有化!
誰もが認める案をつくって、あとは当て馬にしないこと!!
2
重要と思われる個別戦略テーマの仮決定
3
戦略タイトルの仮決定
現在の延長線上ではなく、かつ夢物語でもない
4
戦略オプションA/B/C/……の議論
必ず縦のラインでの議論であること
議論自体が重要なので議論の中味を重視すること!
5
戦略オプション別に戦略テーマを記入
こちらも必ず縦のラインでの記入!
6
再度、全体のチェック・修正
切れ味のある革新性を意識すること
7
一言でわかる戦略タイトルのコピーライト
ビジネス・パートナーなど外部の存在も意識すること

「したいこと」「できること」「すべきこと」の本質的なすり合わせの議論を!

スマーケティング↔1：1マーケティング　自社単独↔アライアンス　総合↔統合……。

　こうしたキーワードをあげていくと、戦略の方向性が見えてくる。どちらへ向かえば、「勝つ」のか。自社のコア・コンピタンスとあわせて、議論しよう。そして、戦略テーマを決めていく。

　戦略テーマは、あとでつくる個別戦略のテーマとほぼ一致する。オーソドックスに押さえるところとしては、4Pとターゲットだ。近頃は、この5つの要素以外に、必ずと言っていいほどあがってくるのが、「ビジネス・パートナーまたはアライアンス」というテーマである。どこと組むかが戦略上のクリティカル・ファクターになったと言える。顧客サービスも重要だ。

「4P（商品、価格、チャネルまたはプロセス、プロモーション）＋ターゲット＋ビジネス・パートナー＋顧客サービス」など見えている戦略テーマのうち、すでに動かせない前提条件があるとしたら、それはビジネス・ビジョンで表しておこう。

　たとえば、「B・iZパーソン向けのサービスである」という前提があるとないとでは、オプションが変わってくる。「B・iZパーソン向け」であれば、オプションは「どんなB・iZパーソン？」というセグメントを考える。一方、前提自体がまだないのなら、「ターゲットは主婦？　学生？　誰でも？」というオプションが出てくる。また、たとえば、もともとビジネス・パートナーありきの事業なら、マトリックス上にこのテーマは不要ということになる。

　このように、マトリックス記入上、前提条件を明確にすることが重要だからだ。前提条件に入るような、当たり前の議論をするのは時間のむだ。ターゲットが絞られているのであれば、それを前提として議論をするべき。もしかしたら、でも……を考え出すと、切れ味が鈍くなっていく。

戦略テーマの議論ポイント～WBTの場合

ターゲット	B2B中心 ↔	B2C中心
	首都圏中心 ↔	地方中心
B2B（2E）	大企業中心 ↔	中小・SOHO
	業界フォーカス ↔	業界問わず
	外資系 ↔	日本企業
B2C	20代 ↔	30～40代
	女性 ↔	男性
	サラリーマンタイプ ↔	起業家タイプ
サービス	営業・マーケティング中心 ↔	一般ビジネス
	モバイル（携帯）中心 ↔	PC中心
	テキスト中心 ↔	動画などマルチメディア
	1:1（家庭教師スタイル） ↔	1:マス（教室スタイル）
価格	高付加価値 ↔	お手軽
	固定制 ↔	従量制
	オプションあり ↔	オプションなし
	FCライセンス ↔	代理店手数料
チャネル	代理店 ↔	ダイレクト・マーケティング
	CPとりこみ ↔	CP自由
	コールセンター中心 ↔	Web対応中心
	アフィリエイツ展開 ↔	アフィリエイトなし
プロモーション	サイバー中心 ↔	リアル中心
	ブランド訴求 ↔	非ブランド化
	メディア活用 ↔	ロコミ活用
顧客サービス	LTVの最大化 ↔	新規開拓
	コミュニティ活用 ↔	メール&Tel活用
	カウンセリング(多) ↔	カウンセリング(少)

戦略上、重要と思われる個別戦略テーマのそれぞれについて、どのような方向性がありえるのか洗い出す。

重要なテーマの方向性に沿って、縦に他の方向性を決めていく

◎策定プロセスにおける留意点

戦略オプション・マトリックス作成上のポイントは次の7点である。

①必ず縦のラインでの議論・記入であること
②ビジネス・ビジョン（前提条件）の認識が合っていること
③現在の延長線上ではなく、かつ夢物語でもないこと
④誰もが認める案をつくって、あとは当て馬にしないこと
⑤切れ味のある革新性を意識すること
⑥ビジネス・パートナーなど、外部の存在も意識すること
⑦議論自体が重要なので、議論の中身を重視すること

とくに④は、意識してほしい。戦略オプションとして、ほぼ、みんなが同じ意見になるようなつくり方は、ダメ。つまり、はじめから戦略オプションＡが本命で、あとのＢ／Ｃ／……が当て馬とわかるのは、正しくないのだ。戦略オプションの決定プロセスそのものが意思決定なのだから、どんどんもめて結構。おおいに議論してほしい。こういう機会に議論の場数を踏むことが大切なのである。

オプション策定のプロセスが正しく機能すれば、したいこと・できること・すべきことのすり合わせが行われるはずだ。どれも甲乙つけがたいオプションだからこそ、ギリギリの選択へ向けての深く本質的な議論ができるのだ。

戦略オプション・マトリックスのサンプル

	オプションA	オプションB	オプションC
ターゲット	大企業&中堅企業	外資系&リーダー企業	中小&団体
商品	カフェテリア対応	カスタマイズ対応	完全スタンダード
価格	TCOで競合優位な価格帯	初期に特別価格のちに高価格	お手軽価格（代理店フィー20%）
プロモーション	メディアミックス&セミナー&イベント	サイバー中心&雑誌エディトリアルタイアップ	セミナー中心&DM&メール
戦略タイトル	全方位型WBT	シンボリックターゲットで成功創出	代理店チャネルのお手軽WBT

縦の流れで考えること!

前提がちがえば戦略テーマも内容もかわる!

達成すべきビジネス・ビジョン
B2B2Eで一気にWBTリーダーへ!

達成すべきビジネス・ビジョン
B2Cでニッチなファン獲得!

		オプションA	オプションB	オプションC
ターゲット		できるBiZパーソンコンサルタント志望	起業家タイプ	HRIの読者&ファン
商品		コンサルティングツール満載	企業&大学との新ビジネス創出	My機能でDBテスト・オプション充実
価格	コース	中	高	安
	オプション	なし	特典㊫	高
プロモーション		雑誌・Web中心	イベント&セミナー中心	PC&モバイルでのメルマガ中心
戦略タイトル		コンサルタントのノウハウ・ドゥハウ	コラボレーションでビジネス創出	1:1のマイキャリアポータル

縦の流れで考えること!

戦略オプションを検討するときは、縦の組み合わせを絶対にくずしてはいけない! つまり、いいとこどりの折衷案をつくり出してはいけないのだ

3

基本戦略を決定する

「プロセス②戦略オプションの評価」「プロセス③オプションから基本戦略を絞り込み、精緻化する」において、「ツール②戦略オプション評価」「ツール③基本戦略&個別戦略フォーマット」を使う。

◎戦略オプションからの決定プロセス

プロセス②の戦略オプションをそれぞれ評価し、プロセス③のオプションから基本戦略を絞り込み、精緻化する際に使うのが、ツール②の戦略オプション評価である。プロセス①でつくったオプション・マトリックスの1マスごとに、評価を入れていく。しかしその前に、基本戦略のフォーマットにのっとり、戦略オプションA／B／C／……の順に1枚ずつフォーマットに記入して、考えをより深めていくと議論しやすくなる。つまり、戦略オプションから基本戦略を決定するプロセスはこうだ。

①各戦略オプションを基本戦略フォーマットに記入
②戦略オプション・マトリックスの各マスに仮評価を記入
③第3章の調査結果や情報を基に検討（根拠チャート作成）
④評価マトリックスで客観化（ディスカッション～最終評価記入）
⑤各戦略オプションのメリット・デメリットを言葉で整理
⑥基本戦略を決定

②の仮評価記入の例をあげよう。

◎戦略オプションA「B2B2Eでシンボリックターゲット狙い」

◎戦略テーマの〝ターゲット〟は、「各業界のリーダークラス」

それでは、このターゲットに対して、自社の強みはあるのか？

答えは、〝ある〟。なぜなら、「リーダー企業との関係性はすでにできていて、そのうち3社に関しては80％の確度でアプローチできている」などの情報があれば◎だ。

戦略オプションの評価は、とくに気になるメリット・デメリットをあぶり出すことが目的である。1マスに対して正確性を求めるものではない。だから、◎○△×くらいの評価で十分だ。各オプションのメリット・デメリットを議論して、一つの基本戦略に絞るためのディスカッション・シートと思ってもらえればいい。

コア・コンピタンス分析のときのように、各テーマへの係数を出して数値化して評価することもできるが、あまり勧めない。この段階では、もっと大きな視点で各戦略を俯瞰してみてほしい。マトリックスに評価を入れたものだけではなく、評価のエッセンスを言葉でわかりやすく書くと、いよいよ基本戦略への絞り込みになってくる。この評価理由が、誰にでも納得のいく根拠で示されていれば、OKだ。そのために、なぜ戦略オプションDは「当面は無理」なのか、根拠を示す分析データやチャートが必要になる場合もある。

◎―基本戦略をわかりやすく伝えるために

このようにして、戦略オプションを評価して、絞り込んだものが「基本戦略」になる。基本戦略はビジネスのエッセンスだ。基本戦略こそ、経営の基軸たるものである。だから、特徴がハッキリしていない基本戦略は、「無」に等しい。いや、「害悪」とさえ言える。組織を混乱させる元凶になってしまうのだから。

ここで、ＨＲインスティテュートの戦略の定義をまとめると、以下のようになる。

◎戦略とは、勝つための明確なる特徴づけ
◎戦略とは、Ｆｏｃｕｓ＆Ｄｅｅｐである
◎戦略とは、事業推進上のコンセプト
◎戦略とは、経営資源配分の方向性を決めるもの

事業推進者のＷＩＬＬ＝意志が、ハッキリと現場まで伝わるものでなければならない。現場で意思決定が必要なときの指針・方向付けになっていなくてはならない。あれもこれも「てんこ盛り」状態では、戦略とは言えない。だから、「集中と選択」「見切り」「捨てること」が必要となる。

ただし、見切っただけでは、戦略ではない。「すべての業務プロセスを、インターネットにのせて」というのも、すでに決まり文句だ。みんな言い出したらおしまい。シスコやデルがはじめた頃は、これだけでインパクトがあった。十分戦略と呼ぶことができた。しかし、今はどこもかしこもネットなしにはビジネスができない方向へ向かっている。

インテルのアンディ・グローブ会長が５年前のインターネット・エクスポで「数年後には、インター

戦略オプションからの評価プロセス

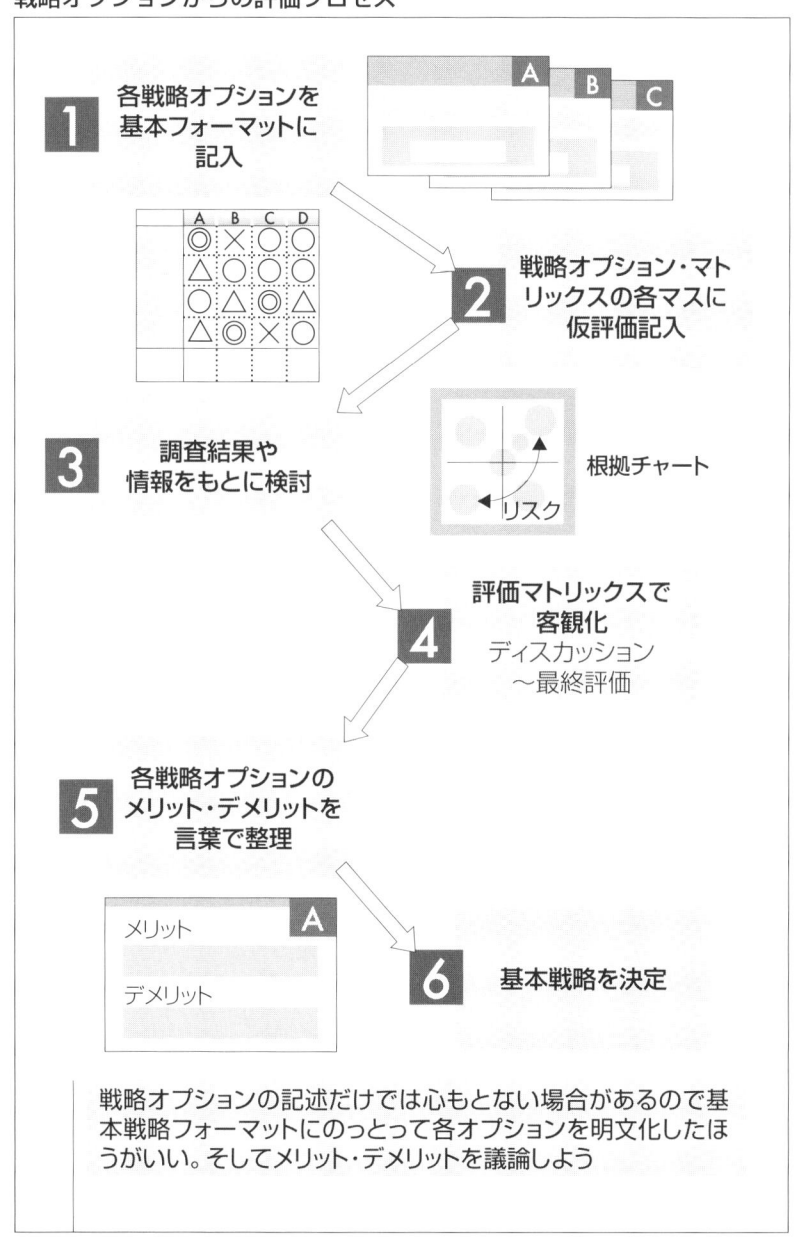

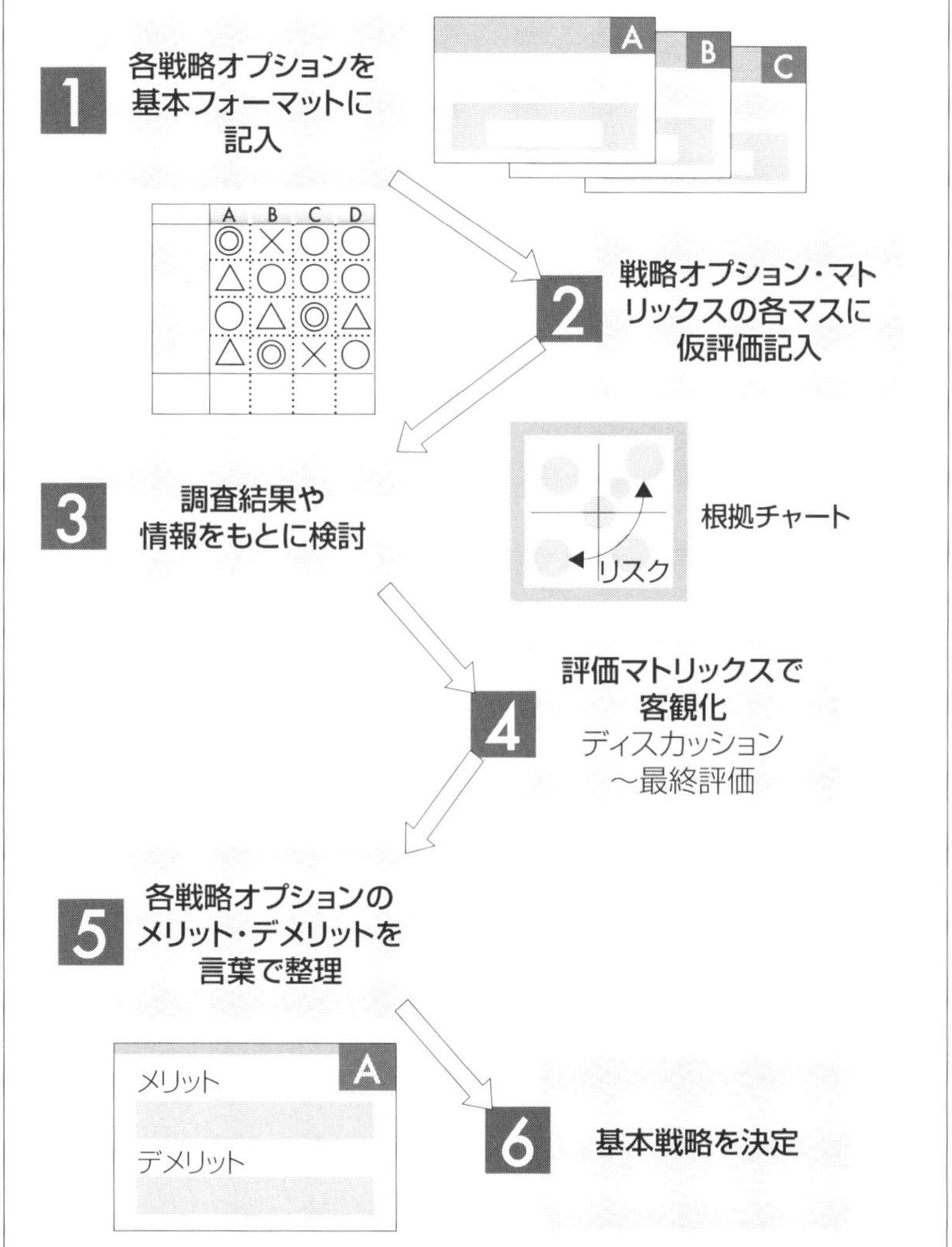

戦略オプションの記述だけでは心もとない場合があるので基本戦略フォーマットにのっとって各オプションを明文化したほうがいい。そしてメリット・デメリットを議論しよう

ネット企業は存在しなくなるだろう。なぜなら、現在電話を使っている企業のことを電話企業と呼ばないのだから」と語っていた。

戦略を、「特徴あるポジショニングのとり方」と考えれば、環境変化によって、いかにその特徴やポジションが動くかがわかるだろう。だから、「一度つくって3年間置いておきました」ではダメだ。戦略は常に動いている。常に生きている。戦略は「ナマモノ」なのだ。とくに、昨今は生鮮食料品と言えるほどである。1年に一度は再度議論を通して見直しをかける。もっと短いスパンでも、絶えず環境変化敏感アンテナが作動している組織でないと、つくった戦略にとらわれすぎて、大きなチャンスを逸することになる。

では、基本戦略はどのようにまとめると、わかりやすいのか。

基本戦略の構成は次の4つだ。左ページの図をごらんいただきたい。

①戦略タイトル～基本戦略をあえて一言で言ったら
②背景～基本戦略が生まれた環境変化・経営課題
③基本戦略本文～3行から5行ぐらいが適当
④基本戦略キーワード～基本戦略の本文にあるキーワード

シンプルだが、奥は深い。日本語のセンスも要求される。どのように書くのか、具体的に見ていこう。

基本戦略フォーマット＆サンプル

基本戦略:バリュープライスでのマイ・キャリア・ポータル

背景
1. WBTの登場がそろそろ本格化
2. 自立・自律型人材の必要性
3. マインドよりもスキルのコンピタンシー重視

ノウハウ・ドゥハウをモジュールにし、コンピタンシーチェックならびに自分の目標BiZ像への達成プロセスをマイ・キャリアナビの中でビジュアル化させる。MY機能にこだわりながらも、年間×××××円(7カリキュラム・ユニットまで使い放題)のバリュー価格で、顧客の囲い込みをはかる。自分を知ることができる(スキル習得進行度)テスティング・使えるファイル・各種DB・模擬試験大会・コミュニティ・BiZゲームなどの付帯機能を充実し、HRのMYポータルとなる。

- ⇨ **モジュール化(ユニット化)**
- ⇨ **年間×××××円／7カリキュラム・ユニット**
- ⇨ **充実した付帯機能**

かなり特徴が明確!

基本戦略:ビジネスパーソンのためのWBTサイト

背景
1. WBTの登場がそろそろ本格化
2. 自立・自律型人材の必要性
3. マインドよりもスキルのコンピタンシー重視

21世紀のビジネスパーソンに求められるカリキュラムを豊富に用意し、より多くの方々の要望に応えるコース体系とする。カウンセリングやテストによって、個人の能力向上を支援する仕組みを提供する。メディアに取りあげられるPR活動を中心に展開する。

?

- ⇨ **要望に応えるカリキュラム**
- ⇨ **個人の能力アップ支援**
- ⇨ **PRによるメディア活動**

なんだか当たり前……
「よくありそう」

「戦略タイトル」と、なぜこの基本戦略なのかの根拠としての「背景」。そして「本文」とそのエッセンスとしての「キーワード」を3つ。これが基本フォーマットだ

◎——基本戦略フォーマットのつくり方

喫茶店のランチセットで、運ばれてくるものにたとえて言えば、水、スープ、メインディッシュ、コーヒーがお決まりのパターン。もちろん、メインディッシュがともかく重要だ。このフォーマットでも同じことが言える。

【水】——まず、ウェイトレスが水をすっともってくる。「1／戦略タイトル」については、オプション・マトリックスの戦略タイトルをそのままもってくればOK。ただし、議論を通してもっと伝わるタイトルが浮かんだのならば、マトリックスとあわせて、新しいタイトルを使おう。

【スープ】——メインディッシュへの腹ごしらえ。「2／背景」は、箇条書きで3つ。なぜこの戦略なのかを示す背景・根拠である。「あ、なるほど。だからこういう戦略を考えたのか」と思ってもらうための導入だ。たとえば、戦略においてターゲットが大企業であれば、「大企業のグループウェア導入率は90％以上」など。できるだけ、数字や具体的名称が入っているほうが、説得力が増す。

【メインディッシュ】——ここで、ランチセットへの評価が決まる。「3／基本戦略本文」。ここが大切だ。3行から5行で表現する。ここに、目標や背景を書かないこと。目標を達成するための戦い方の特徴を書く。それでいて、こまかい戦術レベルに陥らないこと。

【コーヒー】——メインディッシュの余韻を楽しむ。「4／基本戦略キーワード」を3つ。基本戦略本文さえきっちりできれば、その本文の中から、エッセンスとなる3つの重要要素を取り出しておしまい。これで、締まる。

基本戦略本文をつくるときは、オプション・マトリックスの戦略テーマを主語としてその方向性を示すのがポイントである。とくに重要な項目を中心に、わかりやすい言葉でまとめ上げていく。そのときに、イメージしやすいように例としてのターゲット像や商品名を入れるのはＯＫである。ただし、入れすぎると、戦術に近くなるので注意が必要だ。

このフォーマットは、各戦略オプションＡ／Ｂ／Ｃにも、個別戦略（商品戦略／ターゲット戦略……）にも使うことができる。似たような内容にならないように、それぞれのシートで、もっとも訴えたいことは何なのかを明確に書く必要がある。その意味で、コミュニケーションの本質をつかみ、伝えるいいトレーニングと言える。

4 個別戦略をチャートで表現する

「プロセス④基本戦略からブレイクダウンした個別戦略をそれぞれつくる」ときの「ツール④個別戦略チャート」の使い方・つくり方を見てみよう。

基本戦略→個別戦略の意味

基本戦略が決まったら、今度は、個別戦略に落とし込んでいく。しっかりした基本戦略を、さらに個別の戦略に構造的に落とし込んでいくことが大切だ。ここで一気通貫させなくてはならない。つまり、個別戦略は日常のアクション（業務）へとつなげるブリッジ役なのだ。

基本戦略で語れる内容は限られている。3～5行では、各部門・各担当についてまでは言及できない。だから、基本戦略のエッセンスをいかに組織の現場に落としていくかを考える必要があるのだ。このときに、現場意識が強すぎると、基本戦略のブレイクダウンではなく、現場にとって都合のよい個別戦略に上塗りされる可能性がある。

しかし、あくまでも個別戦略は、基本戦略のブレイクダウンでなくてはならない。個別戦略の項目には左ページの図のようなものがある。もちろん企業の業種・業態によって異なってくる。

オプション・マトリックスの戦略テーマとして、優先順位をつけているはずだが、上位5つくらいの

個別戦略の項目

①市場（ターゲット）戦略

②商品戦略

③価格戦略

④プロモーション戦略

⑤チャネル戦略

⑥ビジネス・パートナー（アライアンス）戦略

⑦開発戦略

⑧情報戦略

⑨人事・組織戦略

⑩業務プロセス戦略

⑪顧客アプローチ戦略

⑫ロジスティックス戦略

個別戦略テーマがとくに大切だ。

個別戦略策定上におけるポイントは、以下のとおり。

①基本戦略のブレイクダウンに必ずなっていること

②フォーマットは基本戦略と同じものを使うこと

③個別戦略フォーマットだけでなく、説明するためのチャート類（PPMや商品ロードマップや価格体系など）を多用すること

単にオプションや基本戦略の中で語られている言葉の繰り返しではなく、基本戦略で、そこはかとなく匂ってきた方向性を、「自分の業務に置き換えるとこういうことか」と理解できるような言葉に落とし込んでほしい。

◎個別戦略の書き方

個別戦略も、たとえば市場（ターゲット）戦略であれば、

①戦略タイトル～（市場）戦略をあえて一言で言ったら
②背景～（市場）戦略が生まれた環境変化・経営課題
③（市場）戦略本文～3行から5行ぐらいが適当
④（市場）戦略キーワード～（市場）戦略の本文にあるキーワード

というように、上位5つの重要な個別戦略テーマについてそれぞれフォーマットに記入する。（市場）の部分をそれぞれの個別戦略テーマに置き換えればいい。記入方法や留意点は、基本戦略と同じ。ただし、こちらのほうがダイレクトで具体的な単語を使うことができる。決して抽象的な表現を使わない。

【市場戦略A】：中小企業～SOHOに対して、首都圏エリアを中心に展開し、次に関西・中部へと拡大。シンボリックな中小企業を落としていく。

【市場戦略B】：ベンチャー系でメディアにとりあげられている経営者を徹底的に攻める。マスとしては、各地域の青年会議所（JC）の名簿や異業種交流会のリストを入手し、アプローチ。業種としては、流通・サービスにまず特化し、会員組織や関係組合・団体との連携を推進。

どちらが、現場は動きやすいか。市場戦略Aではあまりに漠然としている。時間とお金をかけて、当たり前のアウトプット。こんなムダに慣れてしまった組織も多いようだが、仮説がないからこういうことになる。

市場戦略Bにあるくらいのターゲットを仮説として持ちながら、情報収集＆議論するのとでは、出て

くるアウトプットの深さが10倍違うものになる。どんな中小企業なのか、どんなシンボリック企業なのかが伝わらなければ、動けない。戦略タイトルは、

◎人気タウン重視で点から線へ
◎自治体系と交通系を線から面へ
◎ＩＴ充実度の高いベンチャー狙い
◎各業界のシンボリックなスター狙い

このように、読んでイメージが伝わるように工夫する。

背景は、なぜそこを狙うのかを納得させるポイントを3つ明記する。マクロ環境・市場動向・顧客嗜好性・競合動向・自社の強みなどから根拠として「なるほど、そういうことからね」と思わせる背景だ。

個別戦略本文は、3行から5行。「スターバックスなど、次代をクリエイトしているシンボリック企業」というように、たとえばの企業名を入れたほうがわかりやすいし、イメージが共有できる。ここでは、戦略オプションや基本戦略でふれている言葉を、もっとわかりやすく具体的に説明する必要がある。

最後に個別戦略のエッセンスを3つ。これは箇条書きで、本文の中からもっとも象徴的な言葉を抽出する。エッセンスに背景が入っていたり、目標が書いてあることのないよう、気をつけよう。

◎個別戦略をわかりやすく伝えるために

個別戦略の場合は、図にしたほうがわかりやすい場合がある。そういうときには、チャート化（ビジ

ュアル化）で共有しよう。259ページの図をごらんいただきたい。

よりわかりやすくするために、図・チャートでビジュアル化するとよい。パワーポイントでつくると容易だ。ターゲットなら、ターゲットセグメンテーションやＡＢＣ分析だったりする。チャネルならビジネス構造図であったりする。

◎顧客サービスでの対応プロセス
◎チャネル・マネジメントの仕組み
◎価格設定に関するコスト構造
◎狙うターゲットのプライオリティ
◎訴求ベネフィットのコンセプトツリー

などは必ず盛り込む。ツリーやマトリックスやプロセスの図を、効果的に使ってそれぞれの個別戦略を見える形に落とす。言葉とチャートがリンクして、頭にすっきりと入ってくるよう工夫しよう。

◎ヒエラルキー化する場合はツリー
◎ポジショニングを明確にする場合はマトリックス
◎ビジネスの流れを示す場合はプロセスフロー
◎ビジネスの要素を示す場合はモデル図

わかりづらい新ビジネスの全体像を具体的に示し、関係者のアイデアを整理体系化するには、チャート化がもっとも効果的である。ディスカッション時には、必ずコピーの取れる白板またはＰＣとプロジェクターを用意して、目の前で発言を形にしていくスタイルでまとめ上げていく。そうすれば、会議の

個別戦略チャート・サンプル

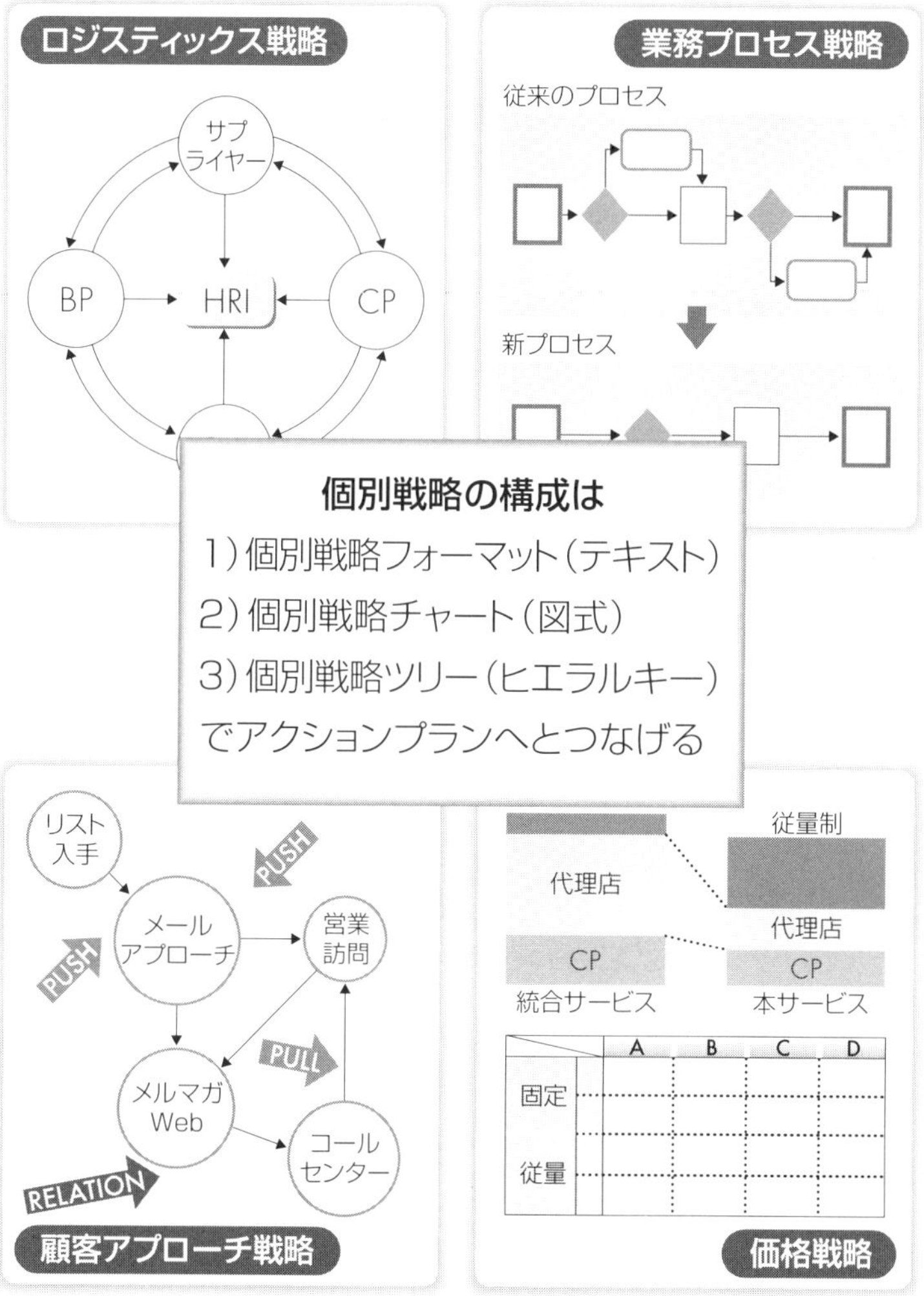

個別戦略のそれぞれはできるだけわかりやすくチャート化、モデル化すること。優先順位、構造、プロセスなどが間違いなく伝わるように

終了とともにすでにアウトプットがまとまっていて、議事録作成の二度手間が不要になる。参加メンバーおよび関係者に会議終了時にメールしてしまえば、それぞれがその資料を活かして次のステップへうつることができる。

次は第9章。個別戦略をアクションへと落とし込んでいく。

第9章

ビジネス戦略をアクションに落とし込む

1 戦略ツリーのつくり方

基本戦略〜個別戦略〜担当組織のプラン化〜各業務アクションの流れの整理。
洩れなくダブリなく、
レベルあわせもしっかりとツリーをつくる。

◎ロジックツリーがロジカル・シンキングの基本

ロジックツリーの発想で戦略体系を考えてみよう。ロジックツリーという考え方・思考の技術を使いこなせると、頼りになる存在になれる。いわゆる〝コンサルタントの必須取得スキル〟だ。『考える技術・書く技術〜新版』（バーバラ・ミント著　山崎康司訳　ダイヤモンド社）は、元マッキンゼーでレポート類のクオリティ・チェックをしていた専門家の本だ。少し難しいかもしれないが、読んでみる価値はある。

日本人は、ＱＣや小集団活動で、よくＫＪ法（川喜田二郎氏の編み出した思考法）やカードＢＳ（ブレインストーミング）法を使う。この場合、問題の事象を片っ端からあげて、カテゴリでくくって整理していくというプロセスをとる。具体的なことから抽象的なものへとまとめあげていくのだ。

しかし、戦略を考えるときは、この逆の思考プロセスが求められる。つまり、上からの落とし込みだ。ブレイクダウンである。ＫＪ法のような、帰納法的発想での、積み上げの考え方ではない。積み上げ式の戦略では、どこも似たような戦略になってしまう。そうではなくて、「こういう戦略にするためには、どうしたらいいのか」という発想だ。言い換えれば、この戦略を実践するためには、どのような構成に分けていくのか、という考え方である。

たとえば、シティホテルの売上を上げるというテーマがあったとしよう。ロジックツリーで考えるとどうなるか。「客数を増やす？」「客単価を上げる？」この2つがあれば、たしかに売上は上がる。では、さらに客数を増やすにはどうするか？　265ページの図のように、

◎客室部門の売上を伸ばす。飲食部門・宴会部門・不動産部門の売上を伸ばす。

◎個人新規顧客を伸ばす。個人既存顧客の頻度を上げる。法人顧客を開拓する。

などがある。そして、その次の階層では、宿泊部門の売上を伸ばすには、カップル客を増やす、ファミリー客を増やす……と続く。

売上を構成する要素をどう整理するか、どう分類するかで、ツリーの分け方が変わる。どれが正解ということはないが、目的に合わせ、組み合わせてオリジナルの分け方を見つけてみよう。色々な切り口が出てくると思うが、大きく2つのタイプに分けられる。それが、「変数」と「集合」だ。

①「変数」で考える：売上高＝客数×客単価

売上高＝マーケティング力＝商品×価格×チャネル×プロモーション（営業含む）

②「集合」で考える：事業部単位→客室部門＋宴会部門＋不動産テナント部門

顧客単位　→個人顧客＋法人顧客　新規顧客＋既存顧客

267ページの図を見ていただきたい。売上を上げるアイデアを、カードBS法で色々と出したとしても、

洩れのある可能性がある。広告・宣伝にばかり頭がいってしまい、やたらプロモーション関係のアイデアばかりということになる。こうなると、価格の見直しや旅行代理店を含むチャネルの見直し、サービスの向上などのどこかが見落とされるかもしれない。ボトムアップの積み上げ思想では、このリスクがある。

このような洩れが起こらないように、上からのブレイクダウンで構成フレームを押さえよう。どのような分類によって構成されるのかを上から考えるのだ。このときに、気をつけなくてはいけないのが、

①各階層は「モレなくダブリなく」の構成になっているか
②同一階層では、だいたい具体性のレベルが合っているか
③上位のボックスは、下位のボックスをまとめた内容か

この3点である。個別戦略も、基本戦略からのブレイクダウンという意味で、シティホテルのケースと同じである。大きな目的~テーマを確実にブレイクダウンすることだ。こうしたツリー化の考え方は、基本戦略を個別戦略群に落とすときも使うし、個別戦略自体をアクションプランに落とし込むというときにも使える。基本的に、組織内の活動は、ロジックツリーでの展開になる。

◎ロジカル・シンキングが発想の原点

「似合わない社名だな」と思っていた長谷川実業が、1997年に「グローバル・ダイニング」に社名変更。やっと、お店のイメージに合った社名になった。

ロジックツリーの例〜ホテルの売上ツリー

ロジックツリーをつくるときの留意点

1 各階層は「モレなくダブリなく」の構成か?

2 同一階層における、具体性のレベルは合っているか?

3 上位のボックスは、下位のボックスをまとめた内容か?

シティホテルの売上を上げよう!

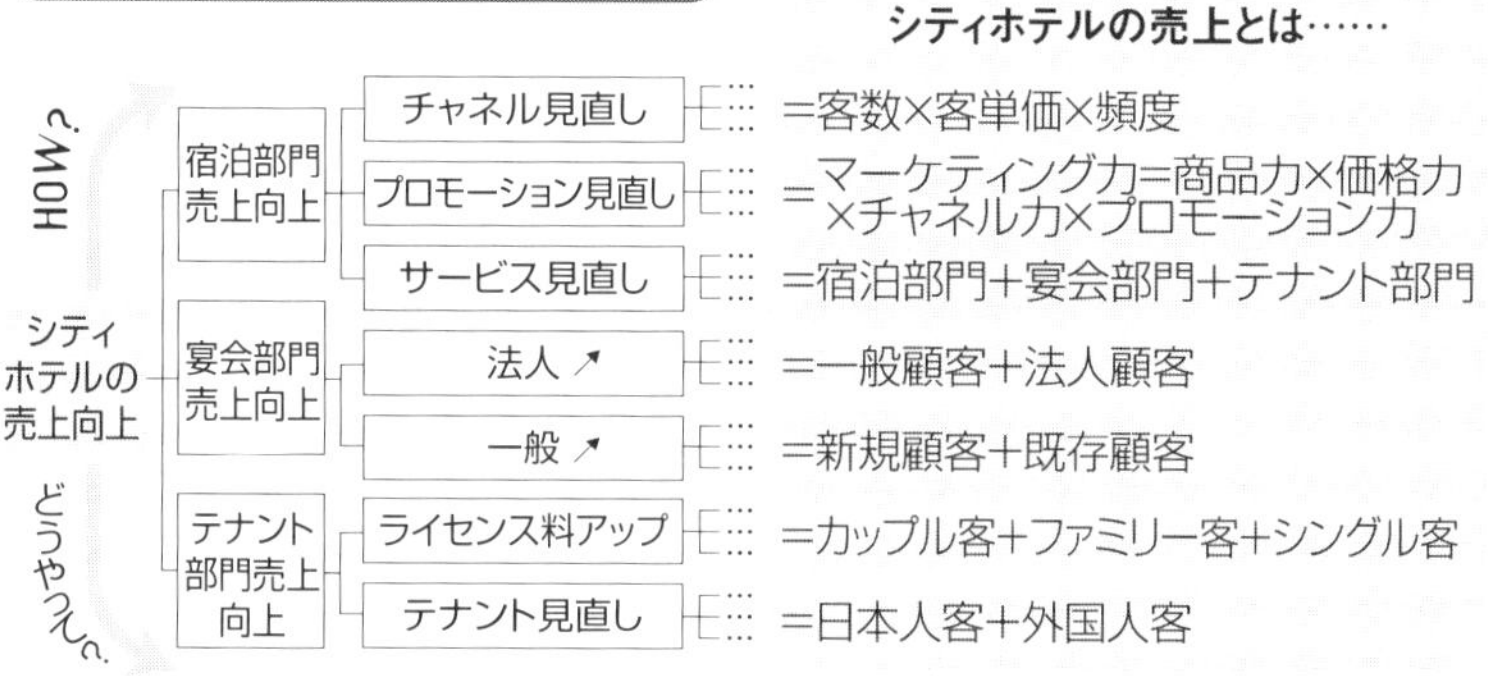

などなど、色々な構成を考えつくことが大事!

ツリーには集合型と変数型がある

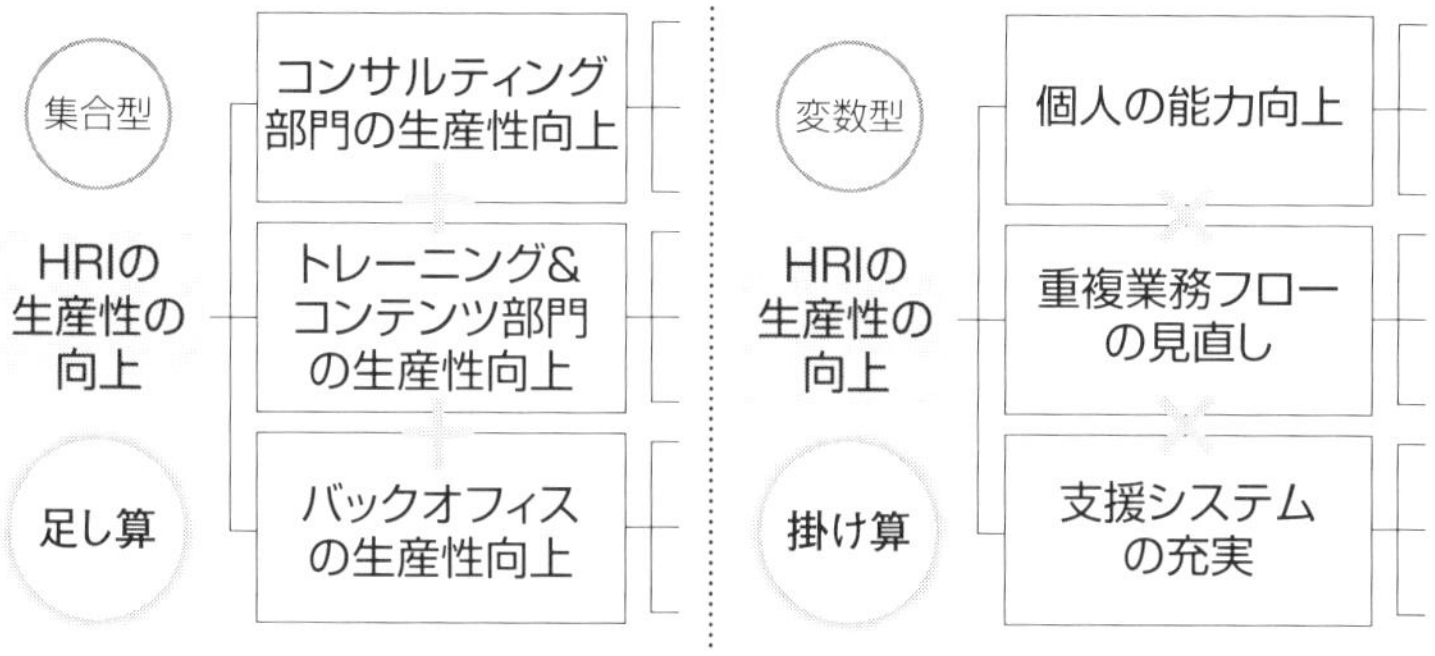

「モレなくダブリなく」そのために、まず構成の全体像をモレなく押さえ、そのあとはダブリが出ないように構成要素をブレイクダウンしていく、頭の体操と思って習慣化するべし

都内に住むオシャレなお店に敏感な輩であれば、「グローバル・ダイニング」の社名は知らずとも、運営しているレストランは知っているはず。ＺＥＳＴ、ラ・ポエム、タブローズ、モンスーン・カフェ。代官山や西麻布・恵比寿などのちょっと外れたところにある。人目をひく店構えと元気いっぱいのフレンドリー・サービス。車を走らせていると、必ず目につく。一度入ってみたいと思わせる。そして一度いくとクセになるお店ばかりだ。

社員１２５名、アルバイトも入れると１０００名以上の東証2部上場企業。系列店は米国を入れて29店舗。人事部なし。給与は社長含めオープン。やりたい人がやりたい仕事に手をあげる。多数決制。民主主義マネジメント。

長谷川耕造社長は東京レストラン会のカリスマ経営者だ。いつも明るい体育会系のノリである。しかし、長谷川氏は感覚人間ではない。ロジカル・シンキングをベースにしている。常にメリット・デメリットを突き詰めて、意思決定しているのだ。

長谷川氏は雑誌のインタビューに、

「論理的に思考できる回路が頭にたくさんあれば、結果的に答がスピーディーに出てくる……（略）……日本の風土は何ごともグレーで許してしまうから、突き詰めて考えられなくなっている」（日経ｎｅｔｂｒａｉｎ２００１年2月号）と述べている。

今、注目の若手経営者、ファーストリテイリングの柳井正社長、ワタミフードサービスの渡邊美樹社長、楽天の三木谷浩史社長、松井証券の松井道夫社長、同じくオンライン証券であるマネックス証券の松本大社長……。みな、ロジカル・シンキングが武器だ。

ツリー化のプロセス
～ブレイクダウン発想が重要

改善レベルを求めるのなら……

①カードBS（ブレインストーミング）で現場の問題点を列挙
②問題点をカテゴリ別にグループ化
③グループ化された問題群の原因をディスカッション

④深い根本原因を追求
⑤その原因を裏返してとりくむべき課題設定

⑥それぞれの課題をまとめて、最重要課題を決定

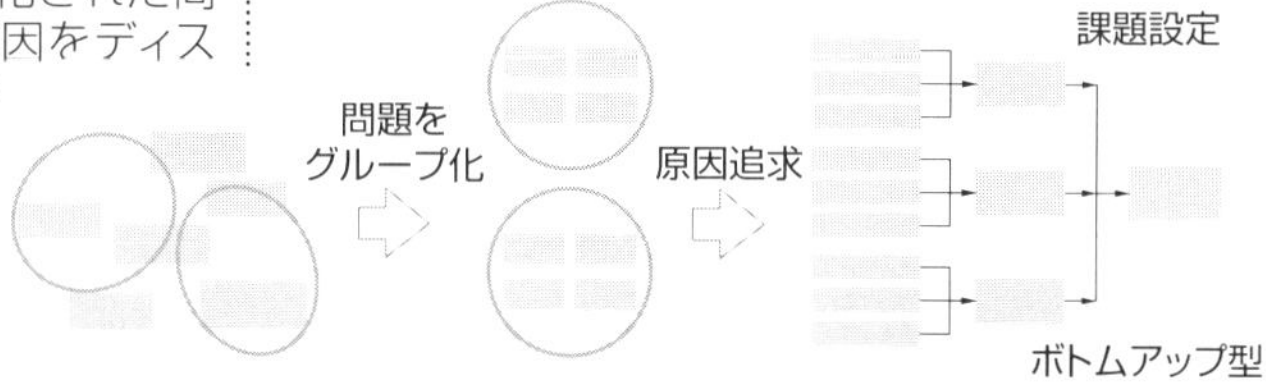

「改善」では不十分！ 発想を変えて「改革・変革・創造」だ！

変革・創造のためには……

問題点をもぐらたたきのようにつぶしても根本原因は解決しない。根本原因の解決にとりくむときには、現場の問題点にひきずられることなく、新しい発想で「課題の解決」にのみフォーカスした思考プロセスが必要

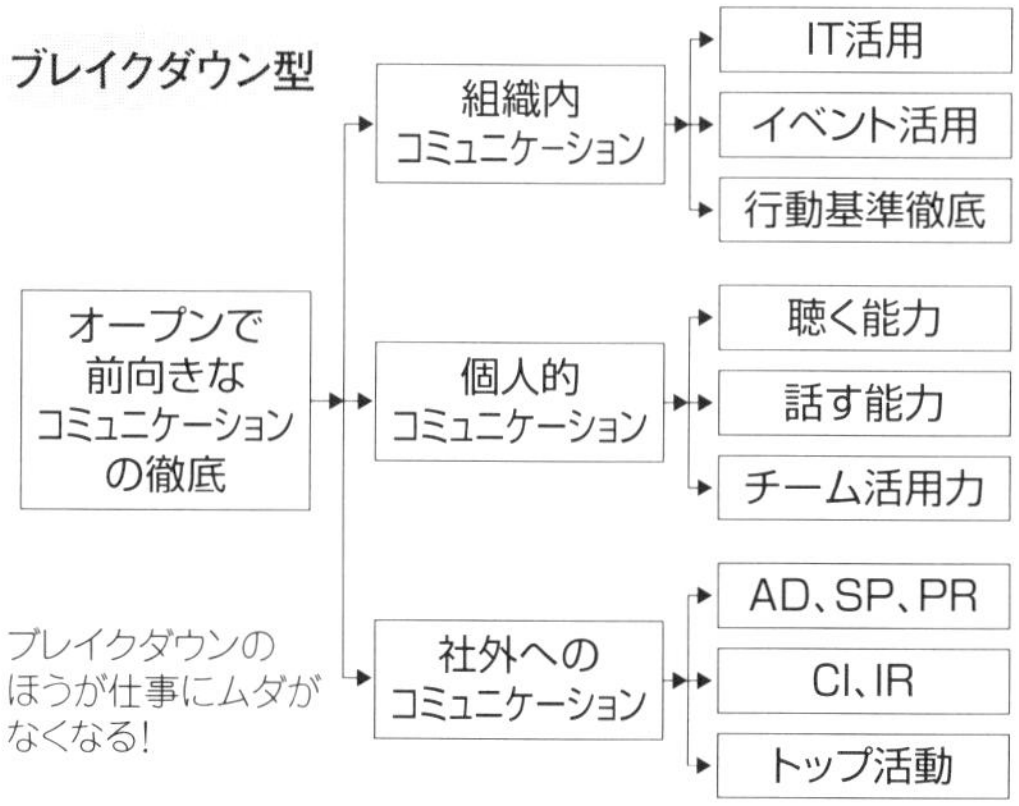

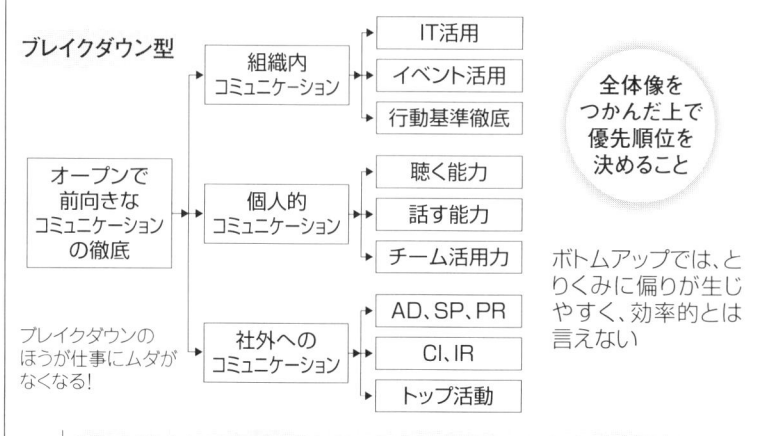

全体像をつかんだ上で優先順位を決めること

ボトムアップでは、とりくみに偏りが生じやすく、効率的とは言えない

先の読めない21世紀のBiZワールドで求められる発想法は、ビシッと課題や目標を決めて、それをどう実現させるかブレイクダウンで考えるプロセスだ

「若いからセンス」なのではない。若いからこそ「論理性」なのだ。共通するのは、読書家であること。仮説を持って本を読み、仮説を検証する。それを自分の経営に活かす。自分のビジネスプランを論理的に組み立てる能力のない人が、見えないビジネスを具現化するのは難しい。

徹底的に考えぬくこと。悩むのではなく、考えぬくこと。集中力こそ、進化・発展のトリガー。ツリーとマトリックスで、見えないビジネスを見えるものに変えていくプロセスを実感してもらいたい。

◎ツリーの活用法

アクションプランのよしあしは、いかに基本戦略〜個別戦略〜アクションプランへのツリーのロジックが流れているかどうかにかかっている。途中で切れないように上から見ていく必要がある。

90年代の中期経営計画などは、ぶち切れの典型。「集中と選択の経営」をビジョンとして掲げたはいいが、計画数字はどこの事業部も「前年度数%の伸び」と判で押したような目標値。事業も商品も顧客もまったく「集中と選択」されていない状態だ。

左ページの図をごらんいただきたい。

戦略体系は巨大ツリーになっていく。というのも基本戦略↓個別戦略にブレイクダウンさせる。そして、その個別戦略が今度は、計画（施策・タスクなど）に落ちていく。そして、さらにチームや個人の目標レベルに終結されるからだ。

理念は理念。ビジョンはビジョン。戦略は戦略。現場には関係ない。関係あるのは、計画の目標値か

戦略体系は巨大ツリー構造

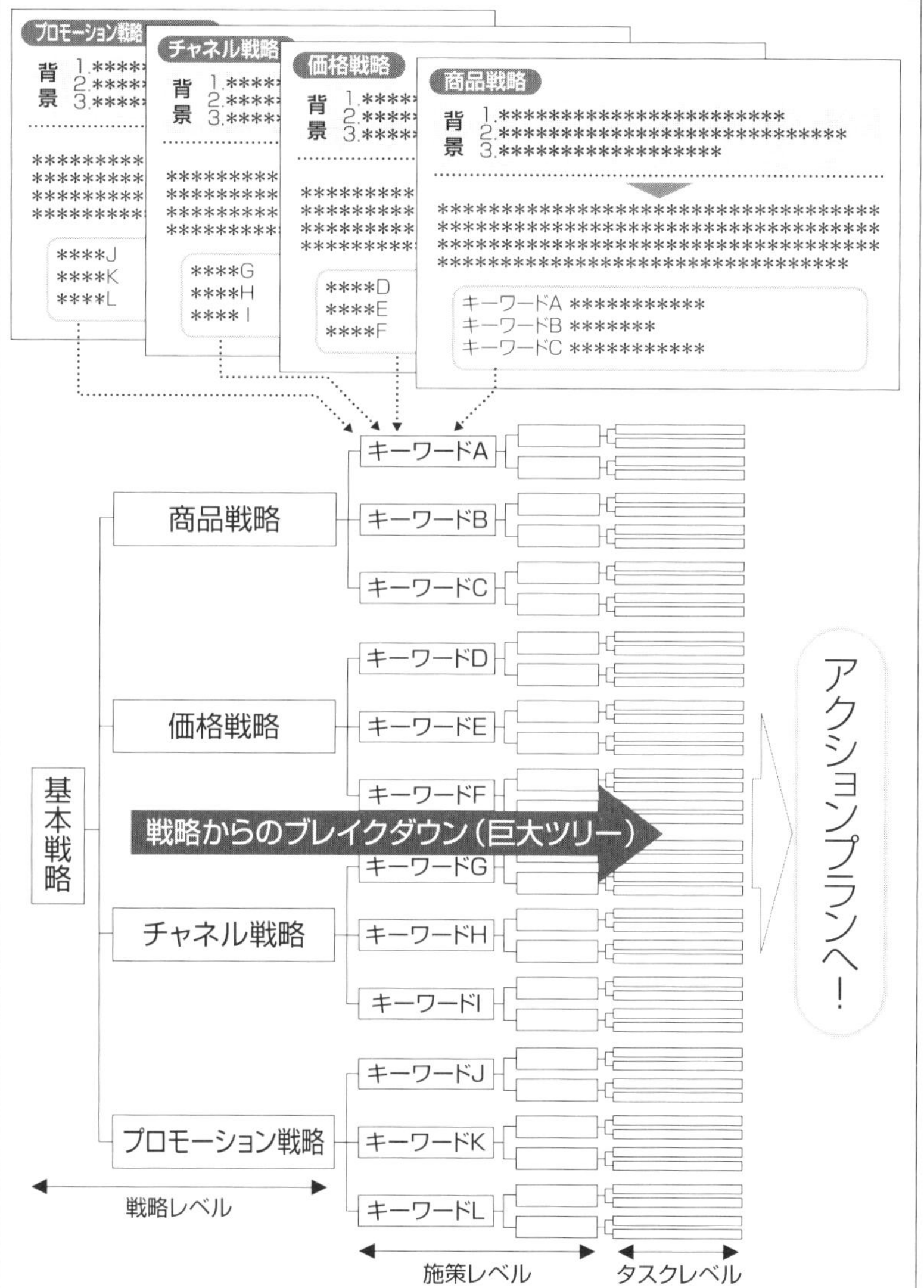

ビジネス・ビジョン構成のための戦略体系が、キチンと一気通貫で巨大ツリー化されてはじめて、ビジネスプランとして具体化されたと言えるのだ

らのみ。自分の目標値しか興味はない。これでは、いくら特徴のある戦略を練ってもむだである。個々のツリーが分断されている。流れていない。マネジメントが分断されている組織は、沈滞してくる。右肩上がりの時代には、それでも走っていればよかったが、今は走っても疲れるだけだ。優秀な考えている社員は、辞めていき、残党組もモチベーションが下がっていく。

ツリーは、コンセプトツリー。ソリューション～ベネフィットツリー、イッシュー（課題）～ソリューションツリー、ＷＨＹ（原因追求）ツリー、ＨＯＷ（問題解決）ツリー、などさまざまな日常のワーク・プロセスの中で活用できる。事業を立ち上げて、別会社をつくるときにも、

◎新組織に必要な人材の評価ツリーは？
◎魅力的な新オフィスの構成ツリーは？
◎資金を調達する際のＨＯＷツリーは？

など、あらゆる場面で実はツリー思考を活用できるのだ。
左ページはツリー化活用のサンプルだが、このようにツリー化のスタートは身の回りのモノ・コトを大きく単純に2～4つぐらいに分解することからだ。慣れてきたら今度は、単純に分解するのではなく、目的意識を強くもって分解するようにならなくてはならない。

戦略オプションのところで、日本の組織にオプション文化が必要と述べた。せっかくこの本を手にとっているあなたには、「オプション発想」「ツリー思考」「マトリックス思考」——この3つを武器に、どこへ行っても「戦略的発想」のできる人として頼られる存在になってほしい。

ツリー化活用のサンプル

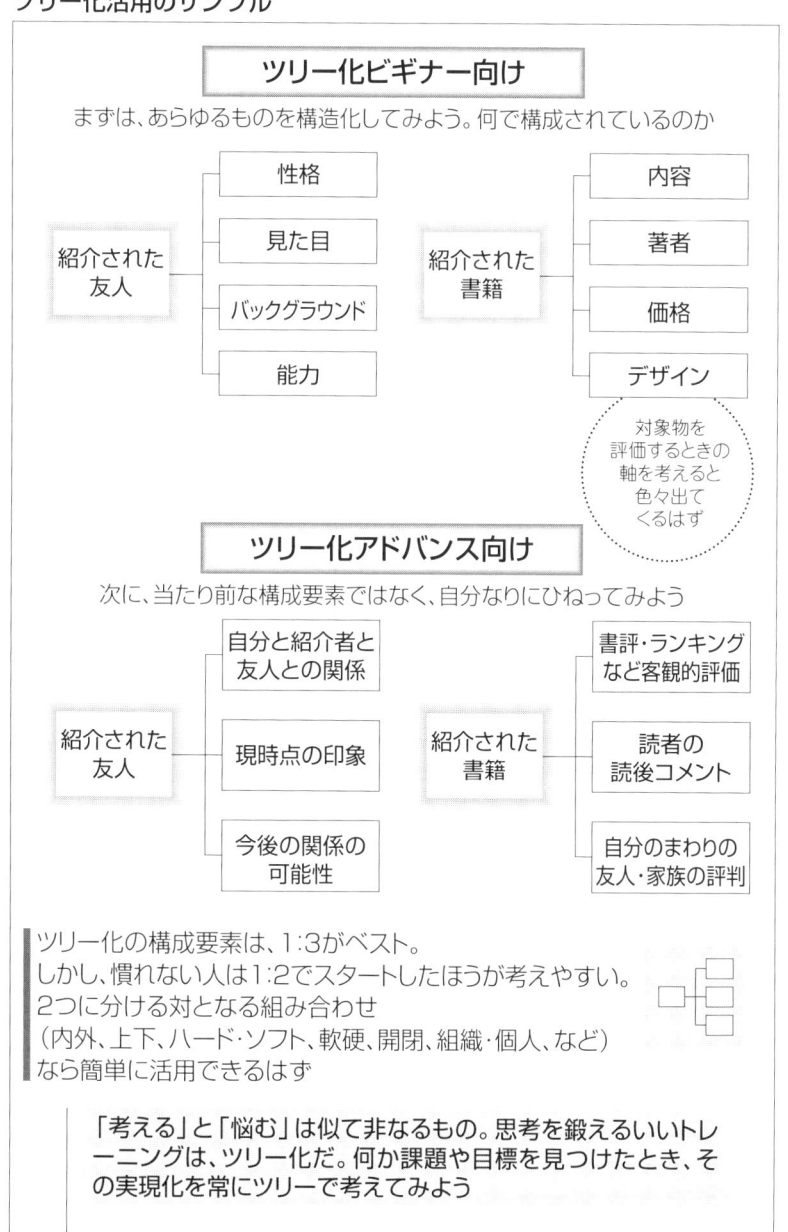

ツリー化ビギナー向け

まずは、あらゆるものを構造化してみよう。何で構成されているのか

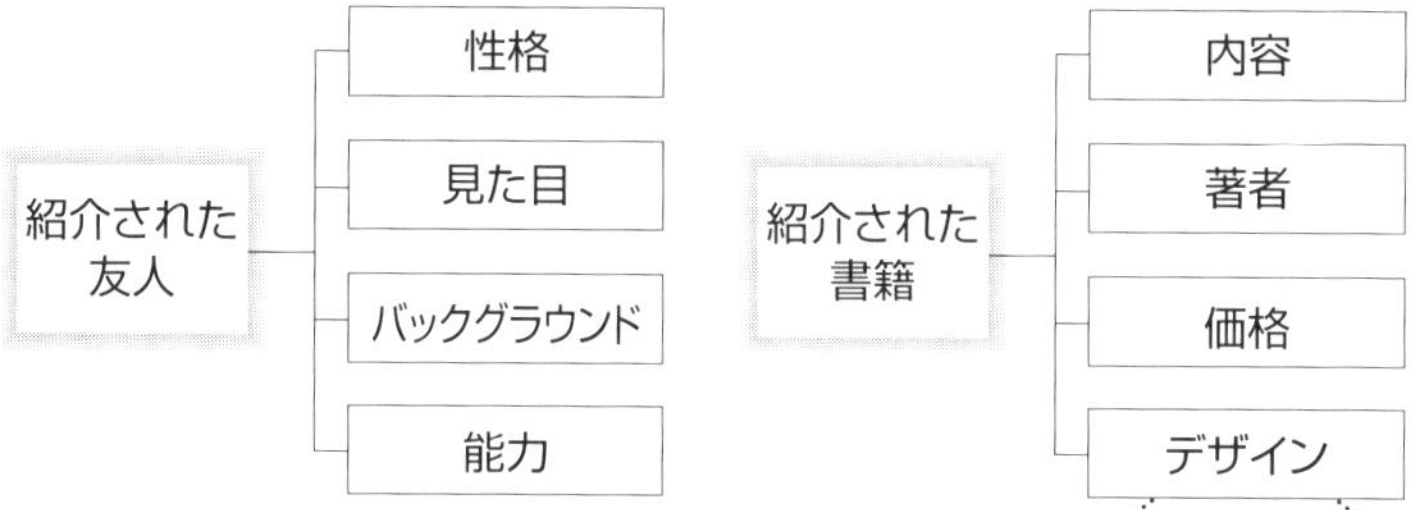

対象物を
評価するときの
軸を考えると
色々出て
くるはず

ツリー化アドバンス向け

次に、当たり前な構成要素ではなく、自分なりにひねってみよう

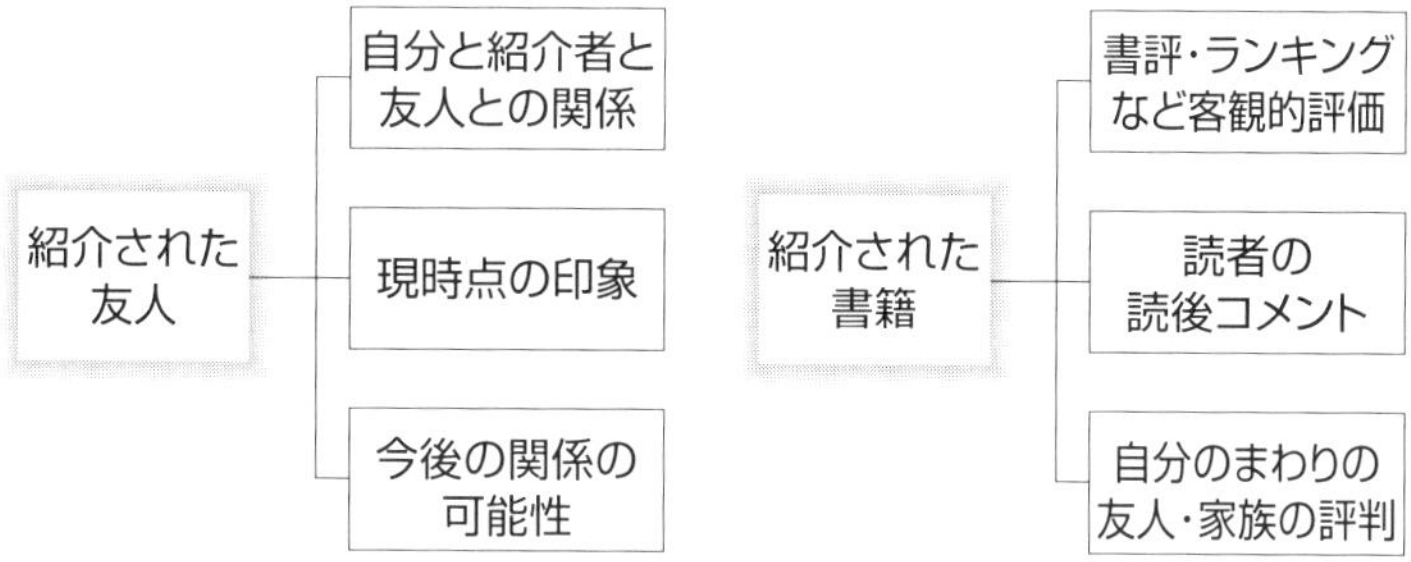

ツリー化の構成要素は、1:3がベスト。
しかし、慣れない人は1:2でスタートしたほうが考えやすい。
2つに分ける対となる組み合わせ
(内外、上下、ハード・ソフト、軟硬、開閉、組織・個人、など)
なら簡単に活用できるはず

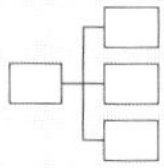

「考える」と「悩む」は似て非なるもの。思考を鍛えるいいトレーニングは、ツリー化だ。何か課題や目標を見つけたとき、その実現化を常にツリーで考えてみよう

2

戦略ツリーからアクションプランに落とし込む

アクションにブレイクダウンするには、「ツリー」「バジェット」「タスク」の3つの要素を整理すること。
各段階で優先順位を明確に！

◎個別戦略からアクションプランへの流れ

戦略体系構築プロセスの最後が、アクションプランへの落とし込みだ。きっちりと戦略シナリオを作成する場合は、この部分だけでも相当なボリュームになる。左ページの図のように、「ツリー〜バジェット〜タスク」という流れで、組織の予算化から個人の目標管理化まで一気通貫に仕上げるのだ。

個別戦略を、単に既存の組織にあてはめて計画をつくったとしても、それを動かすドライブが必要だ。そのために、各活動を目標化して、管理・予算化（バジェット）する。その上で、個人レベルの行動（タスク）へと結びつけていく。

「ツリー」は、基本戦略から個別戦略に落ちたあと、それぞれの個別戦略を構成する3つのキーワード（戦略エッセンス）を取り出す。そして、その戦略エッセンスをさらに3つの課題へと落としていく。

たとえば、顧客サービス戦略の戦略エッセンスの一つが「ネット・カウンセリング」としよう。すると、

個別戦略からアクションプランへ

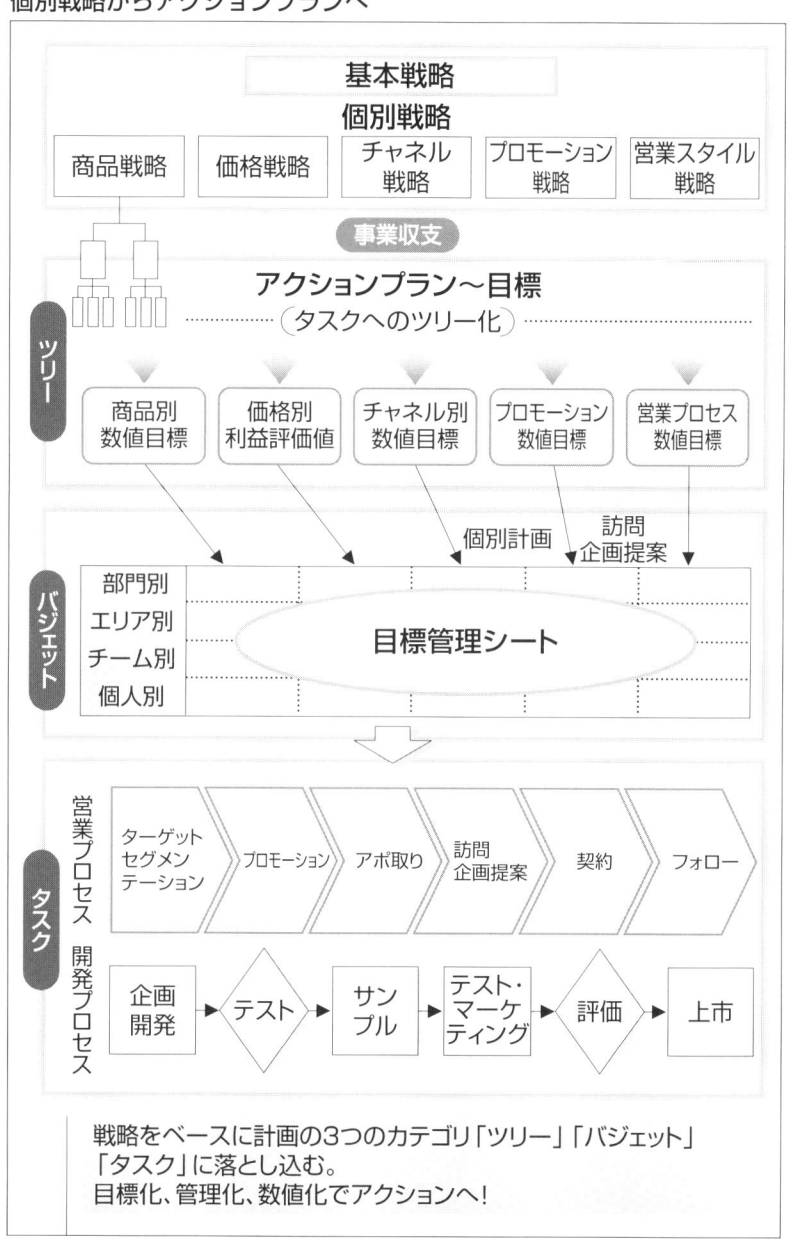

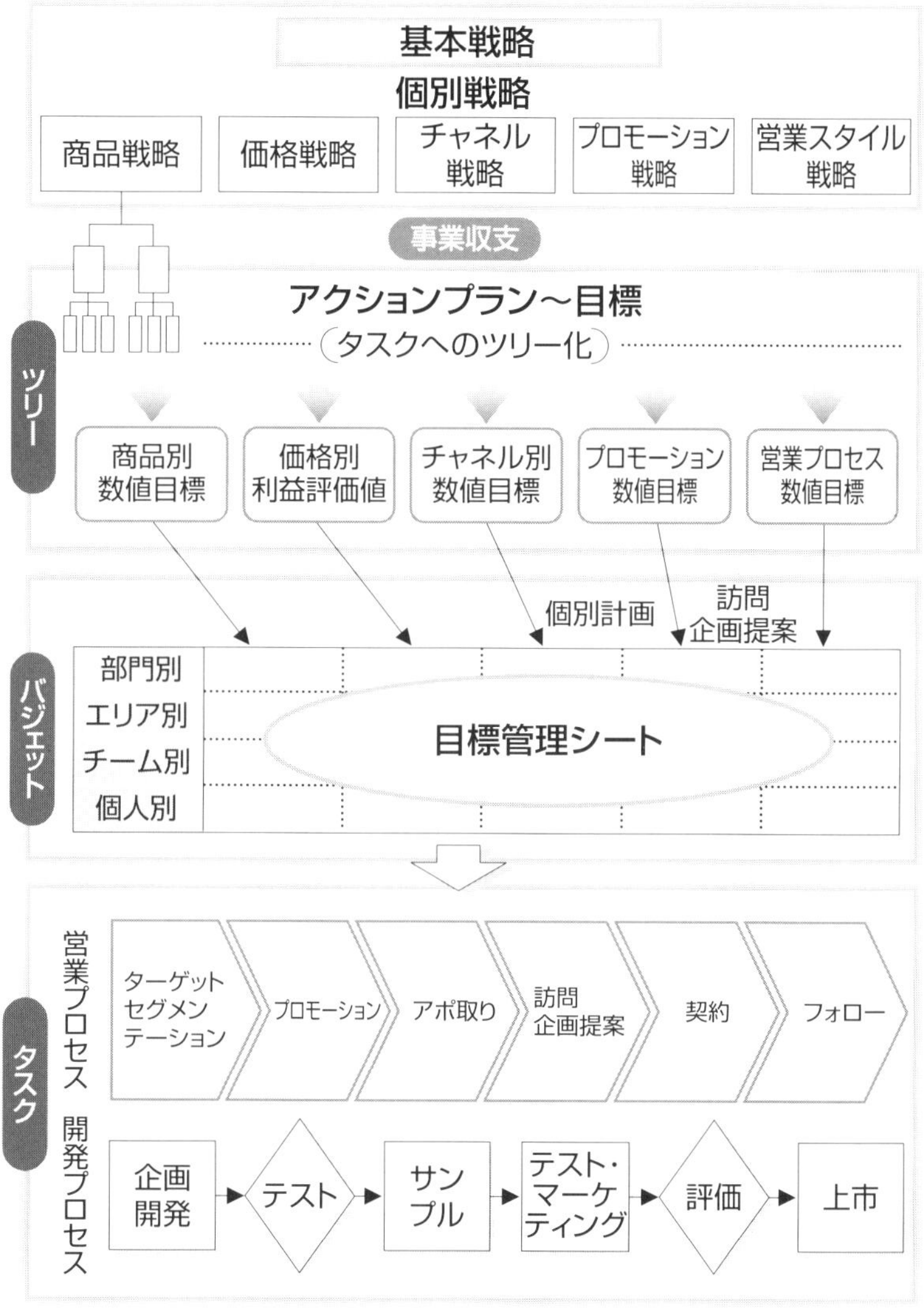

戦略をベースに計画の3つのカテゴリ「ツリー」「バジェット」「タスク」に落とし込む。
目標化、管理化、数値化でアクションへ！

①ネット・カウンセラーの養成
②カウンセリング情報の社内共有
③カウンセリングによるCL（顧客ロイヤルティ）度向上

この3つに分かれる。そして、①は、さらに次の3つのとりくむべき課題へと落とし込まれる。

①―1／WEBコミュニケーション技術の研修実施
①―2／専門知識・必要情報の支援システム提供
①―3／OJTによるコーチング実施

「バジェット」はこれら3つの課題に対して個別の目標値を作成し、計画化していく。年間4回、各エリアごとに10日間の研修実施、社内認定資格を持ったカウンセラーを50名育成などの具体的な目標だ。

そして、「タスク」では、個人がどの仕事を担当するのかを明記する。これによって、各タスクに誰が責任を持つのかが明確になる。この責任者を「タスク・オーナー」と呼び、このツリー以降の細かいプランニングは、タスク・オーナー自身が、自分で年間スケジュール、4半期単位、月単位、週単位……と、タスク管理スケジュールを作成していく。

◎――「ツリー」～「バジェット」～「タスク」へのブレイクダウン

ビジネス・ビジョンを達成させるためには、強い意志を示す必要がある。達成へ向けての各人のコミットメントだ。そしてそのコミットメントは、次の3つのプロセスで現実のものとなる。

①「ツリー」――基本戦略をツリー構造でブレイクダウンすることにより、ロジカルなプランニングが可能になる。「基本戦略タイトル」&「基本戦略キーワード3つ」、次に「個別戦略タイトル」&「個別戦略キーワード3つ」で、4階層。それ以降、「全社計画」「部門計画」「エリア計画」「チーム計画」「個人計画」と落とし込んでいくと、全体で15~20階層になる。

ツリーの階層は、「それぞれとりくむべき課題=目的」と、「どうやって実現するか=手段の組み合わせ」になる。このツリーによって、全社戦略から見たときの各部門や各人の〝すべきこと〟が整理できる。こうした首尾一貫したツリーがないと、ビジョンはビジョン、戦略は戦略、計画は計画という、これまでどおりの積み上げ型の計画になってしまう。

これまでの既存事業における中期計画の場合は、〝すべきこと〟ではなく、事業部長や本部長のそれぞれが〝できること〟またそれぞれの〝したいこと〟を許容していた。しかし、それではもうだめだ。言い訳を許さないストレッチの社風をつくりあげない限り、常に自己改革していく組織にはなりえない。

②「バジェット」――「ツリー」をブレイクダウンするところまでは、ある程度機械的につくることが可能だ。しかし、「バジェット」となると話は別。ここからは、各担当者の現実問題だ。一度コミットした数字や納期は、守らなくてはならない。当然、評価に直結する。

つまり、「バジェット」は、予算というよりも各部門がそれぞれ達成すべき目標値である。最終的には、個人の目標値にまで落とし込まれる。

新規ビジネスの場合はとくに、目標値に対するコミットメントが薄い場合が多い。ともかく「えいや!」でつくった数字なんだから……という甘え。つくり方はどうであれ、一度社内で受け入れられたビジネス・ビジョンは、自分たちの目標値として真剣に受け止めなくてはならない。それがイヤなら、ビジョン設定の議論に真剣に参加するべきだ。

ボトムアップ（積み上げ）思考だと、思い切った改革など実現できるはずがない。せいぜい、数％の改善レベルだ。マイナス成長の時代には、それすらおぼつかない。このような考え方を引きずっていたら、ビジョン達成型経営の競合には立ち向かえない。自分自身の「バジェット」と「タスク」に責任をもつことである。各人のコミットメントはここからはじまる。

③「タスク」――「バジェット」から落とし込まれた業務を、「タスク」と呼ぶ。そして各業務に責任をもつ人は「タスク・オーナー」と呼ばれる。自分の責任の下に、左ページの図のような担当タスクの目標をクリアするためのベスト・プランを策定するのがタスク・オーナーの役目だ。

たとえば、ＥＲＰソフトの価格戦略。

戦略タイトルとして、「コンサルティングからサポートする信頼納得価格」としよう。コンサルティングから導入後までのトータルでのコスト・メリットを算出し提示してほしいというニーズが市場からあがっていることが調査でわかった。こうした価格戦略を実現するためには、

◎基本価格表（仕切りの考え方）の決定
◎例外幅の原則ルールの決定
◎従量割引表の作成
◎間接コスト算定公式と算定表の作成
◎原価と割引率と価格による損益分岐シミュレーションの実施

アクションプランからスケジュール化へ

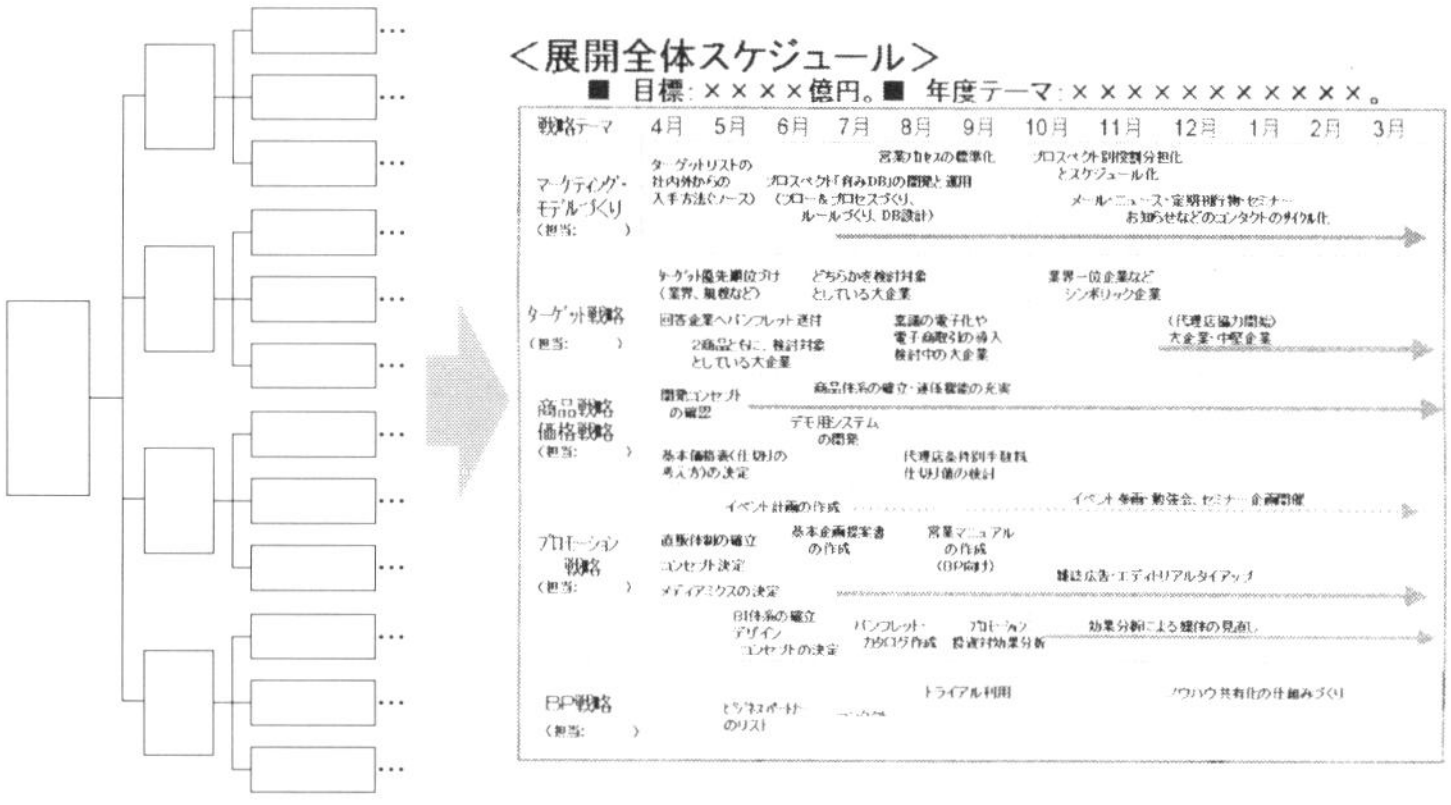

プロモーション戦略のアクション化の方向性

- 直販体制の確立（規模・能力・ペイ・組織・拠点など）
- 各種ツール開発のためのコンセプト決定
- メディアミックスの決定
- BI（Brand Identity）体系の確立
- デザインコンセプトの決定
- イベント計画の作成
- 基本となる企画提案書の作成
- デモ用システムの開発
- 営業プロセスの標準化
- 営業マニュアルの作成
- パンフレット・カタログ作成

とりあえず3000万円を投入!

プロモーションプラン

	200X年											200X年			
	2月	3月	4月	5月	6月	7月	8月	9月	10月	11月	12月	1月	2月	3月	
1.ポータルへのバナー	200	200						200						200	
2.ポータル検索サイト	30														
3.検索へのキーワード化	30														
4.プッシュメール		200	200	200	200	200	200	200	100	100	100	100	100	200	
5.新聞パブリシティ		100						100						100	
6.雑誌パブリシティ		100						100						100	
7.雑誌広告		200						300						300	
8.J-WAVEスポンサー		300													
9.TAXI広告		200						200						200	
10.電車中吊り広告															
11.DM		500	300					500						500	
金額（万円）	260	1800	500	200	200	200	200	1600	100	100	100	100	100	1600	7060

各個別戦略テーマの年間スケジュールを立てたのち、それぞれのタスク・オーナーがより詳細な週単位のプランニングを立て、役割分担を明確にし、現場に落とし込むべきだ

◎コンサルティング費用のメニュー・テーブル作成
◎代理店条件別手数料、仕切値の検討
◎ペナルティ・インセンティブの検討（外部向け）
◎価格算出時の必要変数の決定

そして、関係部署やサプライヤーなどとの交渉もでてくる。これらの各タスクに優先順位をつけ、自分自身およびチームメンバーに振り分け、サブ・タスク化して管理する。

◎ビジネス・パートナー（社外）との関係

個別戦略で重要度を増しているのが、「アライアンス戦略」または「パートナー戦略」だ。今の時代、自社だけで何もかもやろうというのは、無理がある。各企業のコア・コンピタンスを活かして、お互いに補完し合ってビジネスをスタートし、ともに成長させていくことが求められている。

ヒューレット・パッカードのフィオリーナＣＥＯは、２０００年秋、シリコンバレーで開かれたＳＯＮＹとの合同取締役会で、エコシステム・パートナーシップについて語った。地球上の自然界の生物は、お互い補完し合いながら生きている。同様に、ネット時代の我々は、まさにお互いの強さを活かし合い、補完し合いながら生きていかなければ生き残れないという意味だ。ホームを囲い込んでいるＳＯＮＹが、ブロードバンド対応として、家庭にあるすべてのＳＯＮＹ製品をネットでつなぐと仮定しよう。これぞ、ホームＬＡＮ（ホームラン）だ。その場合、家庭内サーバーまでＳＯＮＹがつくるのだろうか？　いや、

SONYはすべてを内製化することはないのではないか？　となるとヒューレット・パッカードなどのサーバーメーカーがつくるということは十分ありえる話。成功を予感させるコンビネーションではないか。

このように、ビジネスの成功要因・阻害要因を考える上で、パートナー戦略は大変重要だ。いいパートナーをつかむことができるかどうか、その候補者選びから評価選定まで、これまでにないノウハウが求められる。

ただし、こうした「パートナー戦略」のアクション推進は、相手があることなので、計画どおりには進まない。その分、280ページの図のようなリスク・マネジメントのシナリオ化が重要になってくるのだ。

パートナー選定は、Win－Winが前提だ。よってパートナー候補をリストアップしてからのプロセスは、こちら側の一方的な視点ではいけない。相互のベネフィットをしっかりと見つめていなければならないのだ。

「バジェット」の段階で、「いつまでに何社の候補が見えてこなければどうするのか」などのマイルストーン設定が必要になる。とくに、新会社設立などを計画している場合、出資者としてのビジネス・パートナーも必要だ。このようなケースだと、大企業同士なかなかアジル（俊敏）に動けない場合が多い。かと言って、むやみやたらに八方美人的アプローチで声をかけ回るわけにもいかない。

ビジネス立ち上げの醍醐味は、ビジネス・パートナー選定にあるのではないか、と感じている。悩ましくはあるけれど、いいパートナーと組めたときは感激だ。1社ではなしえなかった新しい価値が創造され、お互いの組織の中にも新しい刺激的な遺伝子が組み込まれる。

21世紀のビジネスの主流スタイルは、自然（エコ）型統合アライアンスの方向を予感させる。

ビジネス・パートナーの選定シナリオ

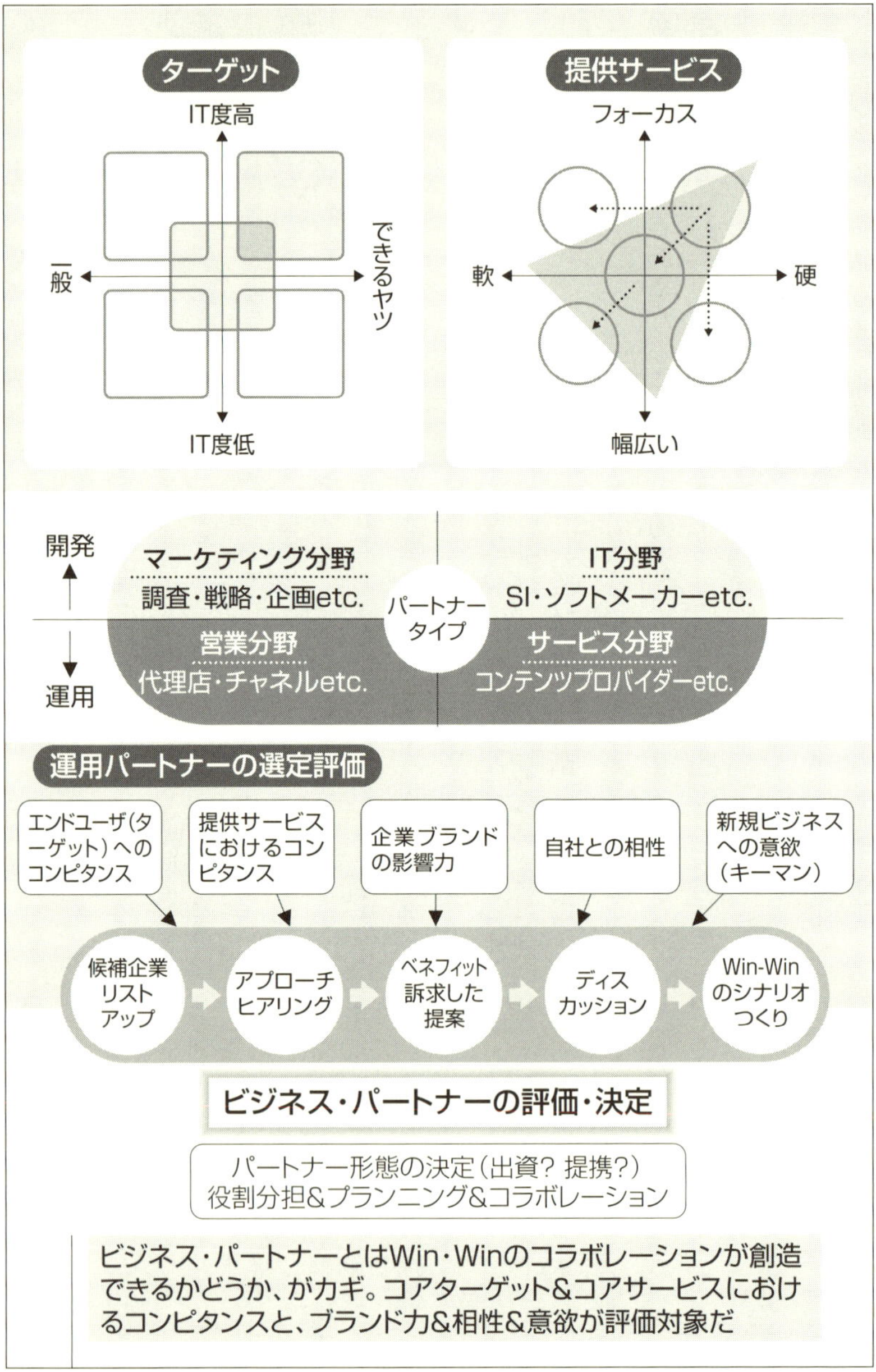

ターゲット
IT度高
IT度低
一般
できるヤツ
提供サービス
フォーカス
幅広い
軟
硬
開発
運用
マーケティング分野
調査・戦略・企画etc.
IT分野
SI・ソフトメーカーetc.
パートナータイプ
営業分野
代理店・チャネルetc.
サービス分野
コンテンツプロバイダーetc.
運用パートナーの選定評価
エンドユーザ(ターゲット)へのコンピタンス
提供サービスにおけるコンピタンス
企業ブランドの影響力
自社との相性
新規ビジネスへの意欲(キーマン)
候補企業リストアップ
アプローチヒアリング
ベネフィット訴求した提案
ディスカッション
Win-Winのシナリオつくり
ビジネス・パートナーの評価・決定
パートナー形態の決定(出資? 提携?)
役割分担&プランニング&コラボレーション
ビジネス・パートナーとはWin・Winのコラボレーションが創造できるかどうか、がカギ。コアターゲット&コアサービスにおけるコンピタンスと、ブランド力&相性&意欲が評価対象だ

3 ビジネスモデル特許の最終検討と申請プロセス

経営戦略は、企業経営の基盤であり、企業の生命線である。
競争優位性がなければもはや生き残れない。

第5章のビジネスモデル特許を精緻化する

ネット上で、ビジネスモデル特許のアイデア募集を見かけるようになった。それも、有名企業だ。たとえば、ＳＯＮＹや東京電力。日本ＨＰ（ヒューレット・パッカード）社は、２０００年夏に「ＨＰネットドリーム・コンテスト」を開催した。新しいビジネスモデルへの応募は約１００件。特許取得できそうなアイデアが10件ほどあったそうだ。

ビジネスモデル特許については、外部を使って申請する前に、まずは社内調査。けっこう類似のアイデアがすでに申請されていたりするものだ。そして、競合調査。ほとんどのアイデアはこのあたりでボツとなり日の目を見ない。

もしもあなたのアイデアがいけそうであれば、第5章で絞り込んだテーマを、きちんと申請用の明細書に落とし込んでいくプロセスに入る。たとえ外部を活用しても時間のとられる作業なので、骨折り損にならないよう、まずは社内&競合の調査をしっかりと済ませることを勧める。

◎——ビジネス特許申請のプロセス

ちなみに、ビジネスのアイデアなら何でも特許になるのだろうか？　そんな噂もあったが、それは違う。そんなことを言ったら、お店の商売のやり方すべてに特許が与えられることになってしまう。

ただし、これまで当たり前だった商売のやり方でも、場所をリアルからサイバーに移すとなると、特許が取れるのだ。ショッピング・カートは便利で、どこのスーパーにもある。これでは特許は取れない。でも、オンライン・ショップのショッピング・カートは特許対象。オープン・マーケット社がいち早く取得していた特許だ。

日本と欧米の三者による特許庁会議で、ビジネスモデルの審査基準案が示された（２０００年６月）。それによると、ＩＴを利用しないアイデアだけのものは認められないそうだ。ＩＴとは、この場合コンピュータやインターネットのこと。それがゆえにビジネスモデル特許は、アメリカではクラス７０５というデータ処理関連特許として、日本ではソフトウェア関連特許として審査されている。

いったいどんな基準があるのか？　日本の基準もアメリカのものに近いようだが、「特許対象となりえる発明である／新規性がある／進歩性がある／産業上有用な発明である／先願である／公序良俗に反しない／明細書の記載が所定の要件を満たしている」をクリアしないといけない。

特許庁への申請は、弁理士さんに頼むのが一般的だ。186ページで述べたように、申請に必要な書類は、「概要書」「フローチャート」「システム構成図」などがある。3日から2週間くらいで申請してくれるはずだ。これまでに、ＩＴ系のビジネスモデル特許を扱っているかどうか確認し、実績のある弁理士さんを選ぶべきだ。インターネット探索でのリストアップの方法が便利だ。しかし、実際の実績や信頼性が未知数。一番いいのは、知人・友人ネットワークから弁理士（特許事務所）さんを紹介してもらうのがいい。その弁理士さんがビジネスモデル特許の経験が薄くても、弁理士さんネットワークから、実績ある他の弁理士さんを紹介してもらえばいいのだ。

◎ビジネスモデル特許の活用の機会は？

１９９１年頃から、モンデックスやシティバンクの電子マネー特許が相次いで出願された。先に述べたオープン・マーケット社は、ショッピング・カートのアイデアを１９９４年に特許申請し、98年に取得している。特許を取得する目的は、競合への優位性確保と、ライセンス収入だ。

競合への優位性といえば、特許絡みでの訴訟が目立つようになってきた。有名なところでは、

１９９７年　アマゾン・ドット・コム　ワンクリック特許申請
１９９９年　アマゾン・ドット・コム　ワンクリック特許獲得
２０００年　アマゾン・ドット・コム　バーンズ＆ノーブル訴訟
　　　　アマゾン一時差し止めを勝ち取るが、アマゾン・ボイコット運動発生

同様に、プライスライン・ドット・コムも、リバース・オークションの特許でエクスペディアとマイクロソフトを訴えている。アメリカでのビジネス特許をめぐる展開を、２８９ページに示した。実際に訴訟が起こり出してから、さまざまな問題提起がされてきた。アマゾンのジェフ・ベゾスＣＥＯは、サイト上に公開状を載せて、改革案を提唱した。米特許庁も審査改善へと動き出しているようだ。

ＩＢＭは、１９９９年だけで、２７５６件もの特許を取得している。今やビジネスモデル特許は、競合への優位性やクロスライセンスだけではなく、商品のプロモーション、ひいては株価の評価にまで影響を及ぼすようになった。

そこで、ビジネスモデル特許クリエイターが、日本でも誕生しようとしている。かかわっているのは、元ハイパーネットの社長、板倉雄一郎氏。当時、ハイパーネットで発明し破産直前に売ってしまった特許が今また再評価されている。新会社で、年間10件くらいの特許出願をしていく構えだ。

もともとは、ベンチャーであるスタートアップ企業が生き残るために、ビジネスモデル特許で資金と時間を稼ぐことが必要だったのだろう。しかし、特許にあぐらはかけない。常に新しい特許競争が始まっている。そして、使い方を間違えれば、アマゾン・ボイコット運動のようにネット・シチズンからそっぽを向かれるという危険性もあるのだ。

ビジネスモデル特許に関しては、アメリカの話題が多いが、実は日本のコンピュータ・メーカーの出願件数はばかにならない。富士通もすでにアメリカで40件近くが特許成立している。今後は、特許を収入源としてとらえる企業が、国内にもどんどん出現してくる。

特許もリスク・マネジメントの一つである。自分が取ることだけではなく、自分がやろうとしているサービスが、すでに誰かの特許にひっかかる可能性も大だからだ。ビジネスは詰めが甘いとやられる。

ビジネスモデル特許をめぐる展開

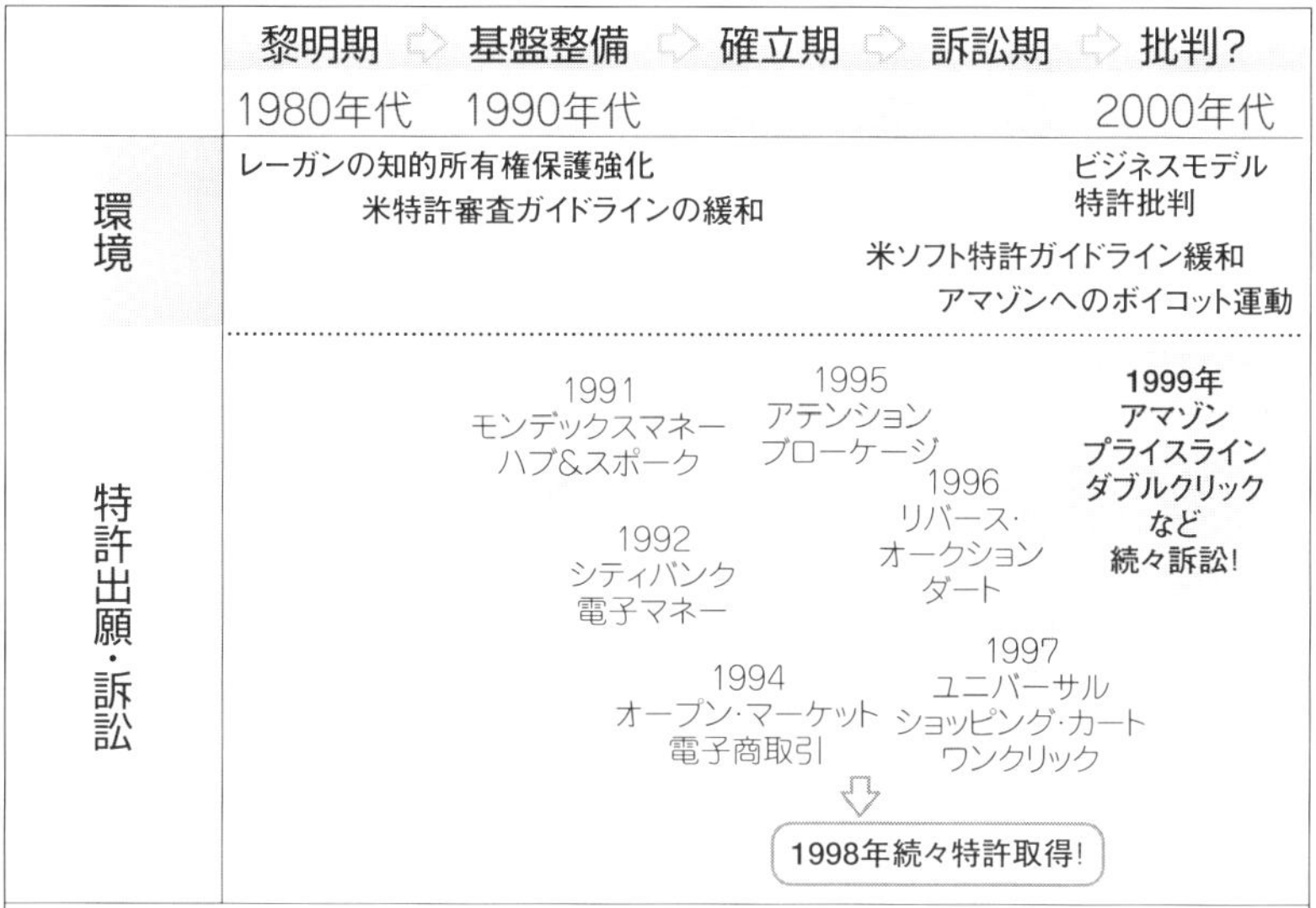

「インターネットマガジン」2000年7月号を基に作成

日本でのビジネスモデル特許の具体例

国内(公開済み)の出願数は1700件!!

企業名	特許内容	審査状況
富士ソフトエービーシ	ウェブメール(フリーメール)のシステムおよび方法	1999年1月成立
インターキュー(発明者はハイパーネット)	顧客データベースに基づくネット上でのターゲット広告(ジャンル別広告)の配信システムおよび方法	審査請求中
ガーラ	チャット上でのリアルタイムの有害語排除システムおよび方法	99年7月成立
ディアンドアイシステムズ	電話番号やバーコードなどの数字番号をURL変換するシステムおよび方法	審査請求中
メンバーズ	オンラインで同一商品を複数企業に相見積りさせて最安値情報を消費者に提供するシステムおよび方法	審査請求中
凸版印刷	地図情報サイト上に広告を表示するシステムおよび方法	98年3月成立

「週刊ダイヤモンド」2000年3/4

ビジネスモデル特許の審査、ガイドラインは今後も進化されていくだろう。現状は「新規性」がもっとも重視される項目である

第10章

事業収支プランを立てシミュレーションで検証する

1 事業収支プランを作成する際のポイント

事業収支プランをつくると「その事業がどのような結果を目指そうとしているか？」を再確認できるし、関係者の理解も深まる。

◎利益を中心に考える

いよいよ最後のＳＴＥＰだ。この最後の〝事業収支〟を付け加えればビジネスプランは完成ということになる。

そもそも事業収支を考えるということはどういうことだろうか？　シンプルに言うと「何が、どれだけ売れると、どれだけの利益を生み出せるだろうか？　その上でキャッシュフローはだいじょうぶなのか？」ということを確認するための作業が、事業収支プランだ。

では、事業収支プランを立てる際に、もっとも注意して見るべきポイントは何か？　他でもない「利益」である。目指す「利益」に達する見込みがないのであれば、ある程度妥協するか、その事業は諦めるしかない。また、見込みが薄いのであれば、目指す「利益」を確保するために、何をしなければならないかをあらためて考え直す。

ただし見込みがあっても、それだけで安心はできない。どの変数が変わると利益にどのように影響するのかということを押さえておくことが必要だ。たとえば、仕入値や価格、販売数などだ。それぞれが上下するとどうなるのかということもつかんでおこう。そして、それをリスク要因として意識しておいて、そのリスク・ヘッジを考えておく。

「予想損益計算書」をベースに考える

事業収支を考える上で、まず、最低限押さえてほしいのは「損益計算書」だ。これがないとビジネスプランを実行した結果として「利益」がどうなるのかを見ることができない。また、これを考えないと「売上高」「さまざまなコスト」「利益」の関係を把握することができない。どれだけ儲かるのかということを他の人に説明することもできないだろう。

では、「損益計算書」とは何か？　簡単に言うと文字通り、〝損をしたのか、利益を出したのかを計算するためのフォーマットのこと〟だ。もう少し説明すると、その事業における年間、半期（半年間）、月間など、ある一定期間の業績を表したものだ。これを見ると、大手自動車メーカーだろうと街中のラーメン屋さんだろうと1年間でどれだけ売上を上げて、コストはどれくらいかかったのか、結果としてどれだけ利益を生み出したのか？　つまり、どれだけ儲かったのか？　が一目でわかる。

事業収支プランを考えていく上では、売上、コスト、その差である利益はどれくらいになりそうか、といったことを「予想損益計算書」という形にして見ていくことになる。

◎―「予想キャッシュフロー計算書」が重要

さらに事業収支を考える上で、もう一つ重要なものがある。「キャッシュフロー計算書」だ。キャッシュフローとは、その事業にかかわる現金（キャッシュ）の流れがどのようになっているのかを見るためのものだが、「いつ、いくらのお金が出て、いつ、いくらのお金が入ってくるのか？ その結果、いつの時点では手元にいくらのお金があるのか？」をつかんでおくためのものだ。社員に給与を払ったり、営業するために交通費をかければキャッシュは出ていく。しかし、何か商品を仕入れても、その場ですぐにキャッシュが出ていくとは限らない。〝支払いは翌月の末払い〟などと言われるように、キャッシュが出ていくのは1カ月後だったりするわけだ。つまり、帳簿の上ではコストに計上されていても、実際の支払いが発生していなければ、手元にあるキャッシュは減っていない。逆もしかりだ。

商品を売り上げて帳簿の上では利益が出ていても、実際に入金されなければ手元にキャッシュは入らない。黒字倒産とは、まさに帳簿の上では利益が出ているにもかかわらず、手元のキャッシュがなくなってしまうために取引先に代金を支払うことができず、倒産してしまうケースのことを言う。帳簿上の利益だけを見ていてはこのことに気がつかない。

このようなことを避けるために、「いつの時点で、どれくらいのキャッシュが手元にあるのか？」、そして、「いつの時点で、いくら資金調達をしなければならないのか？」ということを常に把握した上で、事業を進めていく必要がある。「予想キャッシュフロー計算書」は、そのために作成するのだ。

どんなにすばらしいアイデアをもとにビジネスプランを立てても、利益が出なければ、基本的にビジネスとしてその事業をやる意味はない。そして、利益が出るプランであっても、キャッシュの流れが押さえられていて、実際にキャッシュが回らなければ、その事業は続けられない。

　事業収支プランをつくっていく上で、「予想損益計算書」と「予想キャッシュフロー計算書」をつくれれば、いつ、何をしなければならないかがある程度わかってくる。

◎ビジネスプランは読む人によって、見るポイントは異なる

　ビジネスプランは、読む人が誰かによって着目するポイントは異なる。では、そもそもビジネスプランはどのようなときに作成するものなのだろうか。大きくくくると次の3つに分けられる。
①ある会社の既存事業の中で、新しい商品を売り出すケース
②ある会社の社内で新規事業を立ち上げるケース
③新しい会社を設立するケース
　それぞれの場合に応じてビジネスプランの読み手は変わってくる。所属する事業部の責任者であったり、その会社の財務部の人、あるいは新規事業の統括責任者や社長であるかもしれない。また社外に融資を依頼することが必要になる場合には、銀行であったり公的な金融機関であることもある。さらに、出資を仰ぐ場合には、機関投資家やベンチャーキャピタル、エンジェルなどが読み手となることもある。

　販売網をゼロからつくり上げるには時間がかかりすぎるために、ある流通チャネルと業務提携をする場合もあるだろう。その場合には、アライアンスを組む相手企業の営業責任者かもしれない。

　当然、読み手にはそれぞれの関心事項があるから、相手のニーズを押さえた上で強調するポイントな

どを変えていく必要がある。

ビジネスプランの読み手が社内の上司や経営陣である場合には、「全社の中期ビジョンや経営戦略との整合」と「既存事業とのシナジー」が考慮される。提案・検討される新しい事業が全社の目指しているビジョンや方向性とズレていれば、いくら事業収支プランで多大な収益が生み出されることが見込まれても「ＧＯ」が出ないかもしれない。飲食店チェーンを展開している企業の中で、インターネット上における広告エージェントのようなビジネスプランは、いくら儲かりそうでも認められにくいだろう。

一方で、ある大手消費財メーカーのＡ社は「必ずしも既存事業とのシナジーが生まれなくてもいい。ただしそのマーケットでナンバー1になる見込みがあることが条件」ということを掲げている。あくまで企業の経営陣が重要と考えていることを優先することを心がけていたほうがプランが通りやすい。

また、社内ベンチャーでは、これまでに培ってきた技術やノウハウ、人材などの経営資源を活用することができる可能性は高いが、技術面、ブランド面、チャネル面などにおけるプラスのシナジー効果とマイナスのシナジー効果を明瞭にしておく必要があるだろう。既存の事業のブランドに対してマイナスのイメージを及ぼすようなものは当然「ＮＯ」が出る。

ある大手メーカーＢ社の社内ベンチャー制度で、製品の販売を流通チャネルを通さずに直販で行なうプランが提案されたが、経営陣の答は「ＮＯ」だった。既存の流通チャネルの強い反発が予想されたからだ。このように社内の経営リソースを使う以上は、社内にマイナスになることはできない。

一方、金融機関が読み手である場合には、相手が元本と利息の返済が保証されるということを前提に融資をしてくれることを意識しよう。「○％の利息をつけた形で、いつまでに返せますか？」という質問がくるということだ。それに対して毎月、毎年の元本と利息の返済が滞りなく行えるだけの営業利益を上げることをきちんと示しておけばいいわけだ。バブル経済の時代の金融機関とは違って、相手には月々のキャッシュフローがどのように推移するのかということを入念に調べられるということを覚悟しておく必要がある。

また、ベンチャーキャピタルが読み手である場合には、相手はその事業が株式公開を果たせるのか、将来において株式を売却することによって投資資金を回収できるのか、その際のキャピタルゲインはどれくらいを見込めるのかということに関心がある。

多くの場合、ベンチャーキャピタルは投資資金を投資事業組合ファンドとして集めているため、資金を回収する期限が決まっているということにも留意しておきたい。ベンチャーキャピタルに資金を仰ぐ場合には、いつ、どのような方法で資金を回収しようと考えているのかを事前に確認しておくべきだ。

政府の助成金を申請する場合の読み手である審査員は、社内の経営陣や金融機関とは違った視点を持っており、その事業の社会性や社会的意義についても重要視していることを忘れないでほしい。「それは社会に大いに役立つ事業だね」というコメントをもらえれば、助成金は下りやすいだろう。

このように読み手によって、相手の強い関心項目はそれぞれ異なるので、相手の関心事項に合わせたプランの作成とプレゼンテーションが必要になる。

2

「予想損益計算書」を作成する

事業収支のベースとなる「損益計算書」の仕組みと「予想損益計算書」のつくり方を理解しておこう。

◎「損益計算書」の構成を理解する

事業収支プランを立てるには、最低限「損益計算書」と「キャッシュフロー計算書」が必要になるということは前項で説明した。ここでは「損益計算書」を使って収支計画を考える前に、まず、損益計算書というものが、どのような構成になっているのかということを簡単に説明しておこう。

「損益計算書」について十分にわかっているという人は、この項は読み飛ばしてもらってもかまわない。ここでは、お勉強的に会計のベーシックな知識を説明する。ちょっと退屈かもしれないが、事業収支プランのベースになるものなので押さえてほしい。

左ページの図をごらんいただきたい。「損益計算書」の一番上に来る項目は「売上高」である。これは文字通り「売上」が、その期間にどれだけ上がったかを示すものであり、一般的には「販売単価」×「販売個数」で算出される。レンタルビデオの店であれば、「レンタル料金」×「レンタルされたビデオの本数」で表すことができるだろう。

損益計算書の構成

売上高
売上原価（−）

売上総利益

販売費・一般管理費（−）

営業利益

営業外収益
営業外費用（−）

経常利益

特別利益
特別損失（−）

税引き前当期利益

法人税・住民税（−）

当期利益

損益計算書は簡単に言えば「家計簿」と同じ。
それほどむずかしいものではない

「売上原価」とは、売上を上げるのにかかった費用である。メーカーの場合は、販売される製品の生産にかかった費用である。食品メーカーなら、その原材料にかかったコスト、小売店（いわゆるお店）なら商品の仕入れにかかった費用が「売上原価」になる。

「売上高」から「売上原価」を差し引けば「売上総利益」が求められる。いわゆる「粗利益」といわれるものだ。売上高粗利益率（「粗利益」÷「売上高」）によって、その製品や商品、サービスがどれだけの付加価値を生むものとしてマーケットに受け入れられているのかがわかる。

　売上高粗利益率が高ければ高い

ほど、その製品や商品、サービスは付加価値が高いということになる。一方、薄利多売（仕入値に近い安い値段で売り、販売個数を増やそうとする方法）だと、売上高粗利益率は低くなってしまう。

　また、売上高粗利益率は、その製品や商品、サービスがどれだけ他社の製品と差別化されているのかをも表している。顧客から見て他社との違いが明らかでないものは価格競争に引きずり込まれてしまい、結果的に売上高粗利益率は悪化してしまうのだ。それ以外にも、原材料や仕入れにかかるコストが同じであるにもかかわらず、競争の圧力などによって価格が下がると売上高粗利益率は低下することになる。また、価格は同じままでも原材料や仕入値が上がると、やはり売上高粗利益率は低下することになる。売上高粗利益率はその製品や商品、サービスの価値の大きさを表すものだから、その悪化は要注意だ。

「販売費」は、営業マンの人件費や広告宣伝費などの販売にかかわる費用だ。また「一般管理費」は本社スタッフの人件費や本社管理費などの管理部門にかかっている費用だ。通常「販売費」と「一般管理費」は別々ではなく、あわせて「販売費・一般管理費（略して販管費）」として考える。

「粗利益」から、この「販売費・一般管理費」を差し引いたものが、「営業利益」になる。基本的に事業の業績はこの「営業利益」で見る。売上高営業利益率（「営業利益」÷「売上高」）によって、その事業がどれだけ創意工夫に基づいて効率的に運営されているのかがわかる。営業利益がマイナスになる（営業損失という）ということは、いわゆる赤字と呼ばれるもので、基本的にはその事業の継続は難しいということになる。イトーヨーカ堂の営業利益率を見てみると、１・１％（２００１年２月）で、ダイエーは０・６％（同期）となっている。ちなみに、ユニクロで有名なファーストリテイリングは何と26・４％（２０００年８月）となっている。その効率経営のすごさがわかるだろう。

「営業外収益」とは、本業のビジネスからではなく、貸付金に対する受取利息や子会社、出資会社などからの配当などの主に企業の財務活動から生じる収益だ。一方、「営業外費用」は、借入金に対する支払利息などの財務活動にかかわる費用のことをいう。多大な借入金（負債）を抱えている企業は、支払わなくてはならない利息が重くのしかかり、利益を圧迫することになる。

「営業利益」に「営業外収益」を足し、「営業外費用」を引いたものが「経常利益」となる。一般的に「経常利益」は、その企業の営業活動以外（主に財務活動）も含めたトータルの経営力を表している。

◎——2つの方法で「売上高」を予測する

では「売上高」をどう予測するか。一つ目の「売上高予測」の方法として、フィールドの感覚を重視するものがある。マーケットの動向を最前線でキャッチしており、自社の商品の強さや顧客ニーズなどについてもっとも熟知している立場にある営業活動に携わっている人たちが、経験を含めた実感値で「売上見込み」を出すという方法である。

営業マンが常日頃自分のお客様と接していて、「新しいこんな商品の開発を考えているんですが、いくらくらいだったら買おうという気になりますか？」「1カ月にどれくらい仕入れてもらえますかねぇ」などという何気ない会話からお客様のニーズや価格に対する感触を確かめていくものだ。つまり営業現場の人が「この値段なら、どれくらい売れそうか？」ということを実感値を踏まえて予想するのである。

もう一つの「売上高予測」の方法としては、顧客対象となりそうな潜在顧客に自社商品の購入意向などを聞くというような簡単なリサーチをして潜在顧客の何％が購入する可能性があるか（何％のマーケット・シェアを確保できそうか）を推定するものがある。

たとえば、ターゲットとなりそうな１０００人のサンプルを集めて、アンケート調査をする。３００人の人が興味を示して、その中の１割の人が「買ってみたい」と答えたなら、潜在的なマーケットの規模に対して３％くらいの人には受け入れられる可能性があると考えることができるだろう。この背景には、「売上高」＝「マーケット規模」×「マーケット・シェア」というロジックがある。マーケット規模の算定については、第6章に詳しく書かれているので、そちらを参照してほしい。

できれば、両方の方法を試してみて数値を比べてみるといい。２つの数値が近ければ、売上高予測の精度が高いということになる。

◎──「予想損益計算書」を立ててみよう

「予想損益計算書」と「予想キャッシュフロー計算書」は、それぞれについて月次ベースで3年間（36カ月）分、年次ベースで5年間分は取り揃えておきたい。通常、ビジネスプランの成功の見込みは、

◎3年目で黒字化すること
◎5年目で累積された損失が一掃されること

をクリアできるかどうかで評価されることが多いからだ。俗に「3年で単黒（たんくろ）、5年で累損（るいそん）一掃」といわれるものだ。これは、それぞれ「3年度目が終わったときに単年度で黒字

化していること、５年度目が終わったときにそれまでに累積した赤字がなくなっていること」を意味している。３年が過ぎても赤字が続いているようならダメ、あるいは5年で元が取れなければダメということだ。今は変化のスピードが速いので、もっと期間を短めに見ておいたほうがいいかもしれない。

もちろん、初期投資（最初にかかるコスト）が大きくかかるものとそうでないものでは、投資の費用を回収するのにかかる期間が異なるだろう。その事業の特性によって収益性や成長スピードもさまざまなので、あくまでここでは一般的な目安を言っていると思っていただきたい。

では、「予想損益計算書」の作成手順について説明していこう。第一段階は、301ページの図のような8つのステップを踏むことになる。これは「損益計算書」を上から見ていくプロセスと基本的には同じである。簡単な例として、ある中小のお菓子メーカーが新事業として新製品を出す場合を想定して、そのケースに合わせて説明していこう。ケースはあえて単純化してある。

まず、最初にその新製品をいくらで売るのかという販売単価（いわゆる価格）を設定する。もちろん、適当に値付けをするわけではない。その製品や商品、サービスはいくらならば受け入れられるかを考えた上で決めるのだ。ここでは仮に２５０円のチョコレート・クッキーを新発売するとしよう。

次に、その商品がどれくらいの販売個数を見込めるのかを推定する。これは、価格との兼ね合いになる。一般的に、価格が高ければ売れ行きは伸びにくいし、安ければ販売個数が増える可能性が高い。リサーチをしてみた結果、首都圏の1カ月平均で約10万個売れそうだという見込みが立った。

そしてステップ３としては、販売単価と販売個数を掛け合わせ、売上高を算定する。これは「販売単価」×「販売個数」＝「売上高」ということを表している。このケースの場合、２５０円×10万個×12

カ月＝３億円の売上高だ。さらに製品や商品、サービスの一単位当たりの原価を算定した上で、それに販売個数を掛け合わせて売上原価を算定する。これは「単位当たりの原価」×「販売個数」＝「売上原価」ということを表している。これがステップ４である。ここでは１個当たりのチョコレート・クッキーの原価が１００円なら、原価は「１００円×10万個×12カ月＝１・２億円」になる。

ステップ５では、売上高から売上原価を差し引いて売上総利益（粗利益）を算定するが、このケースでは「３億円－１・２億円＝１・８億円」となる。ステップ６では、「販売費」と「一般管理費」を算定する。人件費として１・２億円、広告宣伝費は０・２億円などと算定すると、販売費・一般管理費は合計で１・７億円になった。ステップ５と６で出した数値を使って、売上総利益から販売費・一般管理費を差し引くと営業利益が算定される。１・８億円－１・７億円＝０・１億円だ。この新事業は１０００万円の営業利益を稼ぐ事業になりそうだ。

最後に、「営業利益」から借入れに対して支払う利息（営業外費用）を差し引くと、ステップ７の「経常利益」が出てくる。ここでは新規事業を想定しているので「営業外収益」はないものと考える。

この第一段階で、想定した「販売単価」「販売個数」「単位当たりの原価」「販売費・一般管理費」「支払利息」をもとにして、その事業が見込み通りにいった場合には結果としての「経常利益」がどれくらいになるかを確認する。チョコレート・クッキー事業は１０００万円の経常利益を出せそうだ。

そこで算出された「経常利益」が十分に満足のいくものなら、事業収支プランのベースはできたことになる。あとは、どの変数がどのように変化したら、経常利益にどのように影響するのかについてのシミュレーションに移ればいい。そしてあとは実行あるのみだ。

「予想損益計算書」の策定フロー／第1段階

Step 1　各製品や商品、サービスの販売単価の設定

Step 2　販売個数見込みの推定

Step 3　販売単価と販売個数の掛け合わせである売上高の算定

Step 4　単位あたりの原価と販売個数の掛け合わせである売上原価の算定

Step 5　売上高から売上原価を差し引いた売上総利益の算定

Step 6　販売費と一般管理費の算定

Step 7　売上総利益から販売費・一般管理費を差し引いた営業利益の算定

Step 8　営業利益から借入れに対する利息を差し引いた経常利益の算定

※ここでは新規事業を想定しているので「営業外収益」はないものとする

◎——経常利益が納得できない数字ならビジネスプランを修正する

一方、ステップ1～8を経て算出された「経常利益」が十分に満足したものでない場合には、ビジネスプランの一部を修正する必要がある。つまり第二段階に進まなければならない。

その場合には、「損益計算書」を今度は逆に下から辿っていく。

この中小お菓子メーカーでは、「各事業とも利益率を10%はキープしろ！」という社長のお達しがあったとしたらどうなるだろうか？　3億円の売上見込みがあるのならば、3000万円の経常利益が必要になる。では、どうすればいいか？　「経常利益」の構造は、

経常利益　＝　売上高－売上原価－販売費・一般管理費－営業外費用

となっていることを考えると、一度立てた事業収支プランで「経常利益」が目標とする数値に達していないのならば、次の４つの方法を組み合わせながら達成する方法を考えていくことになる。

①当初の借入れを抑えて、その後の支払利息を縮小する
②販売費・一般管理費を削減する
③売上原価を削減する
④売上高を伸ばす

　そのことを踏まえて第二段階を説明していきたい。左ページの図をごらんいただきたい。

　まず、「支払利息」を削減することを考えよう。これは、事業を始めるためにかかる初期投資の金額を抑えるか、事業を進めていく上で必要になる運転資金を抑えることによって、当初の借入金を削減することの結果として可能になる。このケースでは、とりあえず借入金はないものとする。また、初期投資を抑えると、その結果として「減価償却費」も抑えられることになる。これがステップ１だ。このケースでは初期投資を減らして、５００万円の減価償却費を削減できた。

　次に、「支払利息」と「減価償却費」が削減されても目標とする「経常利益」に達しない場合には、次に販売費・一般管理費を削減することを考える。このお菓子メーカーでは、これだけでは経常利益が１５００万円になり、目標とするところに届かないので、販売費・一般管理費も見直すしかない。販売費に含まれている費用項目である「広告・宣伝費」や一般管理費に含まれている費用項目である「人件費」や「家賃」の削減を検討するわけだ。販売費・一般管理費はその他にも多くの項目があるが、この

「予想損益計算書」の策定フロー／第2段階

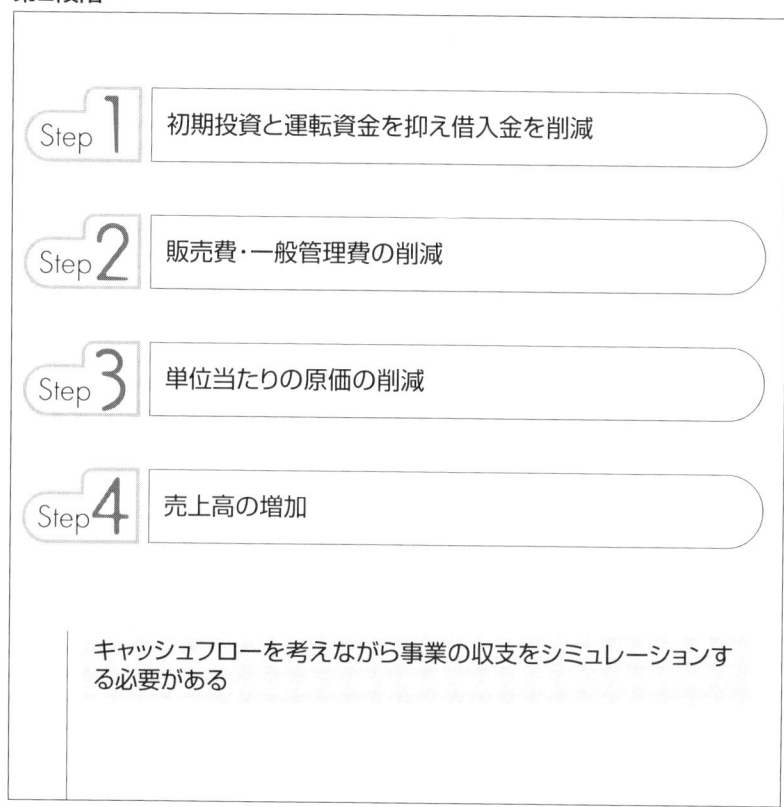

- Step 1　初期投資と運転資金を抑え借入金を削減
- Step 2　販売費・一般管理費の削減
- Step 3　単位当たりの原価の削減
- Step 4　売上高の増加

キャッシュフローを考えながら事業の収支をシミュレーションする必要がある

３つでほとんどを占めることが多い。これらをできるだけ縮小する。これがステップ２となる。このケースでは、人は削れなかったが、広告費を７００万円削ることにした。これでようやく経常利益が２００万円確保できそうな見込みができた。しかし、まだ社長のお達し「利益率10％を死守！」には、８００万円届かない。

　販売費・一般管理費を削減してもなお、目標とする「経常利益」に達しない場合には、ステップ３として売上原価（単位当たりの原価）を削減することを検討しなければならない。実際に、単位当たりの原価を削減するための方法としては、次のようなものが考えられる。

◎その製品の生産方法を変更する
◎その製品の仕様を変える
◎その製品の原材料を見直す
◎その製品の原材料の仕入先の変更を検討する
◎生産の一部を外注する

などである。ここでは、チョコレート・クッキーのパッケージを変え、原材料も見直して１個当たりの原価を１００円から90円に下げられた。１個当たり10円の原価削減は、「10円×10万個×12カ月」で１２００万円の利益改善につながる。すると、このケースでは、３４００万円の経常利益が見込めることになった。これで、何とか社長のお達しをクリアできた。

もし、売上原価を削減しても目標とする「経常利益」に達しない場合には、もう一度「売上高」を伸ばすための方策を考えるしかない。これがステップ４だ。売上高は、

売上高 ＝ 販売単価 × 販売個数

であるから「売上高」を伸ばすためには、基本的には販売単価（＝価格）を上げるか、販売個数を増やすしかない。ただし、一般的には販売単価を上げるのは難しいだろう。価格が上がれば、顧客は競争相手に流れ、それだけ販売個数が減る可能性が高くなるからだ。そうなると次に検討するのは、いかに販売個数を増やしていくかということになる。

販売個数を増やしていくことによって売上高を上げるという場合には、次の２つの考え方がある。

①想定したターゲット市場の中でいかにより多く売るかという考え方
②想定したターゲットとは異なる市場にも打って出ようという考え方

①は1カ月に10万個以上売るにはどういう手を打つか？　②は首都圏としたマーケットを関東甲信越くらいまで広げてみるか？　という考え方だ。それぞれの具体的な方法については、前の章で詳しく述べられているので、ここでは考え方のフレームを述べるだけにとどめた。

一方で、単価を下げることで販売個数を大幅に増やして、結果的に売上高と粗利益、営業利益、経常利益を上げる方法もある。最近のケースとしては、日本マクドナルドが有名である。例の「平日半額戦略」だ。業績の低迷をきっかけに、１９９４年から日本マクドナルドは低価格戦略に打って出た。社内のデータや消費者の満足度調査を徹底的に分析して、価格を下げることが売上高と利益の増加につながるというシミュレーション結果を得たのだ。実際に、その後増収増益となり、一人勝ちを続けている。

しかし、第2段階のステップ1～4までのコスト削減策および売上増加策を考えても、目標「経常利益」に届かない場合もあるだろう。そのときは当初の目標を下げる（社長のお達しの目標利益率10％を緩和してもらう）か、製品や商品、サービス、事業そのものを変えざるをえない。そして、製品や事業を修正した上で、もう一度同じステップを踏んで事業収支を算定してみるのだ。それを何度も繰り返して、目標とする「経常利益」が達成できる見込みができて初めて、事業収支プランができたことになる。

このように事業収支のプロセスで何度も計画を見直し、さまざまな要素を変更しなければならない。事業収支プラン作成のプロセスは仮説を立てて、それを検証していくのプロセスであると言うこともできる。

3

「予想キャッシュフロー計算書」を作成する

「キャッシュフロー計算書」と
「予想キャッシュフロー計算書」の仕組みと
作成方法を理解する。

◎キャッシュフローは事業のエネルギー源の流れ

「予想キャッシュフロー計算書」を作成する前に、「キャッシュフロー計算書」とは、どのような構成になっているのかを見てみよう。通常、キャッシュフローを計算する際には以下の３つに分けて考える。

①営業活動によるキャッシュフロー
②投資活動によるキャッシュフロー
③財務活動によるキャッシュフロー

左ページの図のように、３つの活動によるキャッシュフローを合わせたものが、ある一定期間のキャッシュフローということになる。ある文具メーカーを想定しながら考えてみよう。まずは、「営業活動によるキャッシュフロー」を見てみる。営業活動によるキャッシュフローを計算する場合には「当期利益」からスタートする。「当期利益」は、「損益計算書」の一番下段に書かれている税金を引かれた後に残った利益であり、その企業が自由にできる資金だ。この文具メーカーは５０００万円の当期利益があ

キャッシュフロー計算書の構成

当期利益	
＋）減価償却費	
＋）買掛金＋支払手形の増加分	
－）売掛金＋受取手形の増加分	
－）棚卸資産の増加分	
営業活動によるキャッシュフロー	
－）設備投資費用（固定資産の増加）	キャッシュフロー合計
投資活動によるキャッシュフロー	
＋）新規借入金（負債の増加）	
－）借入金の返済（負債の減少）	
＋）社債の発行（負債の増加）	
＋）増資（資本の増加）	
財務活動によるキャッシュフロー	

キャッシュフローには大きく「営業活動」「投資活動」「財務活動」の3つのアプローチがある

るとする。

その「当期利益」に「減価償却費」を足して加える。「減価償却費」というのは、損益計算書上は費用として計上されているが、実際には会社からのキャッシュの流出はないために、実際のお金の出入りを見るキャッシュフロー上では足し戻すことになる。この会社は5年前に新しい設備を導入して、年間500万円ずつ償却しているとすると、その金額を足す。

さらに、「買掛金」と「支払手形」の増加分を加える。この2つは貸借対照表にある流動負債の項にあり、取引先からすでに仕入れたものに対して支払いの約束をしてはいるものの、実際のキャッシュはまだ出ていっていないものを示している。「損益計算書」には支払うべき費用（売上原価）として計上しているにもかかわらず、実際には取引先に支払いを待ってもらっている状態の費用なので、これも実際にはキャッシュが会社から流出していないことになるために、キャッシュフロー上では足し戻すことになる。このケースでは、景気が回復していくと見越して前年よりも多く仕入れ、それぞれ２００万円ずつ増えた。

次に、「売掛金」と「受取手形」の増加分を差し引く。この2つは貸借対照表にある流動資産の項にあり、販売先にすでに売って納品したものに対して入金の約束はしてもらっているものの、実際のキャッシュはまだ入っていないものを示している。「損益計算書」には入金されるべき売上として計上しているにもかかわらず、実際には販売先からキャッシュを振り込んでもらっていない（振込を猶予している）状態なので、キャッシュが会社に入金されていないことになるために、キャッシュフロー上では差し引く。昨年は景気が陰ったために、この文具メーカーの売上は横ばいだった。

最後に、「棚卸資産」の増加分を差し引く。「棚卸資産」というのは、貸借対照表にある「製品／商品」や「原材料」などの実際に売られる前の状態にあるものをいう。これは、取得する段階でキャッシュが出ているのにもかかわらず、売り上げが立っていないことによってキャッシュの入金はないために、キャッシュフロー上では差し引くことになる。このメーカーは、もっと多く売れると見込んで多めに生産していたので、在庫が３００万円分も増えてしまった。

以上のように、「当期利益」＋「減価償却費」＋「買掛金＋支払手形の増加分」－「売掛金＋受取手形の増加分」－「棚卸資産の増加分」を算出したものが「営業活動によるキャッシュフロー」だ。このケースだと、「５０００万円＋５００万円＋２００万円＋２００万円−０円−０円−３００万円＝５６００万円」となる。

次に「投資活動によるキャッシュフロー」を見てみよう。これは、工場や新しい機械などを購入するという設備投資を行い、「固定資産」が増加することによってキャッシュが出ていくことを表しており、キャッシュフロー上では差し引くことになる。このメーカーはとくに前年は設備投資をしなかった。

最後に「財務活動によるキャッシュフロー」を見てみよう。「新規借入金（負債の増加）」は、会社にキャッシュが入ってくることを意味するので、キャッシュフロー上は加えることになる。一方、「借入金の返済（負債の減少）」はキャッシュが出ていくことを意味するので、キャッシュフロー上は差し引く形になる。このメーカーでは、資金に余裕があり業績も好調なので、１億円ある借入金を１５００万円分返済した。

また、「社債の発行（負債の増加）」や「増資（資本の増加）」を行う場合には、会社にキャッシュが入ることになるので、キャッシュフロー上は加えることになる。このメーカーでは資金調達の必要性がなかったので、とくに社債の発行も増資も行わなかった。

このように、「新規借入金」−「借入金の返済」＋「社債発行分」＋「増資分」を算出したものが「財務活動によるキャッシュフロー」ということになる。このメーカーの場合はどうなるだろうか？

「０円−１５００万円＋０円＝−１５００万円」となる。

以上のようにして算出された「営業活動によるもの」「投資活動によるもの」「財務活動によるもの」をすべて合計したものが、その会社のキャッシュフローの状態である。ある一定期間に、それぞれの時点でのキャッシュの出入りがどうであったか、その結果として手元にはどれだけキャッシュが残っているかを示す。このメーカーについて、1年間のキャッシュフローを計算してみると、「5600万円−0円−1500万円＝4100万円」のプラス・キャッシュフローとなる。まったく問題がないといった感じだ。

一方、キャッシュフローがマイナスになると基本的に事業は成り立たない。マイナス・キャッシュフローは、事業を進めていく上での必要なキャッシュが足りないことを意味するからだ。

◎──「予想キャッシュフロー計算書」を立ててみよう

「キャッシュフロー計算書」の構成がわかったところで、事業収支プランに必要な「予想キャッシュフロー計算書」を作成してみよう。基本的には、これから説明する9つのステップを踏めばいい。

「キャッシュフロー」を考える際には、「貸借対照表」に出てくる項目をいくつか使うことになる。また、前項でも説明したが「キャッシュフロー計算書」をつくる場合には、「営業活動」「投資活動」「財務活動」の3つのキャッシュフローに分けて考える。コンピュータ関連の雑誌を発行している出版社が、コンピュータソフトの卸しも手がけようとしているケースを取り上げて考えてみよう。

第1段階は、左ページの図のような9つのステップを踏むことになる。まず、最初に「予想損益計算書」から税金を支払った後の「当期利益」の予想数値を確定する。これがステップ1だ。ここでは1000万円の当期利益が見込めていると想定する。ステップ2は、事業を始めるための設備投資にかかる

「予想キャッシュフロー」の策定フロー／第1段階

営業活動によるキャッシュフロー

- Step 1 当期利益の予想を算定
- Step 2 減価償却費の算定
- Step 3 買掛金・支払手形の予想と支払期間の算定
- Step 4 売掛金・受取手形の予想と回収期間の算定
- Step 5 棚卸資産の増加を予想

投資活動によるキャッシュフロー

- Step 6 固定資産の増加額とその時期の算定

財務活動によるキャッシュフロー

- Step 7 新規借入れ金額とその時期の算定
- Step 8 借入金返済額とその時期の算定
- Step 9 増資や社債の発行額とその時期の算定

費用を算定し、設備投資の減価償却の方法を決める。これによって「減価償却費」が決まるので、この金額を足し込む。この会社は新たに倉庫を自前で用意するために、減価償却費が３００万円ほどかかる。

さらに、「買掛金」と「支払手形」の数値を算定して、その支払期間（サイト）を決める。もちろん、実際には相手との相談のうえで決めることなので、一方的にこちらでフィクスすることはできない。あくまで予想である。これによって「買掛金」「支払手形」の増加額が決まるので、その金額を足し込む（ステップ３）。このケースではゼロからのスタートなので、「買掛金」が９０００万円増加しそうだ。支払期間は2カ月にしてもらうつもりだ。

同様に、「売掛金」と「受取手形」の数値を算定し、その回収期間（サイト）を決める。これも実際には相手がこちらの思惑通りになるとは限らないが、あくまで予想として想定する。これによって「売掛金」「受取手形」の増加額が決まるので、その金額を差し引く（ステップ4）。売上を1・2億円見込んでおり、それが〝掛け〟で売られる。回収サイトは2カ月にしてもらうつもりだ。

最後に、製品になる前の原材料や売れる前の状態の製品在庫である「棚卸資産」の増加額を算定して、その金額を差し引く（ステップ5）。一部を在庫として持っておくために、４０００万円分の在庫を確保する（増える）。ここまでのステップ1～5が営業活動によるキャッシュフローの項目だ。

ステップ6としては、設備投資にかかる金額と時期を算定して、「固定資産」の増加額を差し引く。これが「投資活動によるキャッシュフロー」なのだが、この部分はステップ2ともリンクする。この会社は４０００万円の倉庫設備をつくる予定だ。

3つ目の「財務活動によるキャッシュフロー」には、3つのステップがある。まず、ステップ7としては、新規に借り入れる金額とその時期を決めて、その金額を足し込む。これは負債が増えることも意味する。ここでは新規事業を始めるために８０００万円を借り入れようと考えている。

ステップ8は、借入金の返済額とその時期を決めて、その金額を差し引く。これは、ステップ7とは逆に負債が減ることを意味する。最後に、増資や社債の発行額とその時期を算定して、その金額を足し込む。（ステップ9）このケースでは、借入金の返済や増資、社債の発行はこの段階では考えていない。

以上、説明したステップ1～9までを合わせて、「予想キャッシュフロー計算書」を作成するわけだ。

ここでもし、算出したキャッシュフローがプラスならば事業は成り立つことになり、続けることができる。一方、算出した結果のキャッシュフローがマイナスになったならば、キャッシュが足りなくなったことになり、マイナスになった時点で事業は成り立たないということになる。この企業のケースだとどうなるだろうか?「1000万円（当期利益）+300万円（減価償却費）+9000万円（買掛金増加分）－1・2億円（売掛金増加分）－4000万円（棚卸資産増加分）－4000万円（設備投資）+8000万円（新規借入金）－0円（借入金返済）+0円（増資&社債発行）=－1700万円」ということになる。

この会社の場合は、当期利益は1000万円を見込んでいるのだから、初年度から黒字化しそうな気配がある。しかし、キャッシュフローはマイナスなので、この事業はこのままでは成り立たない。ただし、社内の新規事業（新会社設立も含む）であれば、本体から追加の借入れをさせてもらったり、もしくは増資を本体に引き受けてもらうということも検討できる。これはゼロの状態から新たにベンチャービジネスを立ち上げる場合と比べて大きく異なる点だ。

しかし、本来はキャッシュフローがマイナスになるから本体から援助してもらうというのはおかしい。なぜならキャッシュフローがマイナスになるということは、そのビジネスプランでは、その事業が成り立たないことを意味しているからだ。

さて、「予想キャッシュフロー計算書」を作成したところで、キャッシュフローの収支が目標額を見込めない場合やキャッシュの収支がマイナスになる場合には、「予想損益計算書」の項でも考えたように、第2段階として事業収支プランの修正が必要となる。簡単に言えば、差し引かれる項目を見直し、キャッシュが出ていくのを少しでも抑えられないかを検討する。足し込まれる項目を見直し、キャッシュが入ってくるのを少しでも増やせないかを検討し、手元に残るキャッシュを増やすということだ。

左ページの図をごらんいただきたい。まずは、社内においてできることから検討する。この会社の場合も、本体の援助を仰いでも１２００万円ほどのキャッシュが不足する。まず、ステップ1は棚卸資産の中で圧縮できる余地がないかを見直す。つまり原材料や売れる前の状態にある製品在庫を少しでも減らす方法はないかということを検討する。これができれば、その分だけキャッシュの流出を抑えられる。

当たり前のことだが、いかに在庫を少ない状態で済ませるかがきわめて重要だということだ。この会社の場合は、何とか在庫（棚卸資産）を10%減らせそうだ。それによってキャッシュ・アウトが４００万円抑えられる。一方で、事業のスタート期にかかる設備投資などの初期投資をいかに抑えるかということの検討も必要だ。これがステップ2となる。少しでもかかるコストを小さくし、キャッシュ・アウトも減らしていくのだ。この会社の場合は、設備投資については削れる余地はなさそうだ。

この2つのステップは社内の努力によって追求できるものだ。しかし、これらのステップを経ても目標としたキャッシュフローが見込めないようであれば、さらに次のステップを踏む必要がある。

ステップ3は、社内における努力だけではできないもので、外部の方々に協力をお願いすることになる。順番はとくに決まっていない。できるところからすべてを試してみるしかない。

この会社では、まだ８００万円ほどのキャッシュが不足してしまう。

①販売先に対して、「売掛金」「受取手形」の回収期間を短くしてもらうことをお願いする

②仕入先に対して、「買掛金」「支払手形」の払込期間を長くしてもらうことをお願いする

「予想キャッシュフロー」の策定フロー／第2段階

＜1200万円のキャッシュ不足からスタート＞

Step 1
棚卸資産の削減

Step 2
設備投資の削減

Step 3
売掛金・受取手形の回収期間短縮
買掛金・支払手形の払込期間延長
借入金の返済期間の延長
借入金の増額
社債の発行
増資

予想キャッシュフローのシミュレーションのスタートだ。
1回でシミュレーションが終わることはない

③金融機関に対して、「借入金」の返済期間を延ばしてもらうことをお願いする
④金融機関に、「借入金」の増額をしてもらうことをお願いする
⑤社債を発行することを検討する
⑥増資することを検討する

①は販売先に売り上げたものに対して、少しでも早くキャッシュを回収することによってキャッシュ・インを増やすことを狙ったものだ。少しでも早く入金してもらうために多少の値引きに泣くことをも覚悟する。②は①の逆で、取引先（仕入先）に対して仕入れたものに対する払い込みを猶予してもらうことによって、キャッシュ・アウトを減らすことを狙った

ものだ。しかし、その分プレミアムを支払わされることもある。③は元本と利息が確実に支払われるという前提においては受け入れられやすい。金融機関は収入（支払利息）が増えることになるからだ。これが受け入れられればキャッシュ・アウトを減らすことができる。しかし、支払利息が増えるということは、コストを増加させることでもある。④も元本と利息が確実に支払われるという前提においては受け入れられやすい。金融機関にとっては、やはり収入（支払利息）が増えることにつながるからだ。これが受け入れられればキャッシュ・インを増やすことができる。これも、支払利息が増え、コストを増加させることにつながる。

①〜④に共通していることは、どの方法もキャッシュフローをプラスにしておくために、値引きをしたり、プレミアムを支払ったり、利息を余計に払ったりすることによって利益を犠牲にしていることだ。これらは実際には得策ではない。やむをえずに一時的にとる施策だと思ってほしい。

⑤と⑥については、通常の事業におけるキャッシュフローを考えていく上では検討される方策だが、新しく事業をスタートする際にはほとんどないと考えていいので、ここでは詳しく触れない。

この会社の場合は唯一、事業が初年度から黒字化することを強調することによって、銀行からの借入れの増額１０００万円を認められた。これで何とか２００万円のプラスのキャッシュフローにはなった。

以上のような第2段階における各ステップのあらゆることを試してみて、キャッシュフローが目標とするところまでに達しないのであれば、目標を下げるべく妥協するか、ビジネスプランそのものを見直すか、その事業をあきらめるしかない。しかし、そもそもキャッシュフローがマイナスであれば、その事業はそのままでは決して成り立たず、必ず行き詰まるということだけは覚えておいてほしい。

4 事業収支をシミュレーションする

表計算ソフトを使えば、
簡単にさまざまな仮説をシミュレーションで
試してみることができる。

◎——まずは1カ月の予想損益計算書で簡単なシミュレーションをやってみよう！

実際に事業シミュレーションをやってみよう。マイクロソフトの〝エクセル〟などの表計算ソフトを使えば簡単にできる。では、とても単純化したビジネスのケースを通して事業収支を考えてみよう。

ある町中に、以前からの夢であった焼き立てパンを提供するパン屋さんを開店しようと思っているとする。人員はあなた一人でやるとしよう。そして以下のような設定をしてみよう。そして、まずは一カ月単位での商況がどのようになるのかについてさまざまな変数を色々と変えて、その結果を見てみよう。

◎１日当たりの平均来店者数：１５０人
◎１人当たりの平均購買数：４個
◎平均単価：１５０円
◎平均原価：50円
◎１人当たりの１カ月の人件費：40万円

SY2	SY3	SY4	SY5
150	150	120	120
3.0	4.0	3.0	4.0
450	600	360	480
150	150	150	120
50	60	60	50
100	90	90	70
400,000	400,000	400,000	400,000
1	1	1	1

2,025,000	2,700,000	1,620,000	1,728,000
675,000	1,080,000	648,000	720,000
1,350,000	1,620,000	972,000	1,008,000
400,000	400,000	400,000	400,000
500,000	500,000	500,000	500,000
150,000	150,000	150,000	150,000
300,000	570,000	−78,000	−42,000
0	0	0	0
20,000	20,000	20,000	20,000
280,000	550,000	−98,000	−62,000

◎１カ月の家賃／光熱費：50万円
◎１カ月のその他の販管費：15万円
◎１カ月の支払利息：２万円

これらのデータから「予想損益計算書」を作成してみよう。いったいいくらの利益が出るのだろうか？　１カ月単位で見てみる。上の図のように整理すると簡単な「予想損益計算書」ができる。「予想損益計算書（**SY0**）」を見ると１カ月で２７０万円の売上高に対して、73万円の経常利益が出ることがわかる。

さて、ここからがシミュレーションのスタートだ。以下のような仮定に基づいてシミュレーションをしてみよう。経常利益はどのよ

予想損益計算書のシミュレーション

	SY0	SY1
1日当たり平均来店者数	150	120
1人当たりの平均購買数	4.0	4.0
1日当たりの販売数	600	480
平均単価	150	150
平均原価	50	50
平均粗利益	100	100
一人当たり人件費	400,000	400,000
人員数	1	1

売上高	2,700,000	2,160,000
売上原価	900,000	720,000
粗利益	1,800,000	1,440,000
人件費	400,000	400,000
家賃／光熱費	500,000	500,000
その他販管費	150,000	150,000
営業利益	750,000	390,000
営業外収益	0	0
営業外費用	20,000	20,000
経常利益	730,000	370,000

うに変動するだろうか？

SY1：もし、1日当たりの平均来店者数が20％減って120人になったら

SY2：もし、1人当たりの平均購買数が4個から3個に減ったら

SY3：もし、平均原価が50円から60円にアップしたら……

SY1のように1日の平均来店者数が20％（30人）減ってしまったら、売上高が270万円から216万円へと54万円も下がってしまう。その結果、経常利益は73万円から37万円へと約半分まで落ち込んでしまった。

SY2を見てみると、1人当たりの平均購買数が4個から3個に

減ってしまったら、売上高が２０２・５万円へと67・５万円も下がってしまう。その結果、経常利益は28万円へと約３分の１まで落ち込んでしまった。**SY3**は、平均原価が20％アップして50円から60円になってしまった場合だ。この場合、売上高は２７０万円で変わらない。しかし、粗利益以降が下がってしまい、経常利益は18万円落ちて３分の２の55万円になってしまう。

SY4はもし、不幸なことにシミュレーション１～３で仮定したことがすべて同時に起こってしまったらという設定であるが、それぞれの箇所にそれぞれの数字を入れてみればすぐにわかる。売上高は１６２万円にまで落ち、経常利益は９・８万円の赤字になってしまう。

SY5はもし、近くに〝安さ〟をアピールした競合の店ができ、１日の来店客１５０人のうち30人を奪われて、さらに対抗上平均単価を１２０円にまでこちらも下げざるをえなくなったとしたらどうなるかという設定である。

実際に数字を当てはめてみればわかるが、売上高は約１００万円も落ち込んで、６・２万円の赤字になるのだ。〝競争〟というものが、いかに厳しいものであるかが（疑似体験ではあるが）身をもってわかるだろう。このように、一度計算式をつくれれば、幾通りものシミュレーションが一瞬にしてできるようになる。このシミュレーションによって、「価格設定」や「１日当たりの平均来店者数」、「１日当たりの販売数」などを組み合わせて考え、その変動による経常利益に対する影響を予測することができるようになる。また、その他にも、「もし、もう１人店員を雇うとしたら……」「お店の立地条件を良くするために、家賃の高いところにお店を出したら……」などのように別の仮定を設けてみて計算してみてもいい。

◎「感度分析」で変数の影響度を知る

ここで「感度分析」というものについても説明しておこう。「感度分析」とは、さまざまな各変数が変動した場合に、最終結果にどれだけの影響を及ぼすだろうかという〝影響度〟を見ることをいう。

感度分析を行うことによって、押さえておくべきポイントやその優先順位がわかるようになる。たとえば、「1日当たり平均来店者数」「1人当たりの平均購買数」「平均単価」「平均原価」「人件費」「家賃／光熱費」などのそれぞれの項目が、「もし10％変動したら経常利益にどれだけ影響を与えるだろうか？」ということを分析してみよう。これもシミュレーションと同じようにそれぞれの数値を10％変えて入れてみればいい。

	経常利益減少額	**経常利益減少率**
・1日当たり平均来店者数	18万円	25％
・1人当たりの平均購買数	18万円	25％
・平均単価	27万円	37％
・平均原価	9万円	12％
・人件費	4万円	6％
・家賃／光熱費	5万円	7％

経常利益減少率は、それぞれの変数が10％悪化した場合の経常利益に対するインパクトを表している。見ればわかるとおり、重要な項目は「平均単価」であることがわかる。10％単価が下がると73万円の経常利益は37％（27万円）も下がることになってしまう。一方、「人件費」や「家賃／光熱費」を10％コ

ストアップしても経常利益は６～７％（４～５万円）しか下がらないということがわかる。

この「感度分析」によって、ビジネスにおいてはどの項目は重視し、どの項目はそれほど気にしなくてもいいのかが明らかになるわけだ。すべての項目が大事といえばある意味そのとおりなのだが、優先順位をつける必要はあるだろう。

◎次は12カ月間の予想損益計算書でシミュレーションをやってみよう！

１カ月単位で見たシミュレーションをしたときのフレームと変数をベースに応用して、１年間のシミュレーションをいくつかのパターンに則してやってみよう。これは、１カ月分の事業収支を12カ月分に引きのばせば簡単にできる。

その前に前提を一つ付け加えておこう。パン屋さんを始めるために最初にかかる経費である初期投資として５００万円かかっており、それは銀行から借り入れたと仮定しておく。そして年間の金利は４・８％としておく。つまり1年間で24万円の金利が発生し、月々２万円ずつの固定金利を返済するものとする。325ページのシミュレーションを見ていただきたい。

ＳＹ１：もっとも単純なパターンとして「１日当たりの平均来店者数」「１日当たりの平均購買数」などは１カ月目から12カ月間変わらないケースではどうなるだろうか？

年間の経常利益は８７６万円になり、その気になれば開店前に借りた５００万円も返済できる。返済しても手元に３７６万円残ることになる。こうなれば、まあ好調な滑り出しだといえるだろう。

SY2：店の良い評判が徐々に広がって4カ月ごとに「１日当たりの平均来店者数」が10％ずつ増えていくというケースを想定してみるとどうなるだろうか？

年間の経常利益は１０９９・２万円にもなり、借入金の５００万円を返済しても５９９・２万円が手元に残る。これはウハウハの状態に近いのではないだろうか？

SY3：店の目新しさもなくなり4カ月ごとに「１日当たりの平均来店者数」が10％ずつ減っていくというケースではどうなるだろうか？

原因は競合店の出現でもいい。お客さんが飽きていくという理由を想定してもいい。いずれにせよ、年間の経常利益は６６７・２万円となり、借入金を返済すれば手元には１６７・２万円しか残らなくなってしまう。

この３つのケースを見た場合に、**SY1**のケースは比較的〝オーソドックスな〟シミュレーション結果、**SY2**のケースは〝楽観的な〟シミュレーション結果、**SY3**のケースは〝悲観的な〟シミュレーション結果と言うこともできる。

この場合の変数の置き方は、実際のマーケット環境やお店の立地条件などから決めればいい。大事なことは、シミュレーションを思惑どおりに何もかもうまくいきそうなケースと、思惑よりも事態は悪いほうに傾いていった場合のケース、そしてもっとも可能性が高いと思われるケースを想定しておくということだ。

この３つのケースをあらかじめ想定しておくことによって、事業収支の振れ幅というものをある程度見込むことができる。つまり、うまくいけばどうなりそうか、必ずしも思うようにいかない場合にはど

6カ月目	7カ月目	8カ月目	9カ月目	10カ月目	11カ月目	12カ月目	年間合計
150	150	150	150	150	150	150	1,800
4.0	4.0	4.0	4.0	4.0	4.0	4.0	48
600	600	600	600	600	600	600	7,200
150	150	150	150	150	150	150	1,800
50	50	50	50	50	50	50	600
100	100	100	100	100	100	100	1,200
400,000	400,000	400,000	400,000	400,000	400,000	400,000	4,800,000
1	1	1	1	1	1	1	

2,700,000	2,700,000	2,700,000	2,700,000	2,700,000	2,700,000	2,700,000	32,400,000
900,000	900,000	900,000	900,000	900,000	900,000	900,000	10,800,000
1,800,000	1,800,000	1,800,000	1,800,000	1,800,000	1,800,000	1,800,000	21,600,000
400,000	400,000	400,000	400,000	400,000	400,000	400,000	4,800,000
500,000	500,000	500,000	500,000	500,000	500,000	500,000	6,000,000
150,000	150,000	150,000	150,000	150,000	150,000	150,000	1,800,000
750,000	750,000	750,000	750,000	750,000	750,000	750,000	9,000,000
0	0	0	0	0	0	0	0
20,000	20,000	20,000	20,000	20,000	20,000	20,000	240,000
730,000	730,000	730,000	730,000	730,000	730,000	730,000	8,760,000

6カ月目	7カ月目	8カ月目	9カ月目	10カ月目	11カ月目	12カ月目	年間合計
165	165	165	182	182	182	182	1,986
4.0	4.0	4.0	4.0	4.0	4.0	4.0	48
660	660	660	726	726	726	726	7,944
150	150	150	150	150	150	150	1,800
50	50	50	50	50	50	50	600
100	100	100	100	100	100	100	1,200
400,000	400,000	400,000	400,000	400,000	400,000	400,000	4,800,000
1	1	1	1	1	1	1	

2,970,000	2,970,000	2,970,000	3,267,000	3,267,000	3,267,000	3,267,000	35,748,000
990,000	990,000	990,000	1,089,000	1,089,000	1,089,000	1,089,000	11,916,000
1,980,000	1,980,000	1,980,000	2,178,000	2,178,000	2,178,000	2,178,000	23,832,000
400,000	400,000	400,000	400,000	400,000	400,000	400,000	4,800,000
500,000	500,000	500,000	500,000	500,000	500,000	500,000	6,000,000
150,000	150,000	150,000	150,000	150,000	150,000	150,000	1,800,000
930,000	930,000	930,000	1,128,000	1,128,000	1,128,000	1,128,000	11,232,000
0	0	0	0	0	0	0	0
20,000	20,000	20,000	20,000	20,000	20,000	20,000	240,000
910,000	910,000	910,000	1,108,000	1,108,000	1,108,000	1,108,000	10,992,000

6カ月目	7カ月目	8カ月目	9カ月目	10カ月目	11カ月目	12カ月目	年間合計
135	135	135	122	122	122	122	1,626
4.0	4.0	4.0	4.0	4.0	4.0	4.0	48
540	540	540	486	486	486	486	6,504
150	150	150	150	150	150	150	1,800
50	50	50	50	50	50	50	600
100	100	100	100	100	100	100	1,200
400,000	400,000	400,000	400,000	400,000	400,000	400,000	4,800,000
1	1	1	1	1	1	1	

2,430,000	2,430,000	2,430,000	2,187,000	2,187,000	2,187,000	2,187,000	29,268,000
810,000	810,000	810,000	729,000	729,000	729,000	729,000	9,756,000
1,620,000	1,620,000	1,620,000	1,458,000	1,458,000	1,458,000	1,458,000	19,512,000
400,000	400,000	400,000	400,000	400,000	400,000	400,000	4,800,000
500,000	500,000	500,000	500,000	500,000	500,000	500,000	6,000,000
150,000	150,000	150,000	150,000	150,000	150,000	150,000	1,800,000
570,000	570,000	570,000	408,000	408,000	408,000	408,000	6,912,000
0	0	0	0	0	0	0	0
20,000	20,000	20,000	20,000	20,000	20,000	20,000	240,000
550,000	550,000	550,000	388,000	388,000	388,000	388,000	6,672,000

〈SY1／売上横ばい〉

	初期投資	1カ月目	2カ月目	3カ月目	4カ月目	5カ月目
1日当たり平均来店者数		150	150	150	150	150
1人当たりの平均購買数		4.0	4.0	4.0	4.0	4.0
1日当たりの販売数		600	600	600	600	600
平均単価		150	150	150	150	150
平均原価		50	50	50	50	50
平均粗利益		100	100	100	100	100
一人当たり人件費		400,000	400,000	400,000	400,000	400,000
人員数		1	1	1	1	1

↓

売上高		2,700,000	2,700,000	2,700,000	2,700,000	2,700,000
売上原価		900,000	900,000	900,000	900,000	900,000
粗利益		1,800,000	1,800,000	1,800,000	1,800,000	1,800,000
人件費		400,000	400,000	400,000	400,000	400,000
家賃／光熱費		500,000	500,000	500,000	500,000	500,000
その他販管費		150,000	150,000	150,000	150,000	150,000
営業利益		750,000	750,000	750,000	750,000	750,000
営業外収益		0	0	0	0	0
営業外費用(支払利息)		20,000	20,000	20,000	20,000	20,000
経常利益		730,000	730,000	730,000	730,000	730,000
借入金	5,000,000					

〈SY2／4カ月ごとに10%UP〉

	初期投資	1カ月目	2カ月目	3カ月目	4カ月目	5カ月目
1日当たり平均来店者数		150	150	150	150	165
1人当たりの平均購買数		4.0	4.0	4.0	4.0	4.0
1日当たりの販売数		600	600	600	600	660
平均単価		150	150	150	150	150
平均原価		50	50	50	50	50
平均粗利益		100	100	100	100	100
一人当たり人件費		400,000	400,000	400,000	400,000	400,000
人員数		1	1	1	1	1

↓

売上高		2,700,000	2,700,000	2,700,000	2,700,000	2,970,000
売上原価		900,000	900,000	900,000	900,000	990,000
粗利益		1,800,000	1,800,000	1,800,000	1,800,000	1,980,000
人件費		400,000	400,000	400,000	400,000	400,000
家賃／光熱費		500,000	500,000	500,000	500,000	500,000
その他販管費		150,000	150,000	150,000	150,000	150,000
営業利益		750,000	750,000	750,000	750,000	930,000
営業外収益		0	0	0	0	0
営業外費用(支払利息)		20,000	20,000	20,000	20,000	20,000
経常利益		730,000	730,000	730,000	730,000	910,000
借入金	5,000,000					

〈SY3／4カ月ごとに10%DOWN〉

	初期投資	1カ月目	2カ月目	3カ月目	4カ月目	5カ月目
1日当たり平均来店者数		150	150	150	150	135
1人当たりの平均購買数		4.0	4.0	4.0	4.0	4.0
1日当たりの販売数		600	600	600	600	540
平均単価		150	150	150	150	150
平均原価		50	50	50	50	50
平均粗利益		100	100	100	100	100
一人当たり人件費		400,000	400,000	400,000	400,000	400,000
人員数		1	1	1	1	1

↓

売上高		2,700,000	2,700,000	2,700,000	2,700,000	2,430,000
売上原価		900,000	900,000	900,000	900,000	810,000
粗利益		1,800,000	1,800,000	1,800,000	1,800,000	1,620,000
人件費		400,000	400,000	400,000	400,000	400,000
家賃／光熱費		500,000	500,000	500,000	500,000	500,000
その他販管費		150,000	150,000	150,000	150,000	150,000
営業利益		750,000	750,000	750,000	750,000	570,000
営業外収益		0	0	0	0	0
営業外費用(支払利息)		20,000	20,000	20,000	20,000	20,000
経常利益		730,000	730,000	730,000	730,000	550,000
借入金	5,000,000					

のような結果になりそうか、ということの範囲がある程度想定できるようになり、リスクの幅というものが見れて、それなりの覚悟をすることができる。

さて、ここでさらにシミュレーションを広げてみよう。

SY4：開店のための初期投資を１０００万円にして、人員を新たに同じ人件費で１人雇うケースをシミュレーションしてみよう。借入金が１０００万円のため月々の金利は４万円に膨らむことになる。これで、他の条件は変わらず、売上も伸びないとしたらどうなるだろうか？

年間の経常利益は３７２万円になってしまい、とても借入金を全額返済できそうにはない。同じペースで推移していけば、３年後にようやく借入金がすべて返済ということになりそうだ。つまり、初期投資の回収に３年くらいかかるということだ。

SY5：開店のための初期投資は１０００万円のままで、人員は増やさず、仮に店舗のよくなることによって「１日当たりの平均来店者数」が20％増えて、１８０人になるというケースをシミュレーションしてみるとどうなるだろうか？

年間の経常利益は１２８４万円になり、借入金を返済しても手元に２８４万円残ることになる。**SY1**のときと比較して、どうだろうか？　初期投資を５００万円分余計にしたおかげで売上高は４０８万円増えた。しかし、経常利益は92万円減ってしまう。あなたなら、初期投資を５００万円にしておくか？　それとも５００万円増やして１０００万円にしておくか？

ここで、どちらも同じペースで商売が推移するとして、２年目の経常利益を見てみよう。表は略するので、自分でシミュレーションをやってみてほしい。借入金はすべて返済しているのでどちらのケースでも支払利息はゼロになる。**ＳＹ１**の翌年の経常利益は９００万円だ。

一方、**ＳＹ５**の翌年の経常利益は１３３２万円にもなり、**ＳＹ１**のケースに比べて４３２万円も多くなるのだ。

これで、事業収支シミュレーションを3年分はやってほしいといった意味がわかっていただけただろうか。あわせて、〝初期投資をする〟ということの意味合いも理解してもらいたい。

以上のように、さまざまな仮定を立てて変数を設定し、どの変数をどのように変えると年間の経常利益がどのように変わっていくのかということを確認するプロセスが〝事業収支シミュレーション〟だ。

ここでは紙数の関係とわかりやすく説明するために、きわめてシンプルな事業収支シミュレーションを「損益計算書」の側面から見た形で説明したが、基本的な考え方はどのような場合でも同じであり、どのようなビジネスプランを考える場合にも十分に応用の利くものである。いくつもの商品を取り揃えている場合には商品ごとにシミュレーションをすればいいし、幅広いエリアにまたがって展開する場合にはエリアごとにシミュレーションをしていけばいい。

大事なことは、「売上高」をはじめとする「予想損益計算書」を構成する各要素をきちんと把握しておくことだ。それさえできていれば、あとは算式や数字を置き換えればいい。ここでは、

「売上高」＝「来店者数」×「販売個数」×「単価」

としたが、

「売上高」＝「マーケット規模」×「マーケット・シェア」

としてとらえたほうがわかりやすい場合には、そのように算出すればいい。算式さえきちんと立てら

6カ月目	7カ月目	8カ月目	9カ月目	10カ月目	11カ月目	12カ月目	年間合計
150	150	150	150	150	150	150	1,800
4.0	4.0	4.0	4.0	4.0	4.0	4.0	48
600	600	600	600	600	600	600	7,200
150	150	150	150	150	150	150	1,800
50	50	50	50	50	50	50	600
100	100	100	100	100	100	100	1,200
400,000	400,000	400,000	400,000	400,000	400,000	400,000	4,800,000
2	2	2	2	2	2	2	

2,700,000	2,700,000	2,700,000	2,700,000	2,700,000	2,700,000	2,700,000	32,400,000
900,000	900,000	900,000	900,000	900,000	900,000	900,000	10,800,000
1,800,000	1,800,000	1,800,000	1,800,000	1,800,000	1,800,000	1,800,000	21,600,000
800,000	800,000	800,000	800,000	800,000	800,000	800,000	9,600,000
500,000	500,000	500,000	500,000	500,000	500,000	500,000	6,000,000
150,000	150,000	150,000	150,000	150,000	150,000	150,000	1,800,000
350,000	350,000	350,000	350,000	350,000	350,000	350,000	4,200,000
0	0	0	0	0	0	0	0
40,000	40,000	40,000	40,000	40,000	40,000	40,000	480,000
310,000	310,000	310,000	310,000	310,000	310,000	310,000	3,720,000

6カ月目	7カ月目	8カ月目	9カ月目	10カ月目	11カ月目	12カ月目	年間合計
180	180	180	180	180	180	180	2,160
4.0	4.0	4.0	4.0	4.0	4.0	4.0	48
720	720	720	720	720	720	720	8,640
150	150	150	150	150	150	150	1,800
50	50	50	50	50	50	50	600
100	100	100	100	100	100	100	1,200
400,000	400,000	400,000	400,000	400,000	400,000	400,000	4,800,000
1	1	1	1	1	1	1	

3,240,000	3,240,000	3,240,000	3,240,000	3,240,000	3,240,000	3,240,000	38,880,000
1,080,000	1,080,000	1,080,000	1,080,000	1,080,000	1,080,000	1,080,000	12,960,000
2,160,000	2,160,000	2,160,000	2,160,000	2,160,000	2,160,000	2,160,000	25,920,000
400,000	400,000	400,000	400,000	400,000	400,000	400,000	4,800,000
500,000	500,000	500,000	500,000	500,000	500,000	500,000	6,000,000
150,000	150,000	150,000	150,000	150,000	150,000	150,000	1,800,000
1,110,000	1,110,000	1,110,000	1,110,000	1,110,000	1,110,000	1,110,000	13,320,000
0	0	0	0	0	0	0	0
40,000	40,000	40,000	40,000	40,000	40,000	40,000	480,000
1,070,000	1,070,000	1,070,000	1,070,000	1,070,000	1,070,000	1,070,000	12,840,000

〈SY4初期投資1000万円／売上は同じ／人員増のケース〉

	初期投資	1カ月目	2カ月目	3カ月目	4カ月目	5カ月目
1日当たり平均来店者数		150	150	150	150	150
1人当たりの平均購買数		4.0	4.0	4.0	4.0	4.0
1日当たりの販売数		600	600	600	600	600
平均単価		150	150	150	150	150
平均原価		50	50	50	50	50
平均粗利益		100	100	100	100	100
一人当たり人件費		400,000	400,000	400,000	400,000	400,000
人員数		2	2	2	2	2

売上高		2,700,000	2,700,000	2,700,000	2,700,000	2,700,000
売上原価		900,000	900,000	900,000	900,000	900,000
粗利益		1,800,000	1,800,000	1,800,000	1,800,000	1,800,000
人件費		800,000	800,000	800,000	800,000	800,000
家賃／光熱費		500,000	500,000	500,000	500,000	500,000
その他販管費		150,000	150,000	150,000	150,000	150,000
営業利益		350,000	350,000	350,000	350,000	350,000
営業外収益		0	0	0	0	0
営業外費用（支払利息）		40,000	40,000	40,000	40,000	40,000
経常利益		310,000	310,000	310,000	310,000	310,000
借入金	10,000,000					

〈SY5初期投資1000万円／売上をアップ／人員は同じのケース〉

	初期投資	1カ月目	2カ月目	3カ月目	4カ月目	5カ月目
1日当たり平均来店者数		180	180	180	180	180
1人当たりの平均購買数		4.0	4.0	4.0	4.0	4.0
1日当たりの販売数		720	720	720	720	720
平均単価		150	150	150	150	150
平均原価		50	50	50	50	50
平均粗利益		100	100	100	100	100
一人当たり人件費		400,000	400,000	400,000	400,000	400,000
人員数		1	1	1	1	1

売上高		3,240,000	3,240,000	3,240,000	3,240,000	3,240,000
売上原価		1,080,000	1,080,000	1,080,000	1,080,000	1,080,000
粗利益		2,160,000	2,160,000	2,160,000	2,160,000	2,160,000
人件費		400,000	400,000	400,000	400,000	400,000
家賃／光熱費		500,000	500,000	500,000	500,000	500,000
その他販管費		150,000	150,000	150,000	150,000	150,000
営業利益		1,110,000	1,110,000	1,110,000	1,110,000	1,110,000
営業外収益		0	0	0	0	0
営業外費用（支払利息）		40,000	40,000	40,000	40,000	40,000
経常利益		1,070,000	1,070,000	1,070,000	1,070,000	1,070,000
借入金	10,000,000					

れれば、表計算ソフトにその算式を打ち込んでおけるので、数値（変数）を思うように変えて好きなだけシミュレーションをすることができる。ぜひとも自分の思惑であるプラン（仮説）をこのシミュレーションを使って検証してみてほしい。目標とする利益を自分なりに設定して、それを達成できるまで単価設定や必要販売数、人員構成などを何度も変えてみて納得のいくようにやればいいわけだ。

◎最後に予想キャッシュフロー計算書でシミュレーションをやってみよう！

「予想損益計算書」でさまざまなシミュレーションをしてみたが、最後の仕上げは「予想キャッシュフロー計算書」でのシミュレーションだ。

あるアパレルメーカーにいた人が、その経験やノウハウを活かしてアパレル商社を新規に始めようと思っているとしよう。アパレル品をメーカーから仕入れて、スーパーに卸していると考えてほしい。ここでは、さまざまな変数を以下のように設定することにする。

◎商品の平均仕入値：１２００円
◎商品の平均売値：１５００円
◎１カ月当たりの平均販売数：６０００着
◎仕入数：期末に３０００着の在庫が残るように設定する
◎売掛金：２カ月後に振り込まれるものとする
◎買掛金：１カ月後に支払うものとする

◎初期投資：６００万円（10年で定額償却）

◎支払金利：年間４・８％

これらの情報から「予想キャッシュフロー計算書」を作成できるだろうか？　表計算ソフトを使って12カ月分のキャッシュフローを計算してみよう。参考のために333ページに「予想損益計算書」もつけておいた。この表では「平均仕入値」「平均売値」「平均販売数」が１カ月目から12カ月目までまったく変わらないことを想定している。シミュレーションをするためのベースになる計算書だ。

２カ月目の月末のキャッシュフローは、１カ月目の月末には１２１７万円あったものが、26万円とぎりぎりになっている。これは買掛金（仕入れのために支払うお金）が仕入れてから１カ月後に支払われなければならないにもかかわらず、売掛金（売上によって入金されるお金）が売り上げてから２カ月後にならないと入金されないために、手元のキャッシュが一挙に少なくなることを意味している。

しかし、その後３カ月目からは順調に売掛金も回収されて12カ月後には７１６万円のキャッシュが手元に残っているようになる。一方、「予想損益計算書」を見てみると、１億８００万円の売上高に対して８６４万円の経常利益を見込めている。大きな問題はないと言えるだろう。

さて、ここからがシミュレーションのスタートだ。以下のような仮定に基づいてさまざまなシミュレーションを試してみよう。各月末のキャッシュフローはどのようになるだろうか？

SY1／もし、商売が順調に進んで２カ月ごとに販売数が５％ずつ増加したらどうなるだろうか？

337ページのシミュレーションを参照してほしい。売上が伸びるのだから喜ばしいことだ。12カ月後には約１億２２００万円の売上高、約１１５０万円の経常利益になる。売上は13％伸び、経常利益は33％も

6カ月目	7カ月目	8カ月目	9カ月目	10カ月目	11カ月目	12カ月目	年間合計
1,200	1,200	1,200	1,200	1,200	1,200	1,200	
6,000	6,000	6,000	6,000	6,000	6,000	6,000	
1,500	1,500	1,500	1,500	1,500	1,500	1,500	
6,000	6,000	6,000	6,000	6,000	6,000	6,000	
3,000	3,000	3,000	3,000	3,000	3,000	3,000	
9,000,000	9,000,000	9,000,000	9,000,000	9,000,000	9,000,000	9,000,000	108,000,000
7,200,000	7,200,000	7,200,000	7,200,000	7,200,000	7,200,000	7,200,000	86,400,000
1,800,000	1,800,000	1,800,000	1,800,000	1,800,000	1,800,000	1,800,000	21,600,000
1,000,000	1,000,000	1,000,000	1,000,000	1,000,000	1,000,000	1,000,000	12,000,000
800,000	800,000	800,000	800,000	800,000	800,000	800,000	9,600,000
0	0	0	0	0	0	0	0
80,000	80,000	80,000	80,000	80,000	80,000	80,000	960,000
720,000	720,000	720,000	720,000	720,000	720,000	720,000	8,640,000
18,000,000	18,000,000	18,000,000	18,000,000	18,000,000	18,000,000	18,000,000	
7,200,000	7,200,000	7,200,000	7,200,000	7,200,000	7,200,000	7,200,000	
3,600,000	3,600,000	3,600,000	3,600,000	3,600,000	3,600,000	3,600,000	
3,050,000	3,740,000	4,430,000	5,120,000	5,810,000	6,500,000	7,190,000	
50,000	50,000	50,000	50,000	50,000	50,000	50,000	
0	0	0	0	0	0	0	
0	0	0	0	0	0	0	
0	0	0	0	0	0	0	
3,100,000	3,790,000	4,480,000	5,170,000	5,860,000	6,550,000	7,240,000	
0	0	0	0	0	0	0	
0	0	0	0	0	0	0	
0	0	0	0	0	0	0	
80,000	80,000	80,000	80,000	80,000	80,000	80,000	
0	0	0	0	0	0	0	
−80,000	−80,000	−80,000	−80,000	−80,000	−80,000	−80,000	
3,020,000	3,710,000	4,400,000	5,090,000	5,780,000	6,470,000	7,160,000	

〈標準のケース〉

	スタート前	1カ月目	2カ月目	3カ月目	4カ月目	5カ月目
平均仕入値		1,200	1,200	1,200	1,200	1,200
1カ月当たり平均仕入数		9,000	6,000	6,000	6,000	6,000
平均売値		1,500	1,500	1,500	1,500	1,500
1カ月当たり平均販売数		6,000	6,000	6,000	6,000	6,000
月末在庫		3,000	3,000	3,000	3,000	3,000
売上高		9,000,000	9,000,000	9,000,000	9,000,000	9,000,000
売上原価		7,200,000	7,200,000	7,200,000	7,200,000	7,200,000
粗利益		1,800,000	1,800,000	1,800,000	1,800,000	1,800,000
販管費		1,000,000	1,000,000	1,000,000	1,000,000	1,000,000
営業利益		800,000	800,000	800,000	800,000	800,000
営業外収益		0	0	0	0	0
営業外費用		80,000	80,000	80,000	80,000	80,000
経常利益		720,000	720,000	720,000	720,000	720,000
月末売掛金		9,000,000	18,000,000	18,000,000	18,000,000	18,000,000
月末買掛金		10,800,000	7,200,000	7,200,000	7,200,000	7,200,000
月末棚卸資産		3,600,000	3,600,000	3,600,000	3,600,000	3,600,000
月初キャッシュフロー		14,000,000	12,890,000	980,000	1,670,000	2,360,000
減価償却（＋）		50,000	50,000	50,000	50,000	50,000
買掛金の増加分（＋）		10,800,000	−3,600,000	0	0	0
売掛金の増加分（－）		9,000,000	9,000,000	0	0	0
棚卸資産の増加分（－）		3,600,000	0	0	0	0
営業キャッシュフロー		12,250,000	340,000	1,030,000	1,720,000	2,410,000
設備投資（－）	6,000,000	0	0	0	0	0
投資キャッシュフロー	−6,000,000	0	0	0	0	0
借入金（＋）	20,000,000	0	0	0	0	0
借入金の利息返済（－）		80,000	80,000	80,000	80,000	80,000
増資・社債の発行（＋）		0	0	0	0	0
財務キャッシュフロー	20,000,000	−80,000	−80,000	−80,000	−80,000	−80,000
月末キャッシュフロー	14,000,000	12,170,000	260,000	950,000	1,640,000	2,330,000

伸びることになる。しかし、12カ月後のキャッシュフローを見てほしい。12カ月後に手元に残るキャッシュは約６６０万円となり、56万円も少なくなっている。これが、売上拡大を手放しに喜べないポイントだ。まさに成長期には損益計算書上の「売上高」や「経常利益」も増えるが、実は成長に伴って「キャッシュ・アウト」も増加するためにキャッシュフローは減少してしまうのである。

SY2／もし、商売が勢いよく成長して、販売数が毎月９％ずつ伸びていったらどうなるだろうか？339ページのシミュレーションを参照してほしい。12カ月後には、売上高は約１億８１００万円に、経常利益は約２３３０万円になる。売上は68％も伸び経常利益は２・７倍にもなるのだ。「予想損益計算書」を見ている限りではウハウハの気分だろう。

一方、「予想キャッシュフロー計算書」も見てほしい。12カ月後に手元に残るキャッシュは約３８０万円にまで減っている。しかし、もっと重要な点は３カ月目、４カ月目、５カ月目のキャッシュフローだ。見てわかるとおり〝マイナス〟になっている。前の項で何度も説明したとおりキャッシュフローがマイナスになったら事業は継続できない。このシミュレーションどおり進めば、このアパレル商社は利益も順調に出そうであるにもかかわらず、残念ながら倒産するということだ。「予想損益計算書」上は順調に経常利益が出ているにもかかわらず倒産するわけだ。これがいわゆる〝黒字倒産〟である。

この時点で（もしくはそこに至る前に）資金調達をできなければ事業はそこで完全に「ジ・エンド」になってしまうのだが、資金調達の方法は次の〝資金調達について説明している項〟で説明する。

ここでのポイントは2点ある。

①急激な成長はキャッシュフロー面から見ると倒産の危険性をはらんでいる

②「損益計算書」で経常利益が出ているというだけでは、事業は存続できないこともありうる

これで「予想損益計算書」だけではなく「予想キャッシュフロー計算書」も作成してシミュレーションしておくことの重要性がわかっていただけただろうか？　どんなにすばらしい技術があっても、順調に売上と経常利益が伸びていく見込みがあってもキャッシュフローがマイナスなら事業は続けられない。

事前に「予想キャッシュフロー計算書」を作成して、シミュレーションをしておくことによって、どのような状況になった場合に、いつの時点でどれくらいの資金がショートしそうなのかということが把握できる。必ずしも業績が順調に推移していない時だけではなく、逆に売上が伸びていくというようなビジネス上は喜ばしい状態であっても資金がショートする可能性のあることを十分に認識してほしい。

シミュレーションをしておけば、実際に資金が足りなくなってからではなく、あらかじめ資金が足りなくなりそうなことを予測して、事前に資金調達の準備をすることができるわけだ。もしくは、資金調達の見込みが立たない場合には、あえて成長の勢いを抑えるという意思決定をすることもできる。

最後に、売値（価格）が変動した場合の結果もシミュレーションしてみよう。

SY3／もし、競争環境が厳しくなって、４カ月ごとに売値が１００円ずつ下がっていったらどうなるだろうか？

341ページのシミュレーションを参照してほしい。意味合いは同じなので詳しい説明は省略するが、9カ月目〜12カ月目を見てほしい。月間ベースの「予想損益計算書」では赤字になっているが、キャッシュフローはプラスになっている。その前の月までに貯めておいたキャッシュがまだ残っているために、それを切り崩している状態と言える。これは、つまり「黒字でもキャッシュフローがマイナスになった

6カ月目	7カ月目	8カ月目	9カ月目	10カ月目	11カ月目	12カ月目	年間合計
1,200	1,200	1,200	1,200	1,200	1,200	1,200	
6,615	6,946	6,946	7,293	7,293	7,658	7,658	
1,500	1,500	1,500	1,500	1,500	1,500	1,500	
6,615	6,946	6,946	7,293	7,293	7,658	7,658	
3,000	3,000	3,000	3,000	3,000	3,000	3,000	
9,922,500	10,418,625	10,418,625	10,939,556	10,939,556	11,486,534	11,486,534	122,434,431
7,938,000	8,334,900	8,334,900	8,751,645	8,751,645	9,189,227	9,189,227	97,947,545
1,984,500	2,083,725	2,083,725	2,187,911	2,187,911	2,297,307	2,297,307	24,486,886
1,000,000	1,000,000	1,000,000	1,000,000	1,000,000	1,000,000	1,000,000	12,000,000
984,500	1,083,725	1,083,725	1,187,911	1,187,911	1,297,307	1,297,307	12,486,886
0	0	0	0	0	0	0	0
80,000	80,000	80,000	80,000	80,000	80,000	80,000	960,000
904,500	1,003,725	1,003,725	1,107,911	1,107,911	1,217,307	1,217,307	11,526,886
19,845,000	20,341,125	20,837,250	21,358,181	21,879,113	22,426,090	22,973,068	
7,938,000	8,334,900	8,334,900	8,751,645	8,751,645	9,189,227	9,189,227	
3,600,000	3,600,000	3,600,000	3,600,000	3,600,000	3,600,000	3,600,000	
2,780,000	3,182,000	4,056,500	4,534,100	5,507,825	6,064,805	7,142,716	
50,000	50,000	50,000	50,000	50,000	50,000	50,000	
0	396,900	0	416,745	0	437,582	0	
472,500	496,125	496,125	520,931	520,931	546,978	546,978	
0	0	0	0	0	0	0	
2,357,500	3,132,775	3,610,375	4,479,914	5,036,894	6,005,409	6,645,738	
0	0	0	0	0	0	0	
0	0	0	0	0	0	0	
0	0	0	0	0	0	0	
80,000	80,000	80,000	80,000	80,000	80,000	80,000	
0	0	0	0	0	0	0	
−80,000	−80,000	−80,000	−80,000	−80,000	−80,000	−80,000	
2,277,500	3,052,775	3,530,375	4,399,914	4,956,894	5,925,409	6,565,738	

〈隔月で売上5%UPのケース〉

	スタート前	1カ月目	2カ月目	3カ月目	4カ月目	5カ月目
平均仕入値		1,200	1,200	1,200	1,200	1,200
1カ月当たり平均仕入数		9,000	6,000	6,300	6,300	6,615
平均売値		1,500	1,500	1,500	1,500	1,500
1カ月当たり平均販売数		6,000	6,000	6,300	6,300	6,615
月末在庫		3,000	3,000	3,000	3,000	3,000
売上高		9,000,000	9,000,000	9,450,000	9,450,000	9,922,500
売上原価		7,200,000	7,200,000	7,560,000	7,560,000	7,938,000
粗利益		1,800,000	1,800,000	1,890,000	1,890,000	1,984,500
販管費		1,000,000	1,000,000	1,000,000	1,000,000	1,000,000
営業利益		800,000	800,000	890,000	890,000	984,500
営業外収益		0	0	0	0	0
営業外費用		80,000	80,000	80,000	80,000	80,000
経常利益		720,000	720,000	810,000	810,000	904,500
月末売掛金		9,000,000	18,000,000	18,450,000	18,900,000	19,372,500
月末買掛金		10,800,000	7,200,000	7,560,000	7,560,000	7,938,000
月末棚卸資産		3,600,000	3,600,000	3,600,000	3,600,000	3,600,000
月初キャッシュフロー		14,000,000	12,890,000	980,000	1,670,000	2,000,000
減価償却（＋）		50,000	50,000	50,000	50,000	50,000
買掛金の増加分（＋）		10,800,000	−3,600,000	360,000	0	378,000
売掛金の増加分（−）		9,000,000	9,000,000	450,000	450,000	472,500
棚卸資産の増加分（−）		3,600,000	0	0	0	0
営業キャッシュフロー		12,250,000	340,000	940,000	1,270,000	1,955,500
設備投資（−）	6,000,000	0	0	0	0	0
投資キャッシュフロー	−6,000,000	0	0	0	0	0
借入金（＋）	20,000,000	0	0	0	0	0
借入金の利息返済（−）		80,000	80,000	80,000	80,000	80,000
増資・社債の発行（＋）		0	0	0	0	0
財務キャッシュフロー	20,000,000	−80,000	−80,000	−80,000	−80,000	−80,000
月末キャッシュフロー	14,000,000	12,170,000	260,000	860,000	1,190,000	1,875,500

6カ月目	7カ月目	8カ月目	9カ月目	10カ月目	11カ月目	12カ月目	年間合計
1,200	1,200	1,200	1,200	1,200	1,200	1,200	
9,232	10,063	10,968	11,955	13,031	14,204	15,483	
1,500	1,500	1,500	1,500	1,500	1,500	1,500	
9,232	10,063	10,968	11,955	13,031	14,204	15,483	
3,000	3,000	3,000	3,000	3,000	3,000	3,000	
13,847,616	15,093,901	16,452,352	17,933,064	19,547,040	21,306,273	23,223,838	181,266,478
11,078,092	12,075,121	13,161,882	14,346,451	15,637,632	17,045,018	18,579,070	145,013,183
2,769,523	3,018,780	3,290,470	3,586,613	3,909,408	4,261,255	4,644,768	36,253,296
1,000,000	1,000,000	1,000,000	1,000,000	1,000,000	1,000,000	1,000,000	12,000,000
1,769,523	2,018,780	2,290,470	2,586,613	2,909,408	3,261,255	3,644,768	24,253,296
0	0	0	0	0	0	0	0
80,000	80,000	80,000	80,000	80,000	80,000	80,000	960,000
1,689,523	1,938,780	2,210,470	2,506,613	2,829,408	3,181,255	3,564,768	23,293,296
26,551,850	28,941,517	31,546,253	34,385,416	37,480,103	40,853,313	44,530,111	
11,078,092	12,075,121	13,161,882	14,346,451	15,637,632	17,045,018	18,579,070	
3,600,000	3,600,000	3,600,000	3,600,000	3,600,000	3,600,000	3,600,000	
1,426,371	1,808,245	2,324,387	2,986,881	3,808,901	4,804,802	5,990,234	
50,000	50,000	50,000	50,000	50,000	50,000	50,000	
914,705	997,028	1,086,761	1,184,569	1,291,181	1,407,387	1,534,052	
2,192,355	2,389,667	2,604,736	2,839,163	3,094,687	3,373,209	3,676,798	
0	0	0	0	0	0	0	
198,721	465,606	856,411	1,382,288	2,055,394	2,888,979	3,897,488	
0	0	0	0	0	0	0	
0	0	0	0	0	0	0	
0	0	0	0	0	0	0	
80,000	80,000	80,000	80,000	80,000	80,000	80,000	
0	0	0	0	0	0	0	
−80,000	−80,000	−80,000	−80,000	−80,000	−80,000	−80,000	
118,721	385,606	776,411	1,302,288	1,975,394	2,808,979	3,817,488	

〈毎月、売上9%UPのケース〉

	スタート前	1カ月目	2カ月目	3カ月目	4カ月目	5カ月目
平均仕入値		1,200	1,200	1,200	1,200	1,200
1カ月当たり平均仕入数		9,000	6,540	7,129	7,770	8,469
平均売値		1,500	1,500	1,500	1,500	1,500
1カ月当たり平均販売数		6,000	6,540	7,129	7,770	8,469
月末在庫		3,000	3,000	3,000	3,000	3,000
売上高		9,000,000	9,810,000	10,692,900	11,655,261	12,704,234
売上原価		7,200,000	7,848,000	8,554,320	9,324,209	10,163,388
粗利益		1,800,000	1,962,000	2,138,580	2,331,052	2,540,847
販管費		1,000,000	1,000,000	1,000,000	1,000,000	1,000,000
営業利益		800,000	962,000	1,138,580	1,331,052	1,540,847
営業外収益		0	0	0	0	0
営業外費用		80,000	80,000	80,000	80,000	80,000
経常利益		720,000	882,000	1,058,580	1,251,052	1,460,847
月末売掛金		9,000,000	18,810,000	20,502,900	22,348,161	24,359,495
月末買掛金		10,800,000	7,848,000	8,554,320	9,324,209	10,163,388
月末棚卸資産		3,600,000	3,600,000	3,600,000	3,600,000	3,600,000
月初キャッシュフロー		14,000,000	12,890,000	980,000	1,022,000	1,167,680
減価償却（＋）		50,000	50,000	50,000	50,000	50,000
買掛金の増加分（＋）		10,800,000	−2,952,000	706,320	769,889	839,179
売掛金の増加分（−）		9,000,000	9,810,000	1,692,900	1,845,261	2,011,334
棚卸資産の増加分（−）		3,600,000	0	0	0	0
営業キャッシュフロー		12,250,000	178,000	43,420	−3,372	45,524
設備投資（−）	6,000,000	0	0	0	0	0
投資キャッシュフロー	−6,000,000	0	0	0	0	0
借入金（＋）	20,000,000	0	0	0	0	0
借入金の利息返済（−）		80,000	80,000	80,000	80,000	80,000
増資・社債の発行（＋）		0	0	0	0	0
財務キャッシュフロー	20,000,000	−80,000	−80,000	−80,000	−80,000	−80,000
月末キャッシュフロー	14,000,000	12,170,000	98,000	−36,580	−83,372	−34,476

6カ月目	7カ月目	8カ月目	9カ月目	10カ月目	11カ月目	12カ月目	年間合計
1,200	1,200	1,200	1,200	1,200	1,200	1,200	
6,000	6,000	6,000	6,000	6,000	6,000	6,000	
1,400	1,400	1,400	1,300	1,300	1,300	1,300	
6,000	6,000	6,000	6,000	6,000	6,000	6,000	
3,000	3,000	3,000	3,000	3,000	3,000	3,000	
8,400,000	8,400,000	8,400,000	7,800,000	7,800,000	7,800,000	7,800,000	100,800,000
7,200,000	7,200,000	7,200,000	7,200,000	7,200,000	7,200,000	7,200,000	86,400,000
1,200,000	1,200,000	1,200,000	600,000	600,000	600,000	600,000	14,400,000
1,000,000	1,000,000	1,000,000	1,000,000	1,000,000	1,000,000	1,000,000	12,000,000
200,000	200,000	200,000	−400,000	−400,000	−400,000	−400,000	2,400,000
0	0	0	0	0	0	0	0
80,000	80,000	80,000	80,000	80,000	80,000	80,000	960,000
120,000	120,000	120,000	−480,000	−480,000	−480,000	−480,000	1,440,000
16,800,000	16,800,000	16,800,000	16,200,000	15,600,000	15,600,000	15,600,000	
7,200,000	7,200,000	7,200,000	7,200,000	7,200,000	7,200,000	7,200,000	
3,600,000	3,600,000	3,600,000	3,600,000	3,600,000	3,600,000	3,600,000	
3,050,000	3,740,000	3,830,000	3,920,000	4,010,000	4,100,000	3,590,000	
50,000	50,000	50,000	50,000	50,000	50,000	50,000	
0	0	0	0	0	0	0	
−600,000	0	0	−600,000	−600,000	0	0	
0	0	0	0	0	0	0	
3,700,000	3,790,000	3,880,000	4,570,000	4,660,000	4,150,000	3,640,000	
0	0	0	0	0	0	0	
0	0	0	0	0	0	0	
0	0	0	0	0	0	0	
80,000	80,000	80,000	80,000	80,000	80,000	80,000	
0	0	0	0	0	0	0	
−80,000	−80,000	−80,000	−80,000	−80,000	−80,000	−80,000	
3,620,000	3,710,000	3,800,000	4,490,000	4,580,000	4,070,000	3,560,000	

〈4カ月ごとに売値100円下落のケース〉

	スタート前	1カ月目	2カ月目	3カ月目	4カ月目	5カ月目
平均仕入値		1,200	1,200	1,200	1,200	1,200
1カ月当たり平均仕入数		9,000	6,000	6,000	6,000	6,000
平均売値		1,500	1,500	1,500	1,500	1,400
1カ月当たり平均販売数		6,000	6,000	6,000	6,000	6,000
月末在庫		3,000	3,000	3,000	3,000	3,000
売上高		9,000,000	9,000,000	9,000,000	9,000,000	8,400,000
売上原価		7,200,000	7,200,000	7,200,000	7,200,000	7,200,000
粗利益		1,800,000	1,800,000	1,800,000	1,800,000	1,200,000
販管費		1,000,000	1,000,000	1,000,000	1,000,000	1,000,000
営業利益		800,000	800,000	800,000	800,000	200,000
営業外収益		0	0	0	0	0
営業外費用		80,000	80,000	80,000	80,000	80,000
経常利益		720,000	720,000	720,000	720,000	120,000
月末売掛金		9,000,000	18,000,000	18,000,000	18,000,000	17,400,000
月末買掛金		10,800,000	7,200,000	7,200,000	7,200,000	7,200,000
月末棚卸資産		3,600,000	3,600,000	3,600,000	3,600,000	3,600,000
月初キャッシュフロー		14,000,000	12,890,000	980,000	1,670,000	2,360,000
減価償却（＋）		50,000	50,000	50,000	50,000	50,000
買掛金の増加分（＋）		10,800,000	−3,600,000	0	0	0
売掛金の増加分（−）		9,000,000	9,000,000	0	0	−600,000
棚卸資産の増加分（−）		3,600,000	0	0	0	0
営業キャッシュフロー		12,250,000	340,000	1,030,000	1,720,000	3,010,000
設備投資（−）	6,000,000	0	0	0	0	0
投資キャッシュフロー	−6,000,000	0	0	0	0	0
借入金（＋）	20,000,000	0	0	0	0	0
借入金の利息返済（−）		80,000	80,000	80,000	80,000	80,000
増資・社債の発行（＋）		0	0	0	0	0
財務キャッシュフロー	20,000,000	−80,000	−80,000	−80,000	−80,000	−80,000
月末キャッシュフロー	14,000,000	12,170,000	260,000	950,000	1,640,000	2,930,000

ら倒産する」のとは反対に、「赤字でもキャッシュフローがプラスならば、会社は倒産しない」ということを意味している。いかに「キャッシュフロー」が大事かということが理解できると思う。

◎ビジネスプランにおける事業収支面からの評価は不要である

最後に、あくまで事業収支プラン／事業シミュレーションを踏まえた上での〝財務的な観点や資金面〟から、その事業を評価しなければならない。しかし考えようによっては、事業を評価するということをする必要はない。事業を評価するよりも、むしろその事業は設定した基準をクリアする見込みがあるのか、ないのかだけを見極めればいい。基本的には、左のような基準を設ければいい。

①事業をスタートするために初期投資が必要なのであれば、それはある定められた期間内に回収が終わるのか?↓例／５０００万円の初期投資は、５年以内に回収できるのか?

②その事業は継続的に利益を生み出し続け、ある定められた時点において、一定の利益を生み出すのか?↓例／３年後に最低でも２０００万円の経常利益を出しているのか?

③その事業から生み出される利益率は、ある一定の比率を超えているのか?↓例／その事業の経常利益率は４％を超えているか?

④事業を継続するために必要な運転資金は、生み出されていく利益で十分に賄えるのか?↓例／キャッシュフローは常にプラスの状態を保てるか?

⑤さまざまなフェーズにおいて、資金調達の必要性が明らかになったときに、その必要資金は調達でき

るのか？（どこから調達できるのか？）↓例／資金ショートの可能性がある事業をスタートさせて10カ月後のタイミングで不足分の１０００万円を調達できるのか？

この５つの点がすべてクリアされていることが、事業収支の側面から検討した場合に、その事業を推進するための大前提になる。この５つの点のうち１つでもクリアされていないのであれば、その事業プランは事業収支の側面から見ると魅力的なものではないということになる。

ここで、とくに意思決定を迫られるのは、①の「ある定められた回収期間」と②の「ある定められた時点における一定の利益」と③の「一定の利益率」だ。つまり、これは事前にそのためのルールを決めておかなければならないということを意味している。たとえば、次のようなものである。

◎３年以内に単年度黒字になる
◎５年以内に投資資金は回収し終わり、累積赤字が一掃される
◎３年後に最低４億円の利益を生み出している
◎売上高経常利益率が５％以上である
◎株主資本利益率が10％以上である

基本的には、〝評価〟のための議論をしなくてもいいように、初めからクリアすべき基準を設定しておくほうが得策だということなのである。

5

資金調達の方法

ビジネスを展開していくためには、当然資金が必要になる。その調達の方法を押さえておこう

◎資金は誰から調達するのか？

ビジネスプランを実行に移す際には、キャッシュが必要になり、資金調達の必要性に迫られることになる。その場合の調達先とそれぞれの特徴、その企業にとってのメリット、デメリットなどについて簡単に説明しよう。

新しいビジネスを立ち上げる場合に、第三者である外部から資金調達をする方法としては、大きく分けると3つある。

①政府などの機関から助成金をもらう
②金融機関からの融資を受ける
③ベンチャーキャピタリストなどから出資を受ける

それぞれに、メリットとデメリットがあるので、次ページに整理しておこう。

資金調達の方法

各資金調達の方法のメリット／デメリット

	メリット	デメリット
助成金	・返済しなくていい ・企業に社会的信用がつく	・手続きに時間がかかる ・資金用途が限定される
融資（公的）	・企業に社会的信用がつく ・金利が低い	・書類作成に時間がかかる
融資（民間）	・企業に社会的信用がつく ・ネットワークを借りられる	・保証人や担保を求められる
出　資	・リスクマネーを提供される ・アライアンスなどがある	・株価についてプレッシャーを受ける

助成金獲得のための基本的なフロー

①どのような助成金があるのか確認して、自分に相応しいものを探す

②所轄の窓口で書類申請をする

③審査される→審査を通過すれば、その通知をもらう

④事務手続き説明会に出席する

⑤助成対象事業のとりくみを報告する

⑥中間検査の指導を受ける

⑦助成事業を実施している旨を報告する

⑧完了検査を受ける→検査を通過すれば助成金額が確定した旨の通知を受ける

⑨助成金を請求して、交付される

⑩助成事業のその後の経過を報告する

◎ 返済義務のない〝助成金〟の獲得をねらう

まずは、助成金について説明しよう。補助金を含む助成金は、国か地方自治体かの違いはあるにせよ、基本的には政府から提供されるものだ。返済義務がないことが最も大きな特徴であり、メリットだ。

では、どうすれば返済が必要ない助成金を獲得できるのだろうか？ 会社や事業を立ち上げたりする場合に、政府から助成金を受け取るためには前ページの図のようないくつかの事務手続きが必要になる。

そして、主な公的助成金には、起業する前の個人をも対象として支給する、中小企業庁の「新規事業開拓助成金」や㈶中小企業ベンチャー振興基金の「研究開発助成金」「海外研究助成金」などがある（２００１年１月現在）。また、中小企業庁の「創造技術研究開発費補助金」や経済産業省（旧通商産業省）の「新規産業創造開発支援制度」などの研究開発向けの助成金もある。

公的な助成金をもらう場合のプロセスで、押さえておいたほうがいい基本的なポイントを簡単に説明しよう。まず、申請の書類やビジネスプランはわかりやすく簡潔に、そして熱意が伝わるように書く。どのようなビジネスを、どう展開しようとしていくのか、どのような情熱を込めて、自分は取り組もうとしているのかが伝わるビジネスプランでなければならない。審査員は、それこそ日々数多くの申請書類に目を通して審査していることを考え、いいインパクトを与えることを意識しよう。

また、助成要件をきちんと満たしていることを確認しよう。意外と抜けや洩れがあることが多い。

ビジネスプランの内容は、事業の社会的意義や公共的な貢献性をできる限り、具体的にアピールする。ひとりよがりの技術やビジネスではなく、社会にいかに有用であるかということをきちんと伝えられる資料を用意したい。同時に、具体的な内容を盛り込み、その事業の実現性が高いこともきちんと伝える。

〝融資〟を考えるなら、まず公的資金をあたってみる

次に〝融資〟について説明しよう。融資は、公的資金や民間の金融機関から資金を提供してもらい、元本に利息をつけて決められた期限内に返済する義務がある。いわゆる「借入れ／借金」のことだ。

国には「国民生活金融公庫」などがあり、地方自治体には「制度融資」などがある。一方、民間には銀行、信用金庫、信用組合などがある。どちらも基本的にはハイリスクな事業に対して融資することはほとんどなく、利息を含めて全額が確実に返済されることが前提となっている。

どちらかといえば、公的資金のほうが豊富なメニューが揃っており、事業支援の意味合いも強いために審査も好意的で、かつ金利も低い。また、創業時で担保も信用もない状態であることを考えると、初めは公的資金を利用することを考えたほうがいいだろう。そのほうが融資を引き出せる確率が高い。

公的資金の融資を受ける場合には、創業者本人が出向くことが絶対だ。審査をする側は、ビジネスプランや事業収支計画だけでなく、その経営者自身の仕事への取り組み姿勢や意欲、経営者としての資質や人柄などについてもじっくりと見る。

また、その事業の市場性やその裏づけとなる資料も用意しておいたほうが審査は通りやすいことは言うまでもない。製品・サービスの特性、仕入先や販売先、提携先などの見込みについても具体的に説明できると説得性がさらに増す。最終的には、融資された資金をどのような用途にどれだけ使い、具体的にどのように事業を展開して利益を生み出し、その結果として利息を含めた借入金を全額返済できるということを説明して納得してもらうことが重要なのだ。そのための有力なツールとして、「予想損益計算書」と「予想キャッシュフロー計算書」が役に立つ。

高いリターンが望まれる〝出資〟による資金調達

最後に、資金調達の3つ目の手段である〝出資〟について説明しよう。出資を受けるということは、個人（エンジェル）／事業会社／ベンチャーキャピタル／機関投資家などから直接資金の提供を受け、その見返りとして株式を発行することだ。

出資を受ける場合には、どのような投資家を株主に迎え、そしてその投資家にどのように報いていくのかが重要なポイントになる。いい株主を見つけることができれば、経営のサポートや提携の強力なども得られ、事業を展開していく上でプラスに作用する。逆に、そうでない株主の出資を受けた場合には、経営に不必要に介入されて混乱やトラブルの発生の原因にもなってしまうので気をつけたい。

出資を受けるということは、きちんと収益を生み出し、企業価値（簡単に言えば株価）を最大限に高めて投資家に報いる責任を負うことを意味する。つまり、リスクをとって出資してくれる投資家の期待に対して、利益の分配である高い配当で応えるか、株価の値上がりで応えなければならない。

また出資を受けるとなると、株式の持分比率が変わる。当然のことながら、51%以上を握っていなければその事業の経営権を失ってしまう場合もあるので気をつけなければならない。複数の出資者の持分比率やそのバランスも考慮しなければならない。

出資者には、誰がどのような意図で出資するのかによって、いくつかのパターンがある。まず個人の場合だが、日本にはあまり多くはいないが〝エンジェル〟と呼ばれる富裕な人たちである。多くの場合、自分もベンチャー企業を立ち上げて株式公開をしてキャピタルゲインを得、莫大な資金を有している。そして、その資金を使ってベンチャーの育成に役立てたいという志を持った人であることが多い。

次に事業会社が出資する場合。事業会社はキャピタルゲインを得ることを目的にするというより、提携でシナジー効果を得たり、同じ事業領域を持っており技術やアイデアが将来に活かせそうだという見込みがある場合に出資するケースが圧倒的に多い。ただし、気をつけておかないと、その事業会社に技術や顧客だけを持っていかれたり、場合によっては会社そのものが取り込まれてしまうこともありうる。

最後がベンチャーキャピタルであるが、基本的にはそのベンチャー企業が株式公開を果たし、大きなキャピタルゲインをもたらすことを期待して出資してくる。ベンチャーキャピタルを大きく分けると「自己資本投資型」と「ファンド運用型」の2つのパターンがある。

「自己資本投資型」はベンチャーキャピタルが自社で持っている資本を投資する形で、高いリスクも負うがリターンはすべて確保するというものだ。一方の「ファンド運用型」は機関投資家や個人投資家から出資を募って投資事業組合（ファンド）を設立し、それを運用することによって手数料をもらうという形をとる。ファンドの場合は、リターンを回収しなければならない期限が決まっているため、回収のスピードが強く意識されている。事業展開のスピードが遅かったり、株式公開のタイミングが遅れそうになるとせっつかれることになる。

では出資する投資家は、ベンチャー企業の何を見て投資の決定を行うのだろうか。立場が異なっていても判断すべきポイントは同じである。主なものとして次の4つがあげられる。

①ビジネスプランの実現性（キャッシュフローや事業収支プランの見込みはどうか？）
②製品／サービス／技術の特徴（差別性や優位性がどれだけあるか？）
③経営者やマネジメントチームの経営スキル（人や組織を率いていけるか？）

④マーケットの魅力度（マーケットの規模や成長性はどの程度なのか？）

それぞれについて、投資家にわかりやすく、かつ魅力的に説得できなければ、出資を引き出すことは難しい。そして、どのようなタイミングで、どのように、どの程度のリターンを提供するのかを明瞭に説明したうえで、双方が合意する方法をとることが望ましい。

そして、言うまでもないが、実際に投資家の期待に添うリターンを生み出していかなければならない。出資の場合には融資と違って必ずしも返済しなければならないという義務はないが、相手は高いリスクを負っている分、高いリターンを望んでいることを忘れないでほしい。また、そもそも株式公開を考えていないのであれば、出資を受ける形での資金調達は考えるべきではないだろう。

【著者紹介】

HRインスティテュート

◉——理論偏重ではない「使えるコンサルティング」「実効性のある研修」を柱としたコンサルティング・グループ。1993年に設立。サービスブランド「ノウハウドゥハウ・ドットコム」は、具体的かつ即効性のあるワークアウト、研修、WBT（ウェブ・ベースト・トレーニング）、通信教育などのプログラムのコンセプトでもある。コンサルタントの「ノウハウ・ドゥハウ」を十分反映させた「ビジネスプラン策定」「ビジョン＆戦略シナリオ策定」「マーケティングスキル向上」「プレゼンテーションスキル向上」「ロジカルシンキング・スキル向上」といったプログラムは、多くの企業で採用され、実績をあげている。

〈連絡先〉TEL／03-3423-3201　URL／http://www.hri-japan.co.jp

【編者紹介】

野口　吉昭（のぐち よしあき）

◉——横浜国立大学工学部大学院工学研究科を修了。現在、株式会社HRインスティテュート（HRInstitute）の代表。主な著書・編著に『遺伝子経営』（日本経済新聞社）『戦略シナリオのノウハウ・ドゥハウ』（PHP研究所）『考える組織』（ダイヤモンド社）『参画型経営戦略策定シナリオ』（かんき出版）など多数ある。

【各章担当者】

プロローグ～２章／野口吉昭　３章～５章／守屋　智敬
６章～９章／稲増美佳子　　10章／田中正春

ビジネスプラン策定《さくてい》シナリオ　〈検印廃止〉

2001年９月10日　第１刷発行
2013年４月１日　第14刷発行

著　者——HRインスティテュートⓒ
発行者——斉藤　龍男
発行所——株式会社　かんき出版
東京都千代田区麹町4-1-4西脇ビル　〒102-0083
電話　営業部：03(3262)8011㈹
　　　編集部：03(3262)8012㈹
FAX　03(3234)4421　振替　00100-2-62304
http://www.kankidirect.com/

印刷所——大日本印刷株式会社
ＤＴＰ——タイプフェイス

ISBN978-4-7612-5954-9 C0034